BIBLIOTHÈQUE
DE PHILOSOPHIE CONTEMPORAINE

LE

LANGAGE MUSICAL

ÉTUDE MÉDICO-PSYCHOLOGIQUE

PAR LES D^{rs}

ERNEST DUPRÉ | **MARCEL NATHAN**

Agrégé à la Faculté de Paris | Ancien interne
Médecin des hôpitaux | des hôpitaux de Paris
Médecin de l'Infirmerie spéciale | Ancien chef de laboratoire
de la Préfecture de Police. | de la Faculté.

PRÉFACE DE CHARLES MALHERBE
Bibliothécaire de l'Opéra.

PARIS

LIBRAIRIE FÉLIX ALCAN

MAISONS, FÉLIX ALCAN ET GUILLAUMIN RÉUNIES

108, BOULEVARD SAINT-GERMAIN, 108

LE LANGAGE MUSICAL

COULOMMIERS
Imprimerie PAUL BRODARD.

LE
LANGAGE MUSICAL

ÉTUDE MÉDICO-PSYCHOLOGIQUE

PAR LES D[rs]

ERNEST DUPRÉ

Agrégé à la Faculté de Paris
Médecin des hôpitaux
Médecin de l'Infirmerie spéciale
de la Préfecture de Police.

MARCEL NATHAN

Ancien interne
des hôpitaux de Paris
Ancien chef de laboratoire
de la Faculté.

PRÉFACE DE CHARLES MALHERBE
Bibliothécaire de l'Opéra.

PARIS
LIBRAIRIE FÉLIX ALCAN
MAISONS FÉLIX ALCAN ET GUILLAUMIN RÉUNIES
108, BOULEVARD SAINT-GERMAIN, 108

—

1911

PRÉFACE

Il est pour le moins singulier de voir rédiger par un musicien la préface d'un ouvrage médical, où se mêlent, harmonieusement d'ailleurs, physiologie, psychologie et philosophie. Donc, au moment de m'aventurer sur un terrain si nouveau et si dangereux pour moi, j'hésite; je tourne ma langue sept fois dans ma bouche avant de parler, et autant de fois mon porte-plume entre mes doigts avant d'écrire; je lève les yeux au ciel, et je soupire comme le pauvre pécheur : « *Domine, non sum dignus.* » Mais j'entends aussitôt la voix des savants auteurs de ce livre qui, répondant au latin de l'Écriture par celui de Molière, me crient sur le mode impératif : « *Dignus, dignus es intrare...* » Alors, je courbe la tête, j'obéis, je me décide à entrer... dans le sujet, c'est-à-dire à disserter sur des matières que j'ignore, ce qui tout de suite, il est vrai, me donne un bon point de ressemblance avec tant d'écrivains de notre temps.

Aussi bien faut-il reconnaître qu'ici la musique joue un rôle important, et le titre a déjà suffi pour piquer ma curiosité. Le langage musical? mais, c'est la musique elle-même, et ce sont des médecins qui vont te l'apprendre, ô lecteur! Pourquoi pas? Les musiciens font de la musique comme monsieur Jourdain faisait de la prose, sans le savoir. Or, voici que deux hommes de science interviennent; ils nous expliquent la raison de certains phénomènes; ils nous dévoilent des secrets que la nature nous cachait, et ils opèrent avec une sûreté qui ne laisse plus de place pour le doute; leur lanterne n'est point sourde : elle éclaire bien la route. Il suffit d'ouvrir les yeux et se laisser guider.

Quoi de plus intéressant, en effet, de plus curieux, de plus émouvant même, que la formation première et l'évolution progressive de ce langage particulier? Dans ma naïveté, je croyais, et bien d'autres doivent croire, que la parole et le chant diffèrent simplement de degrés, et que l'un représente l'extension, la transformation, sans doute aussi la parure de l'autre. Quelle erreur! Le langage des sons est un monde à lui seul. Il ne se contente pas d'être perceptif et expressif, c'est-à-dire de se rapporter d'une part à l'audition et à la lecture, de l'autre à l'exécution et à l'écriture; il est encore psychique! Il correspond à des mouvements de l'âme; il donne lieu à des manifestations de sentiments et de pensées qui agissent sur l'organisme, qui l'excitent et qui le détraquent, au besoin. Voilà donc que se produit, par exemple, ce trouble qui s'appelle l'amusie, ou aphasie musicale, et les cas les plus bizarres défilent sous nos regards. Qui donc soutenait jadis que la mémoire était une, et que l'illusion des sens pouvait seule différencier la mémoire des yeux et celle des oreilles? Tel malade est là, qui dispose de son bon sens, qui parle et raisonne comme tout le monde; il comprend la signification des mots, mais il a perdu celle des notes. Tel autre peut encore improviser sur un piano, mais il

ne reconnait plus, à les entendre jouer ou chanter, les
airs qui jusqu'alors lui étaient le plus familiers. Quelle
étrange machine que celle du cerveau humain! Quels
drames et quelles comédies elle met en œuvre! Il y a
dans ce livre des pages qui font sourire, comme il y en a
d'autres qui font frissonner.

Au surplus, parler de musique sans avoir la compé-
tence spéciale d'un professionnel, et ne commettre
aucune hérésie musicale au cours de sa dissertation,
c'est un résultat qu'il faut tenir pour exceptionnel et
quasi-miraculeux. Les D⁰ Dupré et Nathan nous
prouvent ainsi tout à la fois leur goût naturel pour l'art
qui les intéresse, et l'étude approfondie qu'ils ont faite
des ouvrages où il en est question. Aussi, l'avouerai-je,
ce me fut une grande joie de voir enfin musique et
musiciens défendus par une plume autorisée, lorsqu'il
s'est trouvé, de nos jours, un savant, italien celui-là,
pour les attaquer, et de quelle façon! Suivant Lombroso,
en effet, le génie ne serait qu'une manière de folie. Pour
lui, tous les grands artistes, les compositeurs principalement, représenteraient des aliénés à divers degrés :
Gluck et Mozart, tout autant que Schubert et Chopin,
sans oublier, bien entendu, Beethoven et Wagner. « Il
n'en épargne point, et chacun à son tour. » Si, devenu
pur esprit, depuis sa mort, ce Lombroso de malheur a
franchi le seuil de l'Olympe, il y a fort à parier que les
Muses ne lui ont pas fait cortège; et si c'est au Purga-
toire qu'il doit expier ses péchés, nul doute qu'un
cabanon lui serve d'asile provisoire. En attendant, deux
Français ont, sur la terre, revisé quelques-uns de ses
arrêts; ils les ont passés au crible d'une critique judicieuse; ils ont fourni des preuves et tiré des conclusions

qui ont remis en place choses et gens, Nous savons
désormais que, s'il fallut enfermer un Donizetti et un
Schumann, la Musique demeura bien étrangère aux
progrès de leur mal : elle en fut la victime et non la
cause. Mais, poursuivons!

Chercher des maladies, c'est bien ; trouver des remèdes,
c'est mieux. Il convient que le médecin guérisse, sous
peine de perdre tout ou partie de son prestige. Voilà, du
moins, ce que pense la foule, en la simplicité de ses rai-
sonnements, et je suis presque tenté de penser comme
la foule. Aussi me suis-je précipité, avec une joie d'enfant, sur le chapitre intitulé : *Mélothérapie*. Les auteurs
nous avouent, il est vrai, que, d'après l'ensemble des
observations recueillies jusqu'à ce jour, la musique n'a
point rendu la raison à ceux qui l'avaient égarée, soit ;
mais ils admettent que, dans certains cas où la douleur
physique est en cause, l'application de sons heureusement choisis et appropriés, pourrait avoir une vertu
curative. Alors, je me sens tout désigné pour raconter
un fait qui m'est personnel, et ajouter un paragraphe
au chapitre en question. Puisque, dans le présent livre,
les médecins ont parlé de musique, dans la préface, le
musicien va parler de médecine, et, parodiant un mot
fameux, il s'écriera fièrement : *Anch'io son Dottore!* Oui,
j'ai soigné un malade, et j'ai contribué à le guérir,
sans qu'aucun diplôme m'en donnât le droit. J'en fais
l'aveu, au risque d'encourir les foudres de la Faculté,
voire même de la Justice. Or donc, sans plus tarder,
voici l'aventure.

Il y a quelques années, mon vieux maître et ami,
J.-B. Weckerlin, bibliothécaire du Conservatoire de
musique, est renversé par un fiacre sur la place de

l'Opéra. Il perd connaissance; on le ramène à son domicile, où il doit prendre le lit; la cuisse droite était
sérieusement froissée; et, de plus, quatre-vingts ans d'âge
compliquaient la situation. Bientôt la jambe s'ankylose;
et peu à peu les fonctions se ralentissent; l'ébranlement
causé par la chute a exercé sa répercussion sur tout
l'organisme; et, quand la vessie commence à refuser son
service, il faut bien se rendre à l'évidence et envisager
la fatalité du dénouement. Le malade, au surplus, ne
doutait pas de son état; et, quand j'essayais de lui rendre
confiance, il me répondait avec résignation qu'il savait à
quoi s'en tenir et que tout était fini. Il m'avait chargé
de quelques commissions, et notamment du soin de
publier quelques-unes de ses œuvres. Je m'avisai donc
de l'interroger sur ces œuvres, et, moins pour lui
demander conseil que pour le détourner de ses funèbres
pensées, je fis transporter un piano dans sa chambre.
Là, chaque matin, je lui jouai des pièces instrumentales,
des mélodies, toutes de sa composition, quelques-unes
propres à évoquer dans sa mémoire de lointains et chers
souvenirs. Son attention, d'abord incertaine, finit par se
fixer. Tantôt il approuvait, tantôt il critiquait : il se
jugeait avec impartialité. Il me priait de lui lire non
seulement le titre des morceaux, mais certaines indications tracées sur le manuscrit, comme le nom du poète
qui avait inspiré la musique, celui de la personne à qui
elle était dédiée, ou du lieu où elle avait été composée. Chacun de ces détails suggérait une image à son
esprit. Il revoyait tel chanteur qui avait une belle
voix, mais ne savait pas chanter; telle chanteuse qui
disait avec intelligence, mais qui était bien laide; tel
librettiste avec lequel il avait eu maille à partir; tel

château où il passait de si bonnes vacances! Cependant l'état physique s'améliorait, les forces revenaient, les fonctions reprenaient leur cours; la mort qui avait semblé proche, s'éloignait de plus en plus; et, pendant deux mois, je m'imposai le petit sacrifice d'administrer moi-même, chaque matinée, une heure de cette mélothérapie. Un jour vint où le malade put se lever de son lit, s'étendre sur une chaise longue, puis marcher avec des béquilles, et finalement retourner près des siens, dans sa ville natale d'Alsace, où il a vécu de longs mois encore.

Le docteur, qui assistait à cette résurrection imprévue, n'en pouvait croire ses yeux : il ne comprenait rien au succès d'une bataille qu'il avait jugée perdue. Mais, lorsqu'il eut connaissance de mes visites musicales, il voulut bien m'avouer : « C'est vous, le vrai guérisseur; vous avez fait un miracle... comme à Lourdes. »

Il est certain qu'en ce cas si remarquable et si curieux, car il s'agissait d'un vieillard, chez lequel naturellement le système nerveux semblait offrir moins de prise à l'action thérapeutique d'un tel moyen, la musique avait opéré comme tonique et réconfortant. Elle avait stimulé l'organisme, en lui permettant de réagir contre les progrès de la dépression. La musique (mais je dois ajouter *sa* musique) avait reconquis le moribond, au point de lui faire reprendre goût à la vie : la force morale avait secouru victorieusement la faiblesse physique.

De tout cela, que conclure? Sinon que la musique n'est pas seulement, comme l'écrivait avec ironie Th. Gautier, le plus cher de tous les bruits; elle en est aussi le plus précieux. La musique est une amie; elle console presque toujours et peut guérir quelquefois. Aussi le livre.

où il est parlé de son langage, doit-il bénéficier des sym-
pathies qu'elle-même a coutume de faire naître. Cet
ouvrage n'aura pas que les seuls médecins pour lecteurs.
Malgré son appareil scientifique, il ne manquera pas de
plaire même aux profanes : tant le sujet est traité avec
précision et clarté, l'enquête judicieusement conduite,
l'ensemble bien coordonné, l'intérêt, si je puis dire,
ménagé comme il convient, et soutenu jusqu'au bout.

En sortant du théâtre, après avoir passé une bonne
soirée, le spectateur remercie tout bas l'auteur du plaisir qu'il lui a procuré. De même, en fermant ce livre,
je remercie tout haut les deux savants de l'utile et
agréable leçon qu'ils m'ont donnée. Instruire sans
ennuyer, c'est avoir l'attention d'enlever d'abord ses
épines à la rose qu'on vous offre : la fleur paraît ainsi plus
belle encore, et le parfum plus doux.

CHARLES MALHERBE,
Bibliothécaire de l'Opéra.

Paris, 19 décembre 1910.

LE LANGAGE MUSICAL

ÉTUDE MÉDICO-PSYCHOLOGIQUE

CHAPITRE PREMIER

DÉFINITION DU LANGAGE MUSICAL.

On désigne sous le nom de langage un système de symboles, employé par les êtres vivants pour échanger entre eux la notion de leurs états psychiques.

Ces signaux sont exécutés au moyen d'organes moteurs, principalement la musculature de la face, des membres et du larynx ; ils sont perçus par des organes sensoriels, surtout l'œil et l'oreille.

Donc, tout langage suppose l'existence de deux éléments : un élément moteur, actif, ou d'expression, et un élément sensoriel, passif, ou de perception.

1° LE LANGAGE RÉFLEXE.

Loin d'être l'apanage de l'humanité, le langage représente un mode d'activité universel dans le monde animal, lié aux besoins instinctifs de l'être, dans la vie solitaire ou collective.

Ce langage, qui a sa source dans l'activité réflexe primitive, précède de beaucoup l'apparition de l'intelligence et de la volonté. En effet, un animal menacé par un danger immédiat se livre à des réactions défensives; tout autre animal de la même espèce, en présence des mêmes circonstances extérieures, se livrera aux mêmes réactions motrices. Ces dernières finiront, en vertu de la liaison qui unit fatalement la réaction à sa cause, par devenir la manifestation symbolique et comme l'étiquette de la situation qui les a provoquées.

Ainsi se trouve créé le premier élément du langage, élément moteur ou actif, l'élément d'expression.

L'apparition de l'élément sensitif suit de près celle de l'élément moteur.

Les animaux, apercevant chez leurs congénères des réactions semblables à celles qu'ils ont déjà eux-mêmes manifestées et éprouvées dans des circonstances analogues, se trouvent, par cela même, dans la situation nerveuse correspondant à chacune de ces réactions. L'animal communique ainsi à ses congénères, par la série des réactions qu'il manifeste, la série des états psychiques qui se succèdent en lui : et par là, en dehors de tout processus intentionnel ou intellectuel proprement dit, se crée le langage.

Le langage peut donc être considéré comme une série de réflexes, qui, dépassant les limites de l'individu, a pour théâtre deux ou plusieurs organismes et devient de ce fait un réflexe interpsychique.

2° LE LANGAGE INTENTIONNEL.

Si l'on s'élève dans l'échelle des êtres, les situations biologiques, au milieu desquelles évolue l'animal, deviennent de plus en plus complexes; elles commandent des réactions de plus en plus compliquées, et, parallèlement, se développent dans tous leurs modes les éléments fondamentaux du langage.

Ces acquisitions réflexes se fixent dans la suite par

l'hérédité. L'animal, en naissant, apportera des aptitudes de plus en plus marquées à l'expression et à la compréhension de ce langage primitif; et, ainsi fixé par l'hérédité suivant les nécessités de la conservation de l'espèce, ce langage finit par devenir instinctif.

Beaucoup plus tard, la conscience et la volonté font leur apparition, s'emparent de ces données réflexes et instinctives et les adaptent à l'expression des échanges psychiques. Ces matériaux réflexes sont alors utilisés consciemment et intentionnellement et c'est ainsi que, de réflexe et instinctif, le langage devient volontaire et intellectuel. Ce symbolisme volontaire s'exécute au moyen de mouvements soit du larynx, soit de la musculature générale. Les premiers constituent le langage vocal; les seconds, le langage mimique. Nous ne nous occuperons ici que du langage vocal.

Le langage vocal.

a) INTONATION ET ARTICULATION. — Ce langage, lié à l'existence d'organes spécialisés pour la production de la voix, a eu sa première ébauche dans l'émission du son propre à chaque espèce, c'est-à-dire dans le cri. Les progrès évolutifs de l'organe phonateur ont mis à la disposition du langage moteur des sons de plus en plus nombreux, de plus en plus différenciés, dont les qualités varient avec les espèces animales. Parmi toutes ces qualités, une seule peut être considérée comme fondamentale et comme spécifique : c'est le timbre; les différentes espèces animales se reconnaissent en effet à cette qualité primordiale et essentielle du son qu'elles émettent, au timbre de la voix. Les enseignements de la phylogénie sont d'accord avec ceux de l'observation clinique et psychologique, car l'intonation représente, dans la voix de chaque individu, la qualité spécifique et fondamentale, qui échappe à toute définition pour qui ne l'a pas entendue.

Parmi les progrès anatomo-physiologiques qui multiplient les différentes ressources vocales fournies à l'animal, un élément nouveau ne tarde pas à apparaître : l'articulation. Celle-ci est produite par un appareil complexe (cordes vocales, langue, lèvres, dents, fosses nasales) qui découpe et modifie les vibrations laryngées.

Dès lors, deux éléments fondamentaux constituent le langage vocal : l'intonation et l'articulation.

Dans une progression parallèle et continue, ces deux éléments ont acquis des ressources de plus en plus étendues; et, par une pénétration réciproque de plus en plus intime, ils se sont, dans le langage humain, fondus, au profit de chacun d'eux, en un complexus indissoluble dans lequel l'articulation a multiplié et précisé les modalités du timbre, et a ainsi apporté au langage des moyens d'expression beaucoup plus nombreux, plus variés et plus explicites.

b) Interprétation et imitation des bruits de la nature. — Le développement de l'appareil auditif rend l'animal de plus en plus sensible non seulement aux bruits émis par ses congénères, mais encore à tous les sons de la nature. Ces sons exercent, sur les animaux de même espèce, une action similaire, et par conséquent éveillent chez chacun d'eux des états nerveux analogues. Par leur répétition, ils finissent par provoquer chez des animaux d'une même espèce des réactions psychiques semblables, et par acquérir à la longue une signification identique. Ainsi, se crée peu à peu et se développe un symbolisme automatique des sons de la nature. L'essence de ce symbolisme a tout d'abord été, conformément aux lois biologiques, de nature utilitaire; les animaux recueillaient, dans ce monde objectif des sons, des éléments utiles à la conservation de l'espèce ou de l'individu; ils ont fini par comprendre la signification utile, non seulement des sons émis par leurs congénères, mais encore de tous les bruits de la nature.

Par l'extension progressive de ses applications naturelles, ce symbolisme s'est peu à peu enrichi; et les animaux sont arrivés à l'interprétation de plus en plus fine et de plus en plus précise de ce langage universel des sons, dont les images sont fixées dans les centres cérébraux avec leur sens général et la série des réactions organiques, agréables ou pénibles, liées à leur excitation.

En vertu des lois fondamentales de l'imitation, la perception d'un bruit provoque d'une façon réflexe la série des mouvements tendant à le reproduire. Automatiquement, lorsque nous écoutons avec attention, nos organes vocaux ébauchent les mouvements nécessaires à la répétition des sons entendus : ce point a été bien établi par les observations des physiologistes et des psychologues. C'est par ce même mécanisme qu'involontairement, automatiquement, les animaux ont été amenés à imiter certains bruits de la nature. Cette imitation, réflexe à l'origine, n'a pas tardé à être employée par eux dans un but utilitaire, afin d'échapper à leurs ennemis; c'est là une des formes du mimétisme animal, bien connu des naturalistes. Ainsi se sont créés, dans les centres acoustiques primitifs, des dépôts d'images auditives qui ont constitué les premiers matériaux du langage des sons; ces images, ces symboles auditifs étaient, dans les centres nerveux, intimement liés à leur adaptation utilitaire.

Dans la suite de l'évolution, chez les animaux supérieurs, ces modes de perception et d'expression se sont adaptés à des fins de plus en plus variées, de plus en plus complexes. A ce moment, se trouve créé, dans son principe et dans ses moyens, le langage des sons. L'origine lointaine et universelle de ce langage explique son étroite adaptation à chaque espèce et enfin son rôle majeur dans l'expression spontanée ou volontaire des émotions fondamentales des êtres vivants.

DÉFINITION DU LANGAGE MUSICAL.

Le langage des sons, dont nous avons esquissé sommairement le développement phylogénique, est donc l'expression, par les sons, des états psychiques fondamentaux des être vivants. Les plus importants de ces états sont les émotions de tout ordre (douleur, peur, colère, joie, amour).

Le langage des sons, primitivement simple, se complique et s'enrichit progressivement. On peut, à un certain degré d'évolution, distinguer en lui deux ordres de moyens expressifs : l'articulation et l'intonation. Le premier constitue la parole, ou langage articulé ; le second constitue la musique de la voix, ou langage d'intonation.

Ces deux langages sont toujours intimement confondus dans la réalité. Mais l'analyse permet, par la dissociation de leurs éléments, de distinguer leur composition respective. Le langage articulé comprend trois éléments : l'intonation, l'imitation des bruits, l'articulation. Le langage d'intonation, antérieur au langage articulé et qui peut en être indépendant, ne comprend que deux éléments : l'intonation spontanée et l'imitation réflexe des bruits naturels ; ces deux éléments expressifs y prennent toute leur extension et y déploient toutes leurs ressources.

On peut donc proposer du langage musical la définition suivante :

Le langage musical exprime, par les sons vocaux et instrumentaux, soit les états émotifs de l'être vivant, évoqués surtout par les intonations passionnelles, soit les représentations objectives, évoquées surtout par les imitations des bruits naturels. Cette expression intentionnelle éveille, par l'intermédiaire des centres auditifs supérieurs, dans les centres émotifs et intellectuels, des états psychiques en rapport avec les caractères des sons perçus.

Le langage musical, qui nous apparaît ainsi comme lié

à l'intonation, est donc, phylogéniquement et ontogénique-
ment, bien antérieur au langage articulé. Il suffit, pour s'en
convaincre, d'étudier l'évolution du langage chez l'enfant.

En effet, ce que l'enfant perçoit tout d'abord, c'est l'intonation. C'est par une adaptation spontanée à cette loi, que
les parents, s'adressant à leurs enfants, remplacent les
mots du langage courant par des vocables plus sonores et
redoublés (papa, maman, dodo, lolo, pipi, etc.), et des
onomatopées (oua-oua, pan-pan). Ces caractères du langage infantile se retrouvent chez les peuples primitifs : le
Malais, le Malgache, etc., abondent en onomatopées et en
redoublements.

Dans le développement du langage d'expression. cette
même loi se vérifie : bien avant de parler, l'enfant se fait
comprendre au moyen d'inflexions vocales encore inarti-
culées et, dans les premiers essais de son langage, il
recourt fréquemment à l'onomatopée : il désignera par
exemple un animal en imitant son cri. Si le langage articulé disparaît, comme dans la paralysie labio-glosso-
laryngée, dans certaines aphasies motrices, l'intonation
remplacera encore la parole, et le langage devient alors,
suivant l'heureuse expression de Brissaud, une véritable
« romance sans paroles ».

Le langage des sons, qui dans sa forme la plus élémentaire a précédé la parole, s'est développé lui-même à son
tour, au cours de l'évolution psychique de l'humanité : il
est ainsi devenu une mine de symboles de plus en plus
riches et de plus en plus variés, dont l'ensemble constitue le
langage musical, et dont les manifestations supérieures,
accessibles seulement à une élite, représentent la musique
au sens artistique du mot.

Comme tout langage, le langage musical comprend deux
ordres de processus : les processus moteurs et les processus
sensoriels. Les premiers sont les processus actifs, d'expression ; les seconds sont les processus passifs, de perception.

CHAPITRE II

LE LANGAGE MUSICAL DE PERCEPTION. LES AMUSIES SENSORIELLES.

Le langage musical de perception s'adresse primitivement et presque toujours à l'oreille; secondairement et accessoirement, chez les musiciens très éduqués, il peut s'adresser à l'œil et constitue alors la lecture de la musique.

A. — LANGAGE MUSICAL AUDITIF.

Le langage musical auditif comprend la perception auditive et l'interprétation des sons : que ceux-ci se présentent isolément ou à l'état de phrases musicales.

1° *Perception du son isolé; ses trois caractères.* — Un son est caractérisé par trois qualités fondamentales : l'intensité, le timbre et la hauteur.

Reconnaître l'intensité d'un son, mesurer l'intensité comparée de plusieurs sons est une opération dont presque tout le monde est capable.

Reconnaître le timbre d'un instrument, pour qui l'a déjà entendu, est aussi chose facile.

Reconnaître la hauteur est une opération beaucoup plus délicate, dont bien des gens sont incapables. La même note, émise plusieurs fois de suite sur le même instrument, ne sera pas reconnue par certaines personnes comme étant le même son. Deux notes dissemblables sont, par certains sujets, reconnues comme différentes, mais la distinction entre la note supérieure et la note inférieure est impossible. Ceux qui arrivent à faire cette distinction, restent le plus souvent incapables de désigner les deux notes entendues. Pourront seuls désigner ces notes, quelques rares sujets, doués alors de dispositions innées particulières, que perfectionne généralement l'éducation. Chez ceux-ci, la note se classe d'emblée à son rang dans l'octave; et, lorsqu'ils ont appris le nom de chacune de ces notes, l'image auditive de chaque son reste indissolublement liée à son nom.

Certains sujets, incapables d'ailleurs de nommer une note, excellent par contre à apprécier l'intervalle qui sépare deux ou plusieurs notes consécutives ou réunies en accord.

On peut donc reconnaître parmi les différents sujets, sous le rapport de la perception de la hauteur des sons, une échelle d'acuité, congénitale et perfectible par l'éducation.

Cette faculté même d'identifier les notes par la seule audition, est encore toute relative : bien des sujets, capables de nommer des notes successives, ne peuvent les reconnaître, fusionnées dans un accord; et, si le musicien exercé sait apprécier les accords les plus habituels de l'harmonie moderne, il décomposera difficilement en ses éléments un accord faux ou inusité dans la technique. Il faut faire intervenir, dans tous ces cas, ces relations de fusion, de fusibilité des sons entre eux, bien étudiées par Stumpf, Hanslick, Riemann, mais dont le sens nous échappe, malgré toutes les explications mathématiques, physiques, physiologiques ou psychologiques qu'on a tenté d'en donner. Il faut encore dans tous ces phénomènes réserver une place importante aux facteurs ethniques, sociologiques et historiques; aucune loi fixe ne saurait régir des faits aussi disparates, aussi variables, suivant les époques et les civilisations, que la gamme et les systèmes harmoniques et mélodiques. Il suffit, pour s'en convaincre, de lire le travail si intéressant et si documenté de Charles Lalo, qui montre, à côté de faits précis expliqués par les sciences exactes ou expérimentales, les contradictions et les erreurs grossières auxquelles exposent de telles méthodes systématiquement appliquées à l'interprétation de phénomènes aussi complexes.

La justesse même des sons simples est tout à fait relative sur les instruments en apparence les plus précis; et l'on connaît l'usage que le compositeur fait de ces illusions de l'ouïe, dans l'emploi du tempérament : une différence d'un comma est difficilement appréciable dans une phrase mélodique ou dans un accord; de telle sorte que, suivant les notes qui le précèdent ou le suivent, un même son pourra être interprété comme l'une ou l'autre des deux notes distinctes d'un comma (notes en harmonique par exemple, si naturel et ut bémol sur le piano).

Cependant, il ne faut pas considérer cette faculté congénitale de discrimination de la hauteur des sons comme l'indice d'un tempérament musical : car elle existe chez des sujets non musiciens et manque chez des musiciens de grande valeur.

Une phrase musicale est un système de sons associés entre eux de manière à exprimer une pensée musicale. Ses deux éléments fondamentaux sont le rythme et la combinaison des notes. De ces deux éléments, le rythme est celui dont la perception est la plus facile. Le rythme en effet, qualité primitive et universelle du mouvement de la matière, s'impose à notre perception bien antérieurement à toute musique. Aristote avait déjà fait du rythme un élément cosmique. Tout a un rythme dans la nature, et le plus souvent un rythme dont la régularité périodique est facile à saisir (le bruit des vagues, les battements du cœur, etc.). Les différents modes de l'activité vitale s'exercent d'après la loi du rythme. Le travail humain lui aussi a son rythme. L'ouvrier qui rabote, le forgeron qui bat le fer, etc., exécutent leur tâche en cadence. Cette universalité du rythme a fait l'objet récemment d'une remarquable étude de Büchner.

Tout travail manuel se décompose en un certain nombre de mouvements élémentaires; chacun de ces mouvements nécessite un effort, c'est-à-dire une forte expiration, un véritable coup de glotte, aboutissant à un cri, à l'ébauche d'un son. C'est ainsi que, chez le forgeron, le marteau d'une part, la voix humaine de l'autre, cadencent le travail.

Lorsque plusieurs ouvriers travaillent ensemble à un même ouvrage, il faut, pour que l'effort de chacun soit utile à l'œuvre collective, que le rythme préside, suivant une cadence déterminée, aux efforts individuels. Ces cadences du travail ont été primitivement marquées soit à la voix, soit à l'aide d'instruments de percussion (tambour, etc.) ou d'autres instruments musicaux simples. L'exergue de l'ouvrage de Büchner est un dessin qui représente un groupe antique de boulangers pétrissant le pain au son de la flûte. Ainsi sont nés des chants de travail propres aux différents métiers et où l'on retrouve nettement les cadences propices à chaque manœuvre. Büchner, dans son ouvrage, a analysé et reproduit un grand nombre de ces chants recueillis au cours de ses voyages, soit chez des peuplades primitives, soit dans les groupes ouvriers de la civilisation moderne.

Les compositeurs ont tiré un grand parti de l'imitation de ces rythmes : le *Chant de la Forge*, de Siegfried, le thème du Nibelheim de *l'Or du Rhin*, sont des exemples démonstratifs de ces procédés musicaux.

Le commun des hommes perçoit si facilement le rythme d'une phrase mélodique, que, même sans comprendre celle-ci, bien des sujets, dépourvus de toute intelligence musicale, peuvent traduire le rythme de cette phrase par des mouvements cadencés (battement des mains, oscillations), souvent automatiques.

Les sons musicaux, par leur mouvement mélodique et leur succession rythmique, sont les syllabes, les mots du langage musical : c'est à l'aide de ces moyens d'expression que le compositeur communique sa pensée à ses semblables.

Bien des gens sont absolument fermés à ce symbolisme, qui, pour d'autres, représente un langage de choix.

Au point de vue du degré d'aptitude à la compréhension de ce symbolisme spécial, il existe une véritable échelle des esprits, depuis le degré le plus inférieur jusqu'aux sommets les plus élevés de l'intelligence musicale.

Au bas de cette échelle figure le manque absolu de toute aptitude musicale : ce déficit congénital est une véritable agénésie de la fonction du symbolisme des sons : il représente l'*idiotie musicale*, l'*amusie constitutionnelle*.

A l'audition de l'air le plus simple, du refrain le plus populaire, émis naturellement sans les paroles, l'amusique complet est incapable d'en reconnaître la mélodie : il n'entend que du bruit, des sons qui se succèdent sans lien ni rapport entre eux; la musique est pour lui une langue étrangère dont les mots n'ont aucun sens.

Une telle agénésie musicale est exceptionnelle. La plupart des hommes, si dénués qu'ils soient de sens musical, sont capables de reconnaître et de répéter certaines mélodies simples, certains refrains populaires, et témoignent ainsi d'aptitudes musicales élémentaires; lorsque de tels sujets répètent un air, on peut facilement se convaincre que ce qu'ils retiennent et reproduisent le mieux, c'est le rythme; dans les manifestations grossières de ce langage purement automatique, les fautes d'intonation abondent. Il est manifeste que la musique n'éveille en de tels esprits rien d'affectif ni d'intellectuel. Le langage musical est ici presque purement réflexe et ne s'associe à aucun processus psychique supérieur.

Au-dessus de ces amusiques presque complets, figurent les sujets qui éprouvent réellement une émotion à l'audition de la musique. Parmi ceux-ci, bien des degrés et des variétés sont à distinguer. Beaucoup de sujets ne goûtent à l'audition des phrases musicales qu'un plaisir presque purement sensoriel; la suavité d'une mélodie les charme comme le parfum d'une fleur, mais un parfum qui, la plupart du temps, n'évoque aucune association psychique.

Le plaisir sensoriel est éveillé chez ces individus par les œuvres musicales les plus variées, sans que l'auditeur puisse expliquer la raison de ses préférences. Le plus souvent ce sont les mélodies les plus simples qui sont les plus goûtées. Ces émotions musicales élémentaires peuvent être parfois aiguës et très profondes. La nature des morceaux qui éveillent chez les différents sujets cette émotion esthétique rudimentaire, est une véritable pierre de touche du degré de leur intelligence musicale. Au-dessus de ces individus se placent, dans l'échelle de l'intelligence musicale, ceux qui, à l'audition des œuvres magistrales, pénètrent la série des sentiments qui animaient le compositeur au moment où il écrivit son œuvre. La musique devient alors un véritable langage, par lequel, à travers la phrase mélodique ou symphonique, l'âme de l'auditeur entre en communion avec celle du compositeur.

L'ouverture du *Tannhæuser*, par exemple, peut être considérée déjà comme un poème symphonique qui, grâce à sa simplicité relative de plan et de style, permet, dès la première audition, une compréhension approximative du sujet. Assurément, il ne faut pas demander de précision à qui ne connaît pas l'opéra entier; car les leit-motives ne prennent leur sens concret que dans le courant même du drame. La Musique, en effet, est incapable de préciser par elle-même; si elle veut préciser, elle a recours à des éléments étrangers, d'ordre littéraire, dramatique ou choréographique; et c'est à cette association musico-littéraire qu'est dû le poème symphonique contemporain, la musique à programme.

Charles Lalo fait remarquer avec justesse que les leit-motives et la narration orchestrale étaient déjà connus des primitifs florentins et utilisés par Gluck. Bannis de l'art classique, ils reparaissent avec le drame wagnérien et le poème symphonique contemporain; ils appartiennent aux époques préclassiques et romantiques; à la phase préclassique, en effet, la musique pure ne s'est pas encore dégagée; et, chez les romantiques, la musique ne suffit plus aux besoins d'une psychologie, d'une conception artistique plus complexes et plus subtiles.

Le poème symphonique contemporain exige donc de l'auditeur, outre la connaissance de la donnée littéraire, celle des leit-motives qui symbolisent chacun des personnages du drame musical : par exemple, la Symphonie Domestique de Richard Strauss comporte, pour chacun des sujets mis en scène, trois ou quatre leit-motives, dont le texte est distribué aux assistants en même temps que le programme littéraire.

De telles œuvres nécessitent des auditions actives et répétées; le plaisir est ici au prix d'un véritable travail. Mais les œuvres mêmes des classiques, malgré la simplicité relative de leur composition, exigent encore le travail « pour qui veut saisir la vie qui les anime ». Schumann n'a-t-il pas écrit : « Ne juge pas une composition d'après la première audition. Ce qui te plaît au premier instant n'est pas toujours le meilleur; l'œuvre des Maîtres exige l'étude. »

Cette faculté de l'audition et du plaisir musical actifs,

appartiennent en propre aux formes déjà élevées de l'intelligence musicale.

Ainsi, entre la faculté élémentaire de la perception
tonale simple et les formes supérieures du génie musical,
existent tous les degrés et toutes les variétés intermédiaires
de l'intelligence du symbolisme des sons.

Aux différents degrés du langage musical, correspondent
autant de troubles, d'ordre soit agénésique, soit acquis, qui
représentent les différentes formes d'aphasies musicales.
Ces aphasies musicales sont les amusies, dont les degrés et
les variétés sont aussi complexes que ceux des aphasies
proprement dites. Ces cas sont même d'une étude plus
délicate et d'une interprétation plus obscure.

Un des problèmes les plus difficiles, dans cette analyse
psychologique, consiste notamment dans la détermination,
au cours d'un cas d'amusie, de la part respective de
l'agénésie congénitale et du déficit acquis. Le degré
maximum de l'agénésie du langage musical, l'amusie congénitale absolue, correspond à ce que Würtzen appelle
l'idiotie musicale. Ce dernier auteur a publié deux cas
de ce genre, dont nous citons le plus typique, parce qu'il a
trait à un sujet intelligent et cultivé.

Médecin, trente ans. — Rien à noter dans les antécédents
héréditaires et personnels.

Développement somatique et psychique normal dans
l'enfance : mais on constate de bonne heure une absence
complète du sens de la musique. Il ne reconnaît pas les airs
qu'on lui rabâche, il ne peut pas répéter les notes qu'on
joue au piano, il ne comprend rien à la pensée musicale.
Tout n'est que bruit; il est absolument incapable de faire la
synthèse des sons. Il ne distingue pas un morceau triste d'un
morceau gai.

Il n'a aucun sens du rythme, ne retient pas les vers; étant
soldat, il ne pouvait marcher au pas. Il ne peut reconnaître
au piano des intervalles d'un ton.

Voilà un cas type d'asymbolie musicale complète, congé-

. nitale. Le sujet est incapable de reconnaître les qualités simples du son, telles que la hauteur; la notion élémentaire même du rythme fait défaut, non seulement dans la musique, mais dans l'activité locomotrice, la marche au pas, etc.

Nous empruntons à Brazier le résumé sommaire d'une observation d'amusie sensorielle transitoire, de nature migraineuse, qui nous montre un type intéressant d'amusie acquise, à mettre en regard du cas précédent d'amusie congénitale.

Le malade, âgé de cinquante et un ans, très vigoureux, non athéromateux, présentait depuis trois ans des crises de migraine ophtalmique; les deux premières crises, ayant duré chacune trois ou quatre jours, avaient été accompagnées d'aphasie verbale durant quatre ou cinq heures.

Le malade est repris d'une nouvelle crise, sans aphasie cette fois, mais avec surdité musicale très nette, et cela dans les conditions suivantes.

Le malade habitait près d'une caserne. Des troupes passent tous les jours sous ses fenêtres. On était en été, les croisées étaient ouvertes; pendant ma visite, un régiment vint à rentrer au quartier, pendant que sa musique exécutait *la Marseillaise*... Or je pus acquérir la certitude que M. B. n'entendait rien qu'un bruit confus, auquel il ne discernait rien de musical. Je renouvelai et complétai l'épreuve de toutes les façons, au piano, en lui jouant les airs qu'au dire des siens il connaissait parfaitement; il entendait le bruit, rapportait bien les sons à leur cause, et à leur source, mais il était incapable d'apprécier les seuls sons musicaux, en tant que sons musicaux.

Le lendemain, ce symptôme ayant cessé, il me confirma ses impressions de la veille; il avait entendu hier, me disait-il, en parlant de *la Marseillaise*, de grands fracas de cuivres, et c'était tout.

Voici maintenant une observation d'amusie, également acquise, mais incomplète, chez un sujet d'intelligence moyenne, mais d'une culture musicale supérieure à celle du sujet de l'observation précédente : il s'agit en effet d'un musicien professionnel.

M. X..., trente-huit ans, joueur de tuba, robuste, bien portant jusqu'à ces trois derniers mois. A cette époque, se développe chez lui, à la suite de chagrins, un état de psychasthénie avec troubles gastriques et préoccupations hypocondriaques. Il se plaint de céphalée, de troubles de la mémoire, et en particulier de la mémoire musicale.

Il dénommait autrefois les notes qu'on lui chantait; maintenant, il reconnaît bien qu'une note est plus haute que l'autre, mais il se trompe sur les intervalles; il a pris plusieurs fois un intervalle de quinte pour un intervalle de quarte : pareille erreur, disait-il, ne lui serait jamais arrivée autrefois. Il ne reconnaît actuellement ni les notes, ni même, dans un air, la tonalité majeure ou mineure.

La notion du rythme est bien conservée.

Il reconnaît, lorsqu'on les lui chante, les morceaux simples (la *Valse Bleue*) ou les morceaux qu'il a joués très souvent (la *Danse Macabre* de Saint-Saëns, la *Marche* de Racoczy); mais les œuvres musicales qu'il a jouées moins souvent, et qu'à l'état normal il aurait sûrement reconnues, il ne les retrouve plus : tantôt il oublie uniquement le titre du morceau, tantôt il se souvient vaguement avoir entendu l'air qu'on lui joue. D'autres morceaux enfin sont presque complètement sortis de sa mémoire. C'est ainsi, qu'ayant été prévenu qu'entre plusieurs airs exécutés devant lui, se trouverait le *Panis Angelicus* de César Franck, il n'a pas reconnu, au passage, ce morceau qui lui était pourtant familier et qu'il avait souvent exécuté autrefois.

Le malade se plaint en outre de ne plus pouvoir jouer par cœur; dans les morceaux où, auparavant, il pouvait se passer de sa musique, la partition lui devient nécessaire.

Lorsqu'on lui demande de chanter un morceau qu'il a souvent joué, il ne se souvient que des premières mesures; dans la suite, surviennent des fautes d'intonation, puis le souvenir de la phrase musicale s'efface complètement. Ce sujet nous a fourni de ce déficit un exemple assez particulier. Il fait depuis longtemps partie de la musique de scène de l'Opéra, qui exécute plusieurs répliques pendant la *Marche du Prophète*. Il chante les premières mesures de la *Marche du Sacre* : arrivé aux répliques de la musique de scène, la mémoire lui fait défaut; lui donne-t-on les premières notes de la réplique, le souvenir du reste de la phrase reparaît.

Ce malade présente, en outre, des troubles de la lecture musicale. Il déchiffre plus difficilement qu'auparavant; il lui faut lire successivement chaque note, tandis qu'autrefois il n'était pas forcé d'épeler ainsi et lisait plutôt le dessin graphique de la phrase mélodique. Il retrouve très facilement la valeur des notes, reconnaît une noire d'une croche ; il lit très aisément les notes contenues dans l'intervalle des cinq lignes de la portée ; mais les signes musicaux situés au-dessus et au-dessous l'obligent souvent à compter les lignes supplémentaires comme un débutant du solfège.

La mémoire motrice des doigts est également diminuée ; ce malade, qui joue du trombone et de la tuba, est sans cesse forcé de contrôler par la vue les mouvements de ses doigts. C'est là un trouble du langage musical moteur.

Cette observation nous offre un exemple d'amusie légère et incomplète. Le déficit a pu être établi ici par comparaison avec l'état antérieur des facultés musicales chez le même sujet. De pareilles lacunes n'ont de signification pathologique que chez les sujets possédant une certaine culture musicale.

B. — LANGAGE MUSICAL VISUEL

(LECTURE MUSICALE)

Le langage musical ne comprend pas seulement que la perception auditive et l'interprétation des sons : il comprend également la perception visuelle des sons, c'est-à-dire la lecture des symboles graphiques qui expriment, sur le papier, les notes, leur valeur, leur agencement, le rythme et le mouvement du morceau. Ces deux modes, auditif et visuel, du langage musical, correspondent exactement à la parole et à la lecture du langage ordinaire. Mais, de même que le langage écrit est beaucoup moins répandu que le langage oral ; de même, en musique, les sujets capables de comprendre à l'audition le sens d'une œuvre sont beaucoup plus nombreux que ceux qui joignent à cette faculté auditive la faculté visuelle de la lecture musicale. En dehors d'une élite de professionnels et d'amateurs, le langage musical écrit ne compte que des illettrés.

Parmi ces illettrés, quelques-uns sont capables d'épeler péniblement les notes qui se succèdent sur une portée. D'autres, beaucoup plus rares, arrivent à saisir le dessin général d'une phrase.

Enfin, les musiciens exercés déchiffrent couramment la succession de ces phrases et, par une association immédiate entre l'image auditive et l'image visuelle, entendent directement, dans leur langage intérieur, l'exécution tonale du morceau, et peuvent ainsi en comprendre les effets, et en pénétrer le sens; et ils apprécient les qualités, sans l'intermédiaire d'aucune exécution matérielle objective. C'est ainsi qu'un musicien peut devenir sourd, sans cesser de comprendre et de parler le langage musical. L'appareil de l'ouïe, intermédiaire entre le monde objectif des vibrations et le monde subjectif des images sonores, peut ainsi être fonctionnellement supprimé, sans que cesse d'exister, dans l'écorce cérébrale, le dépôt de ces images sonores avec toutes leurs associations sensorio-psychiques. Si la fonction de l'ouïe est supprimée, le langage musical intérieur intact sera mis en communication avec le monde extérieur, tant au point de vue de la réception que de l'émission des sons, par l'intermédiaire de l'appareil visuel. On s'explique ainsi ce paradoxe apparent de la parfaite compatibilité du génie musical avec une surdité acquise à peu près complète. On sait que Beethoven écrivit beaucoup de ses œuvres les plus remarquables et dirigea leur exécution, à une époque où il était complètement sourd : c'est là l'exemple le plus illustre et le plus émouvant de cette situation.

Les troubles du langage musical visuel, les amusies visuelles, constituent les différentes variétés de *cécité* ou d'*alexie musicales*.

La littérature médicale ne compte jusqu'ici que de rares observations de cécité musicale. Nous sommes persuadés que l'examen soigneux de la lecture musicale chez les cérébraux organiques, et en particulier chez les sujets atteints d'aphasie, permettrait de multiplier ces observations.

Proust, Finkelnburg, Bernard, Brazier, ont cité chacun un cas personnel de cécité musicale.

Nous résumons ici l'histoire de la malade de Brazier ;

Mme R..., trente-six ans : neurasthénie, dyspepsie, ovaralgie, céphalalgie en casque, migraines fréquentes. Situation de professeur de piano et d'accompagnement, éducation musicale très complète et très précoce. Lecture musicale incessante, devenue aussi aisée et beaucoup plus usuelle que la lecture ordinaire.

Un soir, après une journée de migraine gauche intense non encore dissipée, voulant jouer dans le monde, comme d'habitude par cœur, elle sentit une insécurité si grande, un trouble si anormal dans son jeu, qu'elle dut, contre son habitude, recourir à la partition. Ce fut alors bien pis, car elle constata, sans y rien comprendre, qu'il lui était impossible de lire une note de musique, bien qu'elle vît les signes. La vision était intacte, ainsi que je pus m'en assurer le lendemain : la malade lisait facilement les caractères ordinaires, reconnaissait les chiffres, etc.; son impotence se limitait aux signes musicaux. Le sujet pouvait d'ailleurs chanter de mémoire de nombreux morceaux qu'elle possédait bien ; sa mémoire était indemne ; mais cependant, au piano, son jeu était hésitant. Elle entendait et appréciait parfaitement la musique. Donc, alexie spécialisée aux seuls caractères musicaux...

Vers le troisième jour, quand le rétablissement des images visuelles s'effectua, la malade s'en aperçut, parce qu'elle appréciait alors non pas encore les notes elles-mêmes, dans leur position sur la portée, mais leur valeur de temps et de durée. Ne pouvant encore percevoir que telle note était un si ou un ré, elle se rendait compte pourtant que c'était une croche, une noire ou une ronde.

A partir de ce moment, et avec le plus banal des traitements, le rétablissement de l'appréciation des signes s'effectua en quatre ou cinq jours, et le retour à l'état normal se fit sans laisser de traces.

Cette observation nous représente un cas bien démonstratif de cécité musicale fonctionnelle, temporaire, de nature très probablement migraineuse, et pure, c'est-à-dire dégagée de toute association avec d'autres troubles du langage ou de l'esprit. Le malade, dont nous avons cité plus haut l'observation personnelle, a présenté, associée à l'amusie auditive, une variété analogue, mais fruste, d'alexie musicale.

Il est intéressant de constater que, dans ces deux observations, la perte de la lecture musicale chez l'un, la restauration chez l'autre, se sont effectuées dans le même ordre : la notion de la durée des notes a, chez la malade de Brazier, réapparu avant celle de leur hauteur ; de même, l'autre malade, qui conservait intacte la notion de la durée, était forcé d'épeler chaque note et de compter une à une les lignes supplémentaires. Ce mode de régression et de rétablissement des images s'explique facilement puisque la notion de la valeur d'une note (ronde, noire, croche) est un concept plus général et plus simple que la notion de sa position sur l'échelle musicale.

CHAPITRE III

LE LANGAGE MUSICAL INTÉRIEUR.

Entre les processus passifs et primitivement sensoriels du langage de réception et les processus actifs, finalement moteurs, du langage d'expression, s'interposent, dans la série des opérations physio-psychologiques, les processus intermédiaires du langage intérieur musical. Celui-ci, qui correspond à l'idéation musicale, est constitué par les apports auditifs et visuels d'origine objective, par les associations qui s'établissent entre ces matériaux sensoriels et l'ensemble de l'activité psychique, et enfin par les combinaisons imaginatives spontanées qui se créent dans le psychisme individuel, et tendent, après cette élaboration subjective, à s'extérioriser en expressions musculaires, éléments vocaux, instrumentaux ou graphiques du langage musical d'expression.

Sans revenir sur l'analyse déjà faite des origines et du développement du langage musical, on peut rappeler ici que les deux processus élémentaires, et par suite les deux composantes fondamentales de ce langage, sont l'intonation et l'imitation.

L'intonation, qui, comme nous l'avons vu, précède de beaucoup l'articulation, est la qualité spécifique et irréductible de la voix dans chaque espèce animale, et, chez l'individu, de chacun des sentiments. Chaque espèce animale a ainsi son timbre vocal propre; et, dans toutes les espèces, l'expression élémentaire de chaque sentiment a aussi un timbre vocal particulier.

L'imitation, primitivement vocale, secondairement instrumentale, des bruits de la nature, a des origines primitivement utilitaires, secondairement esthétiques, presque aussi lointaines. L'intonation constitue, avec l'articulation et l'imitation des bruits de la nature, les composantes primitives du langage musical en général. L'intonation est consacrée à l'expression d'abord spontanée et ensuite intentionnelle des sentiments, des états passionnels. C'est elle qui, à travers toutes les richesses et les complications de la musique, joue toujours le rôle dominant dans l'expression de la pensée musicale intime et détermine le sentiment de la phrase (c'est le ton qui fait la chanson).

L'imitation est consacrée à l'expression descriptive des situations objectives du monde extérieur, et destinée à évoquer, par l'intermédiaire des images auditives, la représentation mentale des grands concerts naturels (le déchaînement de la tempête, le bruit des flots, les murmures de la forêt, le chant des oiseaux, les bruits de la bataille, l'allure des animaux, le rythme des métiers).

Ces deux éléments, passionnel et descriptif, du langage musical sont susceptibles de combinaisons infinies qui traduisent merveilleusement les réactions de l'âme humaine en présence de la nature, et le mélange d'objectivité et de subjectivité dont se composent toutes les situations sentimentales à caractère dramatique. Le poème symphonique est la forme la plus parfaite, et d'ailleurs relativement moderne, de ce langage musical supérieur.

Il est évident que, dans ses procédés et dans ses ressources, le langage musical s'est perfectionné au cours de l'évolution humaine proportionnellement à l'élévation, à

la complication et à l'enrichissement progressifs du sentiment et de la pensée de l'homme.

Les progrès du langage musical et des autres langages
(parole, écriture, etc.) ont été parallèles, et le grand opéra
nous offre, dans l'association de la musique et des décors,
un démonstratif exemple de la collaboration de tous ces
langages à l'expression des sentiments et de la vie de
l'humanité.

A la représentation de ces œuvres, bien des gens ne
comprennent les situations du drame, les sentiments du
personnage, que par le jeu des artistes. D'autres auditeurs
se laissent guider surtout par la musique : les éléments
visuels du drame sont pour eux secondaires; la musique
absorbe presque complètement leur attention, car les sons
musicaux éveillent chez eux des associations visuelles ou
psychiques, indépendantes des contingences de la scène,
et à l'aide desquelles s'élabore, dans une édification purement subjective, l'idéal de leur conception esthétique.

Les premiers sujets, qui sont surtout des spectateurs,
sentent et parlent un langage principalement visuel; les
seconds, qui sont des auditeurs, sentent et parlent un langage principalement auditif.

Cette distinction entre visuels et auditifs, fondée, comme
l'avait montré Charcot, sur la prédominance des images du
langage intérieur, ne se marque guère que dans les types
extrêmes : l'immense majorité des esprits étant composée
de types moyens, à la fois visuels et auditifs.

Charcot avait proposé également la distinction d'un type
psycho-moteur, caractérisé par la prédominance des éléments moteurs, des images kinesthésiques dans le langage
intérieur. Cette classe de psychomoteurs se retrouve également dans l'étude du langage musical. Nombre de
personnes ne perçoivent dans la musique que les éléments
moteurs : le rythme, la cadence et l'allure du morceau.
Ceux-là, qu'on peut qualifier d'auditivo-moteurs, sont tout

disposés à extérioriser les images motrices de leur langage intérieur par des réactions musculaires adéquates au rythme et à l'allure du morceau entendu (danse, marche, battement de la mesure).

Les auditivo-moteurs représentent l'immense majorité des auditifs. On conçoit en effet que les impressions auditives réveillent surtout les images motrices, qui sont les plus anciennes et les plus communes des images corticales, et que le réveil de ces images motrices s'effectue conformément au rythme perçu par l'oreille : rappelons ici l'entraînement irrésistible exercé sur les foules par les marches militaires.

Parmi les auditifs, quelques sujets sont remarquables par le développement exceptionnel, la prédominance extraordinaire des images auditives du langage intérieur et par la richesse des associations sensorio-psychiques que suscitent en eux les exécutions musicales et le jeu intérieur des représentations auditives. Pour ces sujets, le langage musical offre des ressources symboliques supérieures à celles de tout autre langage. La musique représente pour eux, dans l'expression de leur pensée et surtout de leurs sentiments, un véritable langage d'élection. Ces aptitudes au langage musical qui sont, par nature, congénitales, peuvent se développer par l'éducation et par la culture artistique, et acquérir un tel développement, que certains sujets prédisposés sentent et expriment instinctivement en musique les différents mouvements de leur vie intérieure.

Tel est le cas de Schumann. L'ensemble des œuvres de cet auteur depuis les mélodies de sa jeunesse jusqu'à son *Faust* et son *Manfred*, constitue l'autobiographie la plus éloquente de cette sensibilité anormale. Dans ses lettres à Clara Wieck, l'artiste décrit d'une façon saisissante cette tendance irrésistible qui le pousse à exprimer par la musique toutes ses émotions et tous ses sentiments.

Tout ce qui se passe dans le monde m'affecte, qu'il s'agisse de

personnes, de politique ou de littérature. J'y pense à ma façon ;
puis il me tarde d'exprimer les sentiments qu'ils me suggè-
rent et de les transcrire par l'intermédiaire des sons. Si mes
compositions sont parfois difficiles à comprendre, c'est qu'elles
se rattachent à des événements frappants ou à des souvenirs
éloignés. Tout ce qui arrive d'extraordinaire me frappe et me
force à l'interpréter en musique.

Schumann (Lettre à Clara Wieck, 13 avril 1838.)

« D'après ta romance, il m'apparaît clairement que nous
devons être mari et femme. Chacune de tes pensées vient de
mon âme, de même que je te dois toute ma musique. »

Schumann (Lettre à Clara Wieck, 29 juillet 1839.)

« Comme je suis plein de musique maintenant et de ravis-
santes mélodies! Figure-toi que, depuis ma dernière lettre,
j'ai achevé un nouveau volume de choses nouvelles. Toi, et
une de tes pensées, en formaient le sujet principal...

« Tu souriras si doucement lorsque tu te reconnaîtras en
elles! Même à moi, ma musique me paraît étonnamment
compliquée, en dépit de sa simplicité. Son éloquence vient
droit au cœur, et tout le monde est affecté, lorsque je joue
comme j'aime à le faire.

« J'ai remarqué qu'il n'y avait jamais plus d'ailes à ma fantaisie, que les jours où mon âme était tendue par le désir, par
une inspiration anxieuse. Ces jours derniers, où j'attendais
ta lettre, j'ai composé des livres pleins. Ce sont des choses
extraordinaires, folles, parfois solennelles! Tu ouvriras de
grands yeux, quand tu les joueras pour la première fois. En
ce moment, je voudrais éclater en musique! Que de belles
mélodies je sens en moi! C'est toi et ta pensée qui y jouent le
principal rôle. »

Il est intéressant de constater que cette tendance au
langage des sons, au penser musical, n'est pas l'apanage
exclusif des seuls musiciens; on peut encore la surprendre
chez différents écrivains.

Pour ne citer qu'un exemple parmi les auteurs illustres,
Schiller peut être opposé à Gœthe, comme un auditif à un
visuel; dans une lettre à Kœrner, Schiller s'exprime ainsi :
« La musique d'une poésie, dit-il, est bien plus souvent

présente à mon âme quand je m'assieds à ma table pour
l'écrire, que l'idée nette de son contenu, sur lequel je suis
souvent à peine d'accord avec moi-même. »

Nombre de poètes, et même de prosateurs, semblent
obéir à une inspiration d'ordre surtout auditif. A cet
égard, il est intéressant de comparer les œuvres des écrivains visuels à celles des écrivains auditifs. Tandis que les
premières parlent surtout à la vue et suggéreraient à un
artiste une œuvre plastique, les secondes, au contraire,
s'adressent plus à l'oreille et inspireraient plutôt un compositeur qu'un peintre. Ainsi, parmi les auteurs modernes,
on peut considérer comme écrivains à langage auditif
Verlaine, Mæterlinck, et comparer par exemple les des-
criptions presque picturales d'Anatole France aux des-
criptions presque symphoniques de d'Annunzio. Certains
développements, chez d'Annunzio, semblent conçus suivant le mode symphonique; tel est, par exemple, le Discours au peuple, que l'auteur italien met dans la bouche
de son « Animateur » dans la première partie du *Feu*.

Dans un article récent, Charles Bos cite des faits qui,
dans un autre ordre d'idées, peuvent être rapprochés des
précédents. Certains sujets sont plus à l'aise dans une
langue étrangère que dans leur langue maternelle : tel ce
Français, pour lequel l'allemand est devenu comme une
langue maternelle, qu'il emploie de préférence à la sienne
pour traduire l'intimité de ses sentiments : il parle le français comme un Allemand qui connaîtrait parfaitement la
langue française. Ainsi, chez Carlyle, suivant l'expression de
M. Charles Bos, l'allemand déborde constamment l'anglais,
et la personnalité très marquée du poète ne peut s'exprimer
qu'en faisant de fréquentes irruptions dans le *quod pro-
prium* affectif de la langue allemande.

Certaines langues, en effet, portent la trace de ces états
affectifs particuliers, une sorte de « *Gemüt* » idiomatique,
suivant l'expression de William James; et jamais un mot

français ne pourra rendre en son entier l'expression allemande *Sehnsucht*; mieux que toute définition, que toute
explication, la Romance de Solveig, de Grieg, sera capable
d'initier un Français à cet état d'âme, si profondément scan-
dinave ou germanique.

Plus encore que le sens spécial des vocables, l'intonation générale de l'idiome, l'accentuation et le mode de
prononciation des mots, le timbre de la parole, représentent les éléments spécifiques de la langue de chaque peuple.
Cette musique ethnique du langage se trouve en parfaite harmonie avec les autres caractères de la race. Le fait
est si vrai que les mélodies pour chant perdent à la traduction une partie de leur charme, et que certains traduc-
teurs de Wagner ont cherché à conserver les accents du
poème allemand, au mépris même de la syntaxe et du sens
de la parole française. Cependant, comme l'a bien montré
Charles Lalo, il n'y a pas toujours parallélisme entre la
musicalité d'une langue et le style musical d'une nation.
« Les Annamites ont une langue très chantante, remplie
d'intervalles sans fixité, mais très variés et très marqués...
Or, leur musique est, au contraire, pentatonique, sans
demi-tons, c'est-à-dire qu'elle évite volontairement la
souplesse du demi-ton attractif. » De même, les peuples
dont la langue est chantante ne sont pas toujours les
peuples les plus musiciens.

Cependant cette musique du langage, acquise par l'imitation, par la vie en commun, par l'habitude, et fixée par
l'hérédité, impose à la voix, avec la fatalité d'un réflexe,
es éléments spécifiques de son origine. Tout étranger qui
apprend une langue nouvelle, lui applique instinctivement
les intonations de sa langue maternelle. Un sujet qui peut
prononcer correctement les sons isolés, communs à sa
langue maternelle et à une langue étrangère, devient,
lorsqu'il parle cette langue étrangère, incapable d'appliquer
avec justesse les lois ordinaires de la prononciation; il

intervertit ces lois avec une constance remarquable et
élective, dans l'émission de certains de ces sons. Sans confondre telle ou telle consonne avec telle autre, il commet
cependant, avec une régularité systématique et invariable,
des erreurs de prononciation qu'on ne s'explique guère,
puisque, dans sa langue maternelle, il donne à ces mêmes
lettres leur son normal. On peut rappeler ici la constance
avec laquelle l'Allemand prononce en français le B comme
un P, le C ou le K comme un G, le D comme un T ; alors que,
dans sa langue maternelle, il prononce correctement et distingue fort bien les unes des autres ces mêmes consonnes.

Ces inversions électives dans la prononciation de certaines lettres, s'associent à des lois d'intonation spécifique
indûment transposées, par le sujet, de sa langue maternelle dans la langue étrangère. C'est ce mélange d'inversions littérales et de fausses intonations qui constitue ce
qu'on appelle l'*accent*. Cet accent, qui joue un si grand rôle
dans la musique du langage, est remarquable à la fois par
sa persistance indéfinie, par son invariabilité, et par son
inconscience chez le sujet. On constate en effet cette per-
manence invariable de l'accent, chez des étrangers qui
résident depuis trente ou quarante ans dans un pays dont
ils manient fort bien la langue, sans cependant pouvoir
se débarrasser de leur accent spécifique. A chaque mot
qu'ils entendent, ils devraient, semble-t-il, saisir la différence entre leur prononciation et celle des autres, et, par
là même, être appelés à corriger les défauts de leur accent.
L'invariabilité de l'élément tonal dans l'accent s'explique
par l'origine lointaine de son acquisition et par l'adaptation
à la fois précoce et définitive du système des voies audi-
tivo-motrices chez le tout jeune enfant qui apprend sa
langue maternelle. Il se crée dans le système phono-
moteur des courants primitifs, qui drainent dans leur sens
l'activité vocale et canalisent les langues secondaires dans
les voies de la langue primitive.

En raison de son ancienneté et de son automatisme,
l'élément vocal propre à chaque langue est si étroitement
incorporé à la personnalité, qu'il est devenu inconscient;
et que, dans l'immense majorité des cas, le sujet n'entend
pas son propre accent, lorsqu'il parle une langue étrangère.

L'expression du fond sentimental, même dans le langage courant, appartient donc à l'intonation, c'est-à-dire
à l'élément musical capable d'acquérir, chez le compositeur, une délicatesse et une force de suggestion infinies.
La musique est ainsi par excellence le langage de l'émotion.
Nous avons vu, plus haut, le rôle considérable que jouait,
dans le symbolisme musical, l'imitation des bruits et des
concerts naturels. La musique sera donc, tour à tour, descriptive ou émotionnelle, exprimant soit les qualités représentatives des choses, soit la nature et l'intensité des sentiments.

Cependant, nous ne voulons pas dire que toute œuvre
musicale rentre dans l'une ou l'autre de ces catégories. Si
la musique est restée longtemps asservie à la parole, au
drame, à la danse, les âges classiques marquent pour elle
une ère d'indépendance préparée depuis longtemps par
une évolution progressive et divergente de ces différents
arts. Comme l'a bien montré Charles Lalo, Bach synthétise
cette double tendance; si bien que les historiens de la
Musique ont pu tour à tour individualiser en lui le musicien symboliste ou le théoricien promoteur des formes
pures de la Musique.

La Musique pure, comme son nom l'indique, se suffit à
elle-même. « Une pièce pour clavecin de Couperin, ou de
Rameau porte, dit Lalo, un titre d'intention suggestive,
la Ténébreuse, *la Poule*, *le Réveille-Matin*, etc.; une symphonie classique se désigne normalement par un numéro
d'ordre ou une tonalité. » L'indication des mouvements
permet seule d'apprécier le caractère général du morceau

(Maestoso, Scherzo, Allegro ma non troppo, etc.). Toutefois, même dans ces œuvres, l'indépendance de la Musique
n'est pas toujours absolue, puisque toute sonate classique
comporte fatalement un air de menuet. Le type le plus
parfait des productions de l'art classique est représenté
par les œuvres de Musique de chambre.

Cette sérénité de la Musique classique s'explique peut-
être en partie par le genre de vie des maîtres de l'époque.
Ceux-ci, dont l'instruction générale était fort négligée,
ne recevaient qu'une éducation purement musicale. Enrôlés
dès leur jeune âge dans une chapelle princière, ils consa-
craient leur vie, essentiellement monotone, à composer ou
à exécuter des œuvres de musique de chambre. De tels
musiciens restaient complètement étrangers à la vie sociale
de leur époque.

Tels furent les débuts de Beethoven, dont les premières
œuvres se ressentent de cette influence. Mais, arraché par
l'adversité à ce milieu factice, Beethoven eut l'énergie de
réagir, de combler les lacunes de son instruction première,
d'apprendre à penser avec les philosophes, et de s'initier,
avec ses amis Gœthe et Schiller, aux idées de la Révolution
française. Le classique avait évolué vers le romantisme,
et cette évolution s'affirme avec éclat dans la neuvième
Symphonie.

Un mouvement aussi puissant que le romantisme s'imposait aux sujets même les moins instruits. La Musique
quittait la cour des souverains, pour se répandre dans le
peuple. Le compositeur ne pouvait plus se dérober à la vie
commune et subissait l'influence du milieu. Les élans
passionnés du romantisme ne pouvaient plus s'accom-
moder du cadre fragile et conventionnel du style et de
l'orchestration classiques. Il fallait, pour peindre les sentiments violents, des couleurs vives, des contrastes tranchés.
La musique devenait alors une puissante fresque orches-

trale, appelée un jour ou l'autre à aboutir au poème symphonique, à la programme-musique.

Toutefois, le poème symphonique n'a pas fait oublier la musique pure. Ces deux genres ont subi, de nos jours, une évolution parallèle; et si le poème symphonique a pris un tel développement, c'est à l'œuvre des classiques qu'il doit la solidité de sa charpente, la souplesse de ses contours, la sobriété et la variété infinie de son style. La base de son dialogue est encore la fugue et le contrepoint, tels qu'ils dérivent des écoles classiques et surtout de l'école de Bach.

L'art musical actuel n'a donc point rompu avec le passé. Il a évolué avec le milieu social, il a progressé avec les autres arts; mais cette évolution n'a été possible et féconde que grâce au patrimoine légué par les Maîtres classiques. Les auteurs contemporains ont cherché, à nouveau, dans la Musique, l'expression de leurs émotions, ils sont revenus à la description musicale; et, même dans les œuvres de musique pure de l'école contemporaine, l'élement subjectif s'affirme avec la plus grande netteté; il suffit, pour s'en convaincre, de comparer la sonate de César Franck à une sonate de Haydn ou de Mozart. Le musicien contemporain a pris conscience de sa personnalité, parce qu'il vit de la vie commune, et qu'il n'a pas été, à l'exemple des grands classiques, élevé et formé, dès sa jeunesse, dans un milieu fermé et artificiel, qui nuisait au développement de sa sensibilité et de son intelligence.

C. — LE LANGAGE MUSICAL ÉMOTIONNEL.

Sous sa forme primitive et simple, le langage musical émotionnel exprime les émotions fondamentales de l'homme (la tristesse ou la joie, l'amour, la peur, la colère). La musique populaire est le mode le plus spontané et le plus répandu de l'expression musicale des émotions. Dans ce langage rudimentaire, l'âme populaire s'exprime en

phrases simples et courtes, souvent répétées, où chaque
race apporte, dans la collaboration anonyme de ses aèdes
primitifs, la marque de son génie sentimental particulier.
Dans ces chants populaires, c'est moins l'individualité d'un
auteur que la spécificité d'une race qui se révèle.

Cependant, quelles que soient les différences de temps,
de lieu et de race, les mêmes lois psychologiques ont
présidé à la formation de tous les langages par lesquels
l'humanité a exprimé ses émotions, ses tendances et ses
sentiments. A l'origine du langage humain, l'émission
vocale s'extériorisait en un mélange de sons plus ou moins
confus (cris, grognements, gémissements, rires ou sanglots, exclamations, etc.), et de phonations plus ou moins
distinctes, éléments embryonnaires de la parole articulée.
Celle-ci s'est plus tard et progressivement dégagée de ce
chaos primitif, et au langage d'intonation s'est ajouté peu
à peu, au fur et à mesure des progrès et des besoins de
l'intelligence, le langage d'articulation : au langage tonal
des émotions et des sentiments, s'est ajouté le langage
verbal, nécessaire à l'expression des concepts et des notions
intellectuelles.

« Est-ce le chant, qui, dans l'évolution humaine a précédé la parole, ou la parole qui a précédé le chant? Le
plus vraisemblable est que, chez l'homme ancestral, comme
aujourd'hui encore chez l'enfant, les premiers essais ver-
baux sont allés de pair avec les premières velléités musicales : vagues mélopées, gazouillis de syllabes pareilles,
indéfiniment répétées, avec retour monotone de certaines
intonations. Mais la musique actuelle, plus fidèle en cela
à ses origines affectives, se prête mieux que le langage
parlé actuel à l'expression directe des émotions. »

Cette citation, que nous empruntons à un intéressant
mémoire de M. Émile Lombard sur la classification des
glossolalies, nous sert d'introduction naturelle à la mention
sommaire de ces curieuses manifestations, individuelles ou

épidémiques, du langage émotionnel, étudiées par Flournoy et Lombard.

Le terme de *glossolalie* (γλώσση λαλεῖν) a été proposé pour désigner certaines variétés de langage automatique, apparaissant spontanément chez des psychopathes, sous l'influence de vives émotions, de nature surtout mystique, et dont les manifestations s'échelonnent depuis les émissions vocales les plus indistinctes et les plus confuses, jusqu'à l'improvisation de paroles, de phrases et de discours, parfois incompréhensibles pour le glossolale et son entourage, parfois intelligibles pour le seul glossolale, et offrant aux assistants les apparences d'une langue inconnue soit d'origine étrangère, soit de création nouvelle. Les manifestations glossolaliques, qui apparaissent chez les mystiques comme l'expression vocale automatique de l'inspiration et de la possession, sont très souvent rythmées et chantées, et s'extériorisent sous forme de mélopées, de cantilènes, de litanies, mélanges de prosodie rudimentaire et de musique primitive.

E. Lombard a bien mis en lumière le caractère infantile, primitif et purement émotionnel de ces glossolalies. Beaucoup de ces manifestations ne représentent « qu'une suite de sons quelconques, proférés au hasard et sans signification, analogue au baragouinage par lequel les enfants se donnent parfois dans leurs jeux l'illusion de parler chinois, indien, ou sauvage. » (Flournoy, *Des Indes à la Planète Mars.*) D'autres fois, ces glossolalies correspondent à l'expression, d'ailleurs inintelligible pour les auditeurs, d'un état émotif plus ou moins vague, mais profondément ressenti par le glossolale. Dans d'autres occasions, ces élocutions incohérentes correspondent, dans l'esprit de celui qui les émet, à des sentiments clairs et à des pensées précises. Il suffit de rappeler à cet égard ces phrases dépourvues de sens, que prononcent dans leur sommeil les sujets qui rêvent à haute voix, et dont les derniers mots, saisis au moment de son réveil par le rêveur, lui apparaissent sans rapport saisissable avec les pensées qu'ils exprimaient pourtant si éloquemment dans le discours qu'il tenait en rêve. Kræpelin a étudié ces discordances de la pensée et du langage dans les songes. Ces curieuses manifestations s'observent aussi chez les aliénés, notamment dans certaines logorrhées maniaques, au cours desquelles le malade tient parfois de longs discours, en une langue inintelligible, mais avec des intonations et une mimique qui donnent aux assistants l'impression que l'orateur comprend et ressent profondément le sens de son mystérieux langage.

Beaucoup de manifestations verbeuses de la paraphasie des sujets atteints de surdité verbale ressemblent à ces jargons glossolaliques.

Un des caractères les plus fréquents des glossolalies maniaques est le rythme du débit. A ce rythme s'associe souvent la répétition de certaines assonances, qui reparaissent régulièrement à la fin des phrases, en accentuent la cadence, et constituent ainsi, par leur retour périodique, la rime. Le discours tend alors à revêtir les caractères prosodiques du langage poétique. Lorsque le malade a quelque culture, et possède les matériaux de suffisantes réminiscences, il devient, sous l'influence de certaines excitations pathologiques du langage, capable de s'exprimer en poète, et de composer, en de curieuses improvisations, des pièces de vers à peu près conformes aux règles de la prosodie.

Ces cas de langage poétique, oral ou écrit, chez certains aliénés, sont bien connus des psychiatres et on peut en trouver d'intéressants exemples dans l'ouvrage d'Antheaume et Dromard. Ces poésies morbides, proportionnelles dans leur valeur au niveau intellectuel des malades, sont remarquables par la prédominance des qualités formelles et musicales du discours. Elles repré-

sentent par leurs caractères de rythme, de cadence, de
rime, de répétition, et enfin d'intonation et de débit, des
manifestations intermédiaires au langage littéraire et au
langage musical. Parfois remarquablement pauvres dans
leur contenu intellectuel et énigmatiques dans leur sens,
ces documents revêtent, à la récitation, une certaine
valeur musicale, et peuvent intéresser ou émouvoir
l'oreille. On peut rappeler ici l'histoire des Symbolistes et
des Décadents, qui, plus sensibles aux qualités sonores des
mots que soucieux de leur sens littéraire, ont composé
des symphonies verbales où, dans l'obscurité des textes,
chante la musique des phrases.

Nous n'insisterons pas davantage sur la revue de ces
manifestations aberrantes du langage, dans leurs rapports
avec l'émotion, le sentiment et la pensée. E. Lombard en
a, dans le mémoire que nous avons cité, esquissé l'étude
avec l'érudition d'un savant et la finesse d'un psychologue.

Des rudiments du langage émotionnel aux formations
néologiques systématisées, des émissions vocales automatiques aux glossopoïèses et aux pseudo-xénoglossies,
l'auteur suisse nous montre, dans toutes ces étranges manifestations du langage, l'expression vocale automatique,
plus ou moins complexe et plus ou moins consciente, des
émotions normales et pathologiques.

Les considérations de ce chapitre et des suivants s'adressent principalement aux temps modernes et aux civilisations de l'Europe occidentale. Charles Lalo a bien montré
que les modes varient avec les systèmes harmoniques, que
la réduction aux deux modes majeur et mineur est relativement récente, et que l'interprétation spéciale du mineur
date surtout de la période classique ou romantique. De
même, l'appréciation de la consonance et de la dissonance,
encore toute relative, tient probablement à une éducation
spéciale de notre oreille : et, si l'harmonie a établi certains

intervalles comme consonants ou dissonants, il en est d'autres sur lesquels la discussion reste encore ouverte.

Combarieu et Charles Lalo ont eu, à cet égard, le grand mérite de montrer combien la musique est un élément ethnique et combien l'étude de l'esthétique s'éclaire par l'ethnologie et l'histoire.

La joie se traduit par le mouvement rapide, des intervalles musicaux considérables, des montées brusques, les rythmes légers de l'iambe, du dactyle, du tribraque. Le mode est le plus souvent le mode majeur.

La douleur se traduit en général par des qualités inverses : le mouvement est lent, le mode souvent mineur; les intervalles musicaux, beaucoup plus rapprochés, sont descendants; la phrase musicale s'interrompt par instants, comme une voix entrecoupée de sanglots; et la fin en est souvent marquée par une descente, dont la chute exprime le comble de l'accablement.

Le rapprochement s'impose entre ces modes d'expression musicale de la joie et de la douleur et les autres manifestations instinctives de ces états psychiques (gestes, intonation de la voix, etc.). Chez l'homme, une loi commune préside à l'expression de la joie et de la douleur dans tous les langages.

L'expression de l'amour suit encore les mêmes lois, et il est intéressant de constater combien, dans leur forme instinctive et populaire, les mélodies amoureuses rappellent ces intonations et ces chants, que les naturalistes ont décrits chez les animaux à la période du rut.

Dans leur type le plus simple, ces mélodies consistent en des intervalles consonants de tierces et de quintes majeures, montant en *legato* et en *crescendo* et descendant ensuite en diminuant, soit sur une gamme, soit sur des intervalles identiques à ceux de la montée.

Ces phrases, ainsi construites, expriment surtout l'amour sexuel, dans ses tendances les plus organiques; elles représentent la traduction musicale des appels amoureux de la plupart des espèces.

A un degré supérieur de l'échelle zoologique, on sait quel art mettent dans leur cour certains animaux, les oiseaux en particulier; le mâle cherche à séduire la femelle par la douceur de sa voix, par la richesse de ses modulations; or, ce caractère se retrouve précisément dans la mélodie populaire, et les chansons amoureuses s'expriment assez souvent dans des vocalises qui rappellent le ramage de certains oiseaux.

L'expression musicale de l'amour varie suivant les conditions de climat et de race; et, à cet égard, l'influence de la race semble l'emporter sur celle du climat.

Dans la chanson populaire, se retrouvent côte à côte les deux types contemplatif et combatif, qui existent déjà dans la série animale. En effet, les naturalistes nous ont appris qu'au moment du rut, les oiseaux chanteurs luttent en gazouillements; les combattants, au contraire, se livrent des batailles où succombe le moins bien armé.

Il faut encore se reporter à la série animale pour comprendre, dans la chanson populaire, l'expression musicale de la terreur. Par un mimétisme instinctif, certains animaux, pour effrayer leurs ennemis, imitent devant eux les cris ou les allures des espèces que craignent ces ennemis; d'autres animaux, dans un même dessein, simulent l'effarement, la fuite devant un danger fictif. De même, les quelques chansons populaires qui cherchent à inspirer la terreur recourent volontiers à ces modes expressifs : tantôt elles imitent le bruit de l'objet qui cause la terreur, tantôt la phrase est formée de triolets, séparés par des silences, symbolisant ainsi le rythme de la fuite, interrompue par des pauses rapides, pendant lesquelles il semble que le sujet se retourne à la hâte pour voir autour de lui si tout danger a disparu.

L'ironie est un sentiment d'une nature beaucoup plus complexe, qui appartient à la série des sentiments d'ordre répulsif : elle en représente un degré moyen et une variété supérieure.

La répulsion peut s'exprimer de bien des façons. La plus simple, et aussi la plus brutale, consiste dans des exclamations d'horreur. En musique, ces interjections sont représentées par des sons isolés ou des groupes de deux ou plusieurs notes, séparés par des silences. et dont la première est fortement accentuée; ces phrases rappellent assez bien les cris de l'animal menaçant.

L'antipathie peut suggérer encore l'envie de nuire, le désir du combat, l'appétit de la vengeance : c'est ainsi que certains morceaux populaires exprimant la haine ressemblent à des marches guerrières.

La haine enfin nous dispose à trouver des défauts à nos ennemis. Pour nous donner l'illusion de la faiblesse de notre adversaire, et partant le sentiment de notre force, nous nous plaisons à le toiser, à rire de ses défauts. Cet état d'âme, composé de répulsion, de mépris, de malice et de défi, constitue l'ironie. Celle-ci, dans sa forme la plus schématique, s'exprime par le couplet satirique, qui répond au type suivant. C'est d'abord une phrase ou plutôt un fragment de phrase pompeuse ou amoureuse, dont la malice populaire exagère à plaisir le caractère; bientôt l'hilarité ne se contient plus, le rire éclate sous la forme de triolets, d'octaves ascendantes, de notes piquées, se succédant sur un même son. D'autres sujets sont plus maîtres d'eux-mêmes; ils ne rient pas et, pour provoquer l'hilarité de leur auditoire, ils intercalent, au milieu de phrases ronflantes, des interjections, des syllabes, des mots, qui, par leur absence de sens, leur assonance bizarre. tranchent d'une façon burlesque avec la prétention et l'emphase du récit (et patati et patata).

En dehors de la chanson, le peuple exprime spontanément ses états affectifs au moyen de la danse. Ce fait n'a rien de surprenant, puisque, comme nous l'avons constaté plus haut, les auditifs sont pour la plupart des auditivomoteurs, et que la danse est, par excellence, la traduction motrice du langage musical.

La danse, en effet, se retrouve dans les civilisations les plus anciennes. Les explorateurs, qui ont visité les peuplades sauvages, nous apprennent que les indigènes de ces contrées, dont on connaît la répugnance pour tout travail utile, sont en revanche les danseurs les plus intrépides et les plus infatigables. (Cf. Büchner, *Arbeit und Rythmus*.)

La danse, chez ces peuples, s'accompagne du jeu d'instruments de percussion ou parfois de chant; le rythme y tient une place prépondérante, au détriment de la mélodie. Entraînés par le rythme, suivant la rapidité de la cadence, les intonations du chanteur, les inspirations du moment, les danseurs se livrent à de véritables orgies de mouvements, souvent désordonnés, exprimant tour à tour la joie ou la douleur, l'amour ou la haine, la terreur ou les appétits guerriers.

Ces mouvements, en dernière analyse, ne sont autres que les réactions motrices instinctives, que susciteraient chez l'homme ces différentes émotions; ainsi les danses guerrières sont de véritables simulacres de combats, au cours desquels certains danseurs se peignent le visage et le corps, de façon à prendre un aspect terrible, tandis que d'autres danseurs miment la fuite devant des ennemis menaçants [1].

Au sein des groupes civilisés, l'amour prend dans la danse une place de plus en plus considérable; et, d'après les figures chorégraphiques, ou d'après la musique d'ac-

---

[1]. La danse peut figurer aussi dans les cérémonies sacrées, et contribuer, avec la musique, à l'expression des diverses variétés que peut revêtir, suivant les races et les époques, le sentiment religieux.

compagnement, l'on peut, dans une certaine mesure, se rendre compte de la conception, par tel peuple ou telle époque, du sentiment amoureux. Le menuet, la gavotte, ne sont-ils pas des danses pour ainsi dire spécifiques, où vit l'âme légère et gracieuse du xviiie siècle français? Ces danses coquettes ne sont-elles pas en rapport avec cette époque, où l'amour s'exprimait si heureusement sous les apparences du libertinage et des jeux d'esprit?

La danse, et surtout la danse populaire, se plaît encore à exprimer l'espièglerie ou l'ironie; elle parodie une attitude, une démarche, tel le cake-walk. D'autres fois, le danseur, pour provoquer l'hilarité, use du contraste des attitudes graves et des gesticulations triviales, qu'il combine en jeux imprévus.

Dans les figures à deux personnages, l'effet comique est obtenu par des procédés plus complexes : la danseuse, par exemple, laisse approcher le cavalier; et, lorsque celui-ci va la saisir, elle se dérobe à ses étreintes avec des gestes gracieux, espiègles ou comiques.

Dans la danse, au sens artistique du mot, la personnalité de l'interprète se dégage davantage. Les sentiments exprimés deviennent plus individuels et partant plus délicats, et plus variés. Ce n'est plus une œuvre anonyme, c'est une manifestation vraiment personnelle. La danse ne représente plus une dépense impulsive et capricieuse d'énergie neuro-musculaire : elle devient un art, un véritable langage expressif, le langage chorégraphique, qui dérive directement du langage musical, et dont les ressources s'accroissent avec les progrès mêmes de la musique. Une manifestation intéressante des formes supérieures de la danse moderne est représentée par la tentative de Mme Isadora Duncan, qui réalise, en une série d'attitudes plastiques, la traduction mimique des différents sentiments exprimés par les grandes œuvres musicales.

Au même ordre de faits appartient le cas remarquable

de Mme Magdeleine. Celle-ci, sujet hypnotisable, arrive à exprimer, à extérioriser en quelque sorte, les émotions qu'elle éprouve et à les communiquer ainsi à tout un auditoire. Dès qu'elle entend la musique, son visage et son corps passent par la série des expressions et des attitudes en rapport avec les sentiments exprimés par le morceau, et surpassent, dans cette pantomime passionnelle, le talent de n'importe quel acteur. L'exécution, en sa présence, de morceaux de Beethoven, de Schumann, de Chopin, de Massenet, donna les résultats les plus concluants. Pour déjouer toute supercherie, des compositeurs improvisèrent devant elle; son expression fut toujours aussi adéquate au sentiment du morceau. En dehors de l'état hypnotique, cette faculté avait complètement disparu.

C'est dans les œuvres des maîtres que le symbolisme musical acquiert sa forme la plus riche, la plus délicate, la plus personnelle, et, partant, la plus émouvante.

L'expression musicale de la joie est intéressante à étudier dans ses différents modes et procédés. Sous sa forme la plus élémentaire et la plus générale, elle revient au mode populaire et s'exprime par des airs à danser. A un degré supérieur de sensibilité, de richesse et de complexité, c'est la joie de vivre, c'est le sentiment de la nature, tels qu'ils se reflètent dans la *Symphonie pastorale* de Beethoven. La *Neuvième Symphonie*, directement inspirée par la Révolution française, traduit l'expansion joyeuse des peuples libérés et les généreuses aspirations des esprits de la fin du xviiie siècle.

Le sentiment de l'amour, dont la chanson populaire nous a montré les expressions si différentes suivant les époques et les peuples, a inspiré, dans la littérature musicale, des œuvres dont la richesse et l'originalité sont en rapport avec le développement même du langage musical.

Chez les auteurs modernes, l'amour de Schumann repré-

sente le type de la passion tendre et contemplative, et le
recueil de ses mélodies constitue le récit le plus sincère
et le plus touchant de son amour pour Clara Wieck.

La mélodie *Mon cœur, tu frémis et tu doutes*, fait
entendre les battements précipités et tumultueux de ce
cœur qui déborde de joie, puis doute de son bonheur.

Dans les mélodies *Elle est à toi* et *Widmung* éclatent
la joie sans mélange et l'évocation du bonheur.

Chez Grieg, l'amour, toujours contemplatif, apparaît
plus timide, plus réservé encore que chez Schumann. C'est
un amour mystique, fait de renoncement et d'oubli de soi-
même, tout empreint d'une sorte de fatalisme confiant,
bien en rapport avec le tempérament norvégien. Les
amants, dans une communion silencieuse et contemplative, semblent attendre qu'une force supérieure les
réunisse; c'est ce sentiment de mysticisme, très spécial
et très touchant, qu'exprime si fidèlement la chanson de
Solveig de Peer-Gynt. A l'amour contemplatif de Schumann et de Grieg, s'oppose nettement l'amour sensuel,
dont les accents passionnés retentissent dans les opéras
de Saint-Saëns et de Massenet, et les drames musicaux, de
style plus populaire, de Puccini et de Léoncavallo.

Une loi générale semble présider à l'expression musicale
de l'amour : c'est la liaison à peu près constante des sons
dans la phrase. Ce caractère fondamental, qui s'accuse
déjà dans la chanson populaire, persiste dans la musique
classique, avec des variations qu'il est intéressant de chercher à préciser; l'amour sensuel, tel que le chantent Dalila
ou Manon, s'exprime en mouvements impétueux, en *forte*
et en *piano* très tranchés, qui se succèdent sans transition.
A cette manière, s'oppose nettement l'expression de
l'amour divin, telle qu'on la retrouve, par exemple, dans
l'œuvre de César Franck.

Schumann avait déjà recouru, pour traduire la passion
amoureuse, à un nouveau mode expressif; en effet, la

mélodie : *Mon cœur, tu frémis et tu doute*, rend l'émotion
amoureuse par l'une de ses manifestations physiques, les
battements rapides et précipités du cœur.

Ce symbolisme était déjà très familier à Bach, dont le
langage musical a été bien étudié par Schweitzer dans
un ouvrage récent. L'auteur isole ainsi environ vingt-cinq
thèmes, qu'il appelle les racines de ce langage. Un premier
groupe de ces thèmes constitue, selon sa désignation, les
« schrittmotive », motifs de la démarche. « Des pas assurés
symbolisent la fermeté et la force ; des pas chancelants, la
lassitude et la défaillance ». Ces démarches sont exprimées
par des rythmes appropriés. Ainsi, la foi assurée est représentée par une basse obstinée, formée de groupes de trois
notes qui se suivent et se déroulent sans à-coups. La foi
chancelante est traduite par un thème caractéristique,
qui semble avoir été suggéré à Bach « par la vision d'un
marin en perdition qui cherche un appui sur une épave ».

La duplicité évoque, à l'esprit de Bach, l'image d'un
serpent ; aussi la phrase musicale qui exprime cet état
d'âme, se déroule-t-elle en un rythme qui reproduit la
reptation du serpent. Il nous semble inutile de multiplier
les exemples de ce mode expressif.

Il est intéressant d'étudier la combinaison de ces diffé-
férents éléments dans les cantates de Bach. Celles-ci sont
à quatre parties vocales, accompagnées par une orchestration elle-même à plusieurs parties. La basse de l'accompagnement indique la situation et le sujet du thème ; les parties de chant expriment chacune, par des modulations
différentes, les divers sentiments suggérés par l'action.
Ainsi comprise, la cantate peut se comparer à ces tableaux
des maîtres, où, au milieu de l'action, chaque personnage
traduit, par son attitude et par l'expression de son visage,
l'une des passions inspirées par le drame. Mais peut-être,
ici, le zèle et la subtilité du commentateur dépassent-ils la
pensée et les intentions de l'auteur.

Le vague à l'âme, cet état sentimental si complexe, si imprécis, et qui semble importé dans la mentalité française par les influences scandinaves et germaniques, a inspiré une riche série d'œuvres musicales modernes. Wagner, dans le prélude de Tristan, Grieg, dans des compositions variées, Debussy, enfin, se sont attachés à l'expression musicale de cet état d'âme.

L'effet de vague est obtenu par des suites d'accords dissonants, d'accords de passage, qui font attendre leur résolution. Cette attente inquiète se communique de l'oreille à l'esprit de l'auditeur; et, de plus, les variations incessantes du mouvement, qui tour à tour se précipite et se ralentit, semblent évoquer les hésitations et l'inquiétude d'un voyageur en quête de sa route.

Ainsi, de l'étude de la musique populaire ou classique, on peut conclure que l'expression musicale des sentiments procède des intonations primordiales, émises spontanément par l'homme sous l'influence de ses différents états émotifs.

Ces intonations primordiales sont comme les éléments, les corps simples du langage émotif phonétique, tant verbal que musical. Cependant elles ne représentent pas l'unique ressource de ce langage, puisque l'expression musicale des émotions fait encore appel à des associations d'images, motrices ou visuelles, évoquées par l'intermédiaire des sensations auditives.

La musique, en effet, est rarement description pure ou émotion pure. L'élément subjectif de l'émotion peut être parfois seul en jeu; mais l'élément objectif de la description ne peut exister sans participation du facteur émotif.

Le chapitre suivant, consacré à l'étude du langage musical descriptif, démontrera cette proposition.

D. — LE LANGAGE MUSICAL DESCRIPTIF.

La description imitative ou symbolique des bruits de la nature se confond avec les débuts mêmes de la Musique. Sans remonter à l'antiquité et au moyen âge, elle apparaît déjà dans les œuvres des clavecinistes, Scarlatti, Kuhnau, Couperin, chez qui la description, purement imitative, et d'essence presque exclusivement objective, se borne à reproduire servilement le bruit du vent ou de la tempête, le rire, les larmes, le chant des oiseaux, etc. Les phrases descriptives se suivent sans aucun lien entre elles, et Schweitzer compare très judicieusement ces compositions aux tableaux des primitifs, où chaque personnage, insoucieux des faits et gestes de ses comparses, semble agir pour son propre compte et juxtapose plutôt qu'il ne combine son rôle à ceux de ses voisins.

Malgré leur objectivité si frappante, ces morceaux sont, à la fois dans leur inspiration et dans leurs tendances, des œuvres subjectives. En effet, en reproduisant les voix de la nature, ces compositeurs montrent qu'ils ont su les entendre; qu'ils ont, en les entendant, éprouvé certaines émotions; et qu'ils ont cherché à éveiller celles-ci dans l'âme de leur auditoire en lui transmettant l'écho des bruits de la nature. Ce procédé démontre la vérité de cette pensée de Schweitzer, que l'art est la transmission des associations d'idées; et que, dans l'art musical, la peinture et la poésie représentent les éléments intermédiaires indispensables au langage des sons.

Avec l'évolution du goût artistique et les progrès de la science orchestrale, la musique devient de plus en plus subjective. Le compositeur ne décrit plus pour décrire : quand il recourt à la description, c'est à des fins purement subjectives; il exprime alors, à travers l'imitation symbolique des choses extérieures, une émotion intérieure, un

état d'âme, que traduit et commente à la fois cette collaboration de tous les moyens expressifs.

Combarieu a fait récemment, des procédés expressifs du
langage musical, une étude des plus intéressantes et des
plus approfondies, à laquelle nous ferons de très larges
emprunts.

Pour représenter musicalement un objet, l'auteur peut
employer soit le mode objectif, soit le mode subjectif.

Dans ce dernier cas, le plus rare, la description de l'objet
est remplacée par l'évocation musicale de l'émotion produite
par lui. Ainsi, dans la course à l'abîme de la *Damnation*,
deux appels de trompettes exprimant l'effroi indiquent à
l'auditeur l'approche du cavalier infernal. Dans le premier
cas, le plus fréquent, le mode objectif décrit les choses
par l'évocation directe de leurs attributs.

A la représentation d'un objet sonore suffira l'onomatopée; dans l'orchestration, le compositeur recourt à des
instruments spéciaux, tel le xylophone, dans la *Danse
macabre*, de Saint-Saëns.

La grandeur ou la petitesse matérielle des choses est
représentée par des mouvements lents ou rapides, par
le *forte* ou le *piano*; ainsi Wagner, dans la scène du
Riesenheim, exprime par un rythme lent et pesant les
allures lourdes du peuple géant; au contraire, le rythme
pressé ou rapide du Niebelheim donne à l'oreille l'illusion
du trottinement de la nation naine.

Ce procédé, d'essence musicale, est d'ailleurs d'un
emploi courant et presque instinctif dans le langage
ordinaire, au cours duquel, lorsque nous parlons d'objets
de grande dimension, notre débit se ralentit, notre voix
s'enfle et prend un ton grave.

La lumière, la clarté, la vivacité des couleurs sont égale-
lement susceptibles de représentation musicale; les sons
élevés, les accords majeurs représentent les objets fortement éclairés; rappelons qu'ils sont aussi les éléments

expressifs caractéristiques de la joie. Cette équivalence
dans le langage résulte de l'association ordinaire, dans la
vie, des images de lumière et de couleur avec les états de
joie et les sentiments de bonheur.

De même que le peintre utilise, pour suggérer la joie, les
teintes vives, les couleurs claires, les paysages ensoleillés,
les intérieurs lumineux; et que, pour inspirer, au contraire,
l'état de vague à l'âme, ce même peintre emploie les tons
neutres, les nuances imprécises et voilées du crépuscule et
des clairs-obscurs; de même le musicien fait appel, soit au
mode majeur et aux accords consonants; soit, au contraire,
au mode mineur et aux dissonances, aux résolutions tar-
dives, suivant qu'il cherche à exprimer l'expansion et la joie
franche, ou l'imprécision de la rêverie. Ainsi, dans les
représentations de *Pelléas et Mélisande*, le décor, la
musique et le livret concourent, dans une action scénique
parallèle et par l'emploi simultané de procédés équivalents, à inspirer au spectateur un état de vague à l'âme,
qui résulte de la synergie concordante des différents langages dramatiques.

L'élévation ou la gravité du registre expriment encore,
dans la musique classique, la situation haute ou basse des
choses décrites : les voix célestes sont presque toujours
confiées à des soprani, les chœurs infernaux à des basses.
On voit ici l'association des concepts de hauteur et de
lumière, les objets étant d'habitude d'autant plus fortement
éclairés qu'ils sont plus haut situés.

La musique exprime souvent le mouvement des choses
avec une justesse et une puissance d'évocation remarquables. Le rythme d'un travail, soigneusement noté par
le musicien, éveille l'idée de ce travail lui-même, évoque à
l'esprit l'image de l'artisan : ainsi le thème du Niebelheim,
dans *l'Or du Rhin*, nous fait assister au mouvement de
l'immense forge souterraine en activité. Rappelons, dans
le même ordre d'expression, les Schrittmotive de Bach.

La hauteur des objets est représentée par la hauteur des notes sur l'échelle musicale : le mouvement de la phrase, des tons aigus aux tons graves, exprime, en effet, une descente, et le mouvement des tons graves aux tons aigus traduit une montée.

Les variétés d'étendue, d'agencement, de succession et de rythme de ces montées et de ces descentes expriment, comme le dit Combarieu, soit le balancement des feuilles, soit les ondes d'un fleuve, soit les vagues de la mer, soit le bruit d'un rouet, etc. Les pages de ce genre abondent dans la littérature musicale.

Tandis que la musique classique n'exprimait guère, dans son langage descriptif, que le dessin schématique et pour ainsi dire linéaire des choses; la musique moderne, beaucoup plus riche et plus compliquée, ajoute au dessin la couleur, et s'exprime avec une infinité de nuances, résultant de l'emploi des dissonances, des altérations tonales les plus variées. La ligne mélodique, au lieu d'évoluer au premier plan, se joue au milieu de l'accompagnement et des contre-chants de l'orchestre.

Au cours de ces lignes, consacrées à l'étude de la description musicale, nous avons vu que celle-ci dérive plus ou moins directement de l'onomatopée; l'intonation et l'onomatopée sont à l'origine de toutes les langues : elles apparaissent dans le premier cri de l'animal, et le langage spontané ou mimétique ne représente que le développement de ces manifestations primordiales.

Dans la suite des âges, par l'enchaînement et les modulations de ces premiers éléments de la voix et du chant, s'est constituée la phrase musicale et, parallèlement à l'évolution affective et intellectuelle, se sont développés l'idéation et le langage de la musique.

CHAPITRE IV

LE LANGAGE MUSICAL MOTEUR.
LES AMUSIES MOTRICES.

Le langage musical moteur, ou langage d'expression, langage actif, extériorise les divers états psychiques par des actes musculaires, sonores ou graphiques, véritables messages adressés à l'oreille ou à l'œil d'autrui.

Le langage moteur sonore, le plus répandu, est soit vocal, soit instrumental.

Le langage vocal, que nous étudierons en premier lieu, est la langue musicale instinctive. Le cri, dans ses diverses variétés, constitue la première manifestation de ce langage initial, qui se continue par l'imitation d'abord réflexe, ensuite volontaire, des bruits naturels : nous avons déjà esquissé l'histoire de cette évolution.

Lorsque l'homme est en possession d'une pensée musicale, celle-ci, aussi élémentaire qu'on la suppose, met en jeu le langage intérieur; ce langage intérieur, domaine intermédiaire au langage de réception et au langage d'émission, représente le trait d'union entre les éléments sensoriels et les éléments moteurs du langage musical. Il correspond à la combinaison psychique de ces deux éléments, l'un centripète et l'autre centrifuge, dont l'association forme un véritable couple sensitivo-moteur.

Ce couple sensitivo-moteur, uniquement auditivo-moteur à l'origine, représente, à un degré élevé de l'activité fonctionnelle et dans le domaine du langage, un exemple de la nature sensitivo-motrice constante de tout acte réflexe. A ce point de vue, l'oreille et le larynx forment un couple organique, dont les centres cérébraux, originellement associés, sont liés l'un à l'autre par une synergie fonctionnelle indissoluble. C'est ce couple d'appareils qui réalise l'organe d'imitation, dont Le Dantec a si magistralement exposé l'évolution phylogénique et le fonctionnement, dans son intéressant mémoire sur l'imitation.

Cet organe d'imitation, constitué par le couple auditivo-moteur cérébral, est soumis dans son fonctionnement à un double contrôle : celui de l'oreille, qui apprécie la justesse du son émis, et celui du sens musculaire vocal, qui mesure le degré plus ou moins précis de l'accommodation des organes phonateurs. Ce double contrôle, que la culture musicale peut affiner, est automatique dans son exercice. A tout processus du langage intérieur musical est nécessairement lié un acte moteur à l'état d'ébauche, qui représente le premier acte de l'émission du son élaboré par le langage intérieur.

Cet acte moteur, qui dans le silence reste à l'état d'ébauche, parcourt, dans le langage musical extérieur son cycle complet, et aboutit à l'émission vocale des sons, à l'extériorisation phonétique de la pensée musicale intérieure. Cette réalisation musculaire des sons, si fréquente chez certains moteurs, a d'autres équivalents chez certains sujets, dans les mouvements rythmés de la tête et des extrémités : à cet égard, les sujets réagissent, selon leurs tendances particulières, en moteurs vocaux et en moteurs ordinaires. Les mouvements du larynx ou des membres sont, suivant les cas, automatiques ou volontaires.

Chez un sujet qui chante juste, les deux fonctions auditive et musculaire du couple sensitivo-moteur sont

en parfaite harmonie ; car, d'une part, l'oreille entend juste,
et, d'autre part, le sens musculaire, adapté à un organe
auditif juste, fonctionne en parfait accord avec lui.

Chez un sujet qui chante faux sans s'en rendre compte,
les deux fonctions auditive et motrice sont également et
congénitalement défectueuses.

Chez un sujet qui chante faux, mais qui s'en rend
compte, la fonction auditive est juste, mais la fonction
motrice est mauvaise. Ce cas, qui est des plus répandus,
correspond à une dysharmonie fonctionnelle congénitale
entre les deux composantes de l'organe d'imitation. Il est
difficile, dans ce travail d'autocritique musicale, de définir
la part qui revient au sens musculaire interne.

Le langage instrumental, secondaire au langage vocal,
est lui-même précédé, dans l'exécution des morceaux, d'un
stade préparatoire de langage vocal intérieur. L'artiste, en
attaquant son instrument, entend en lui-même le morceau
qu'il va exécuter et qu'il exécute, ainsi que le démontrent,
pendant son jeu, ses attitudes, les mouvements de son
corps, les expressions de sa physionomie. Chez le vrai musicien, non seulement les notes, mais encore les intonations,
les nuances, toute la gamme des sentiments du morceau
vibrent dans son langage intérieur, inséparables de l'exécution instrumentale. Le musicien éprouve d'abord ce
qu'il cherche à faire éprouver ; puis, à l'audition de sa
propre musique, il ressent comme un choc en retour qui
multiplie son émotion et en rend l'expression d'autant plus
communicative.

Dans son roman de la *Sonate à Kreutzer*, Tolstoï nous
présente deux sujets : un violoniste et une pianiste particulièrement aptes à la suggestion musicale, et que l'exécution en commun de la sonate de Beethoven entraîne
comme fatalement à la passion amoureuse et à l'adultère.

La nouvelle du romancier russe montre éloquemment
la puissance chez certains sujets du langage musical inté-

rieur et la possibilité du passage à l'acte, sous forme d'un élan impulsif, des sentiments exaltés par l'audition ou l'exécution de certaines œuvres lyriques.

Chez les sujets dont le langage musical intérieur est très développé, la représentation mentale très vive des éléments de ce langage aboutit, dans un processus psycho-sensoriel presque hallucinatoire, à l'audition interne de l'œuvre en voie d'élaboration. Le musicien assiste ainsi à l'exécution intérieure des phrases musicales, qu'il note comme sous la dictée de l'inspiration. Cette inspiration, produit épisodique de l'automatisme psycho-sensoriel, peut survenir dans le sommeil, comme le prouvent des rêves au sortir desquels certains musiciens (Tartini, Bach) se sont empressés de noter les créations oniriques de leur génie.

De l'état intérieur ou subjectif, le langage musical passe à l'état extérieur ou objectif, lorsque, par l'intervention de toute une série d'actes moteurs appropriés, il devient instrumental.

Tandis que, dans la série des réflexes qui constitue le cycle du langage musical, le chant jaillit spontanément, au moins dans sa forme primitive, le jeu des instruments ne s'acquiert qu'au prix des efforts les plus laborieux. Le hasard d'abord préside à l'association des différents mouvements nécessaires à la production du son sur l'instrument. La répétition, l'étude fixent ensuite et développent les associations motrices qui deviennent automatiques; et ainsi se crée, dans l'écorce cérébrale de l'instrumentiste, un centre spécial où se sont inscrites ces associations d'images motrices, un centre moteur instrumental. Le centre moteur ne doit pas être entendu ici au sens anatomique d'une localisation en aire distincte dans le cortex : mais bien au sens fonctionnel d'une association automatique des éléments moteurs en jeu dans tel ou tel mécanisme instrumental. Chez ces sujets, la conception originale ou la lecture d'une phrase musicale mettent en jeu, par l'intermédiaire du langage intérieur, ce centre des images motrices.

L'oreille et le sens musculaire interne sont, pour l'instrumentiste comme pour le chanteur, des agents d'autocritique musicale. Par l'étude, le musicien acquiert dans sa technique une précision telle qu'il arrive à rendre, dans toute leur subtilité, les nuances les plus délicates de la pensée musicale; le centre moteur obéit alors automatiquement à toutes les exigences du langage intérieur.

Le langage moteur graphique, qui obéit aux mêmes lois que le langage vocal ou instrumental, représente, lui aussi, une acquisition du travail technique. Il arrive, chez certains compositeurs, à devenir une opération automatique qui s'exécute sous la dictée du langage intérieur.

On n'observe que bien exceptionnellement des troubles pathologiques du langage graphique, car celui-ci est l'apanage d'un très petit nombre de sujets. On ne connaît jusqu'à présent aucun cas d'agraphie musicale pure; il est intéressant de rappeler à ce propos la rareté de l'agraphie pure dans le domaine du langage ordinaire.

Lorsque nous parlons de centre moteur, rappelons que nous n'entendons pas désigner une aire déterminée de l'écorce, mais bien un système d'association motrice, qui, au niveau des régions rolandiques, réunit, dans une synergie fonctionnelle déterminée, les différentes pièces d'un jeu fixé par l'éducation et l'exercice de tel ou tel instrument. Or dans les cas où l'agraphie musicale a été décrite, elle était associée aux autres formes d'amusies.

Les amusies vocales ou instrumentales sont les plus fréquentes; elles existent soit isolées, soit associées, le plus souvent, à des aphasies de même ordre. L'amusie motrice se rencontre parfois à l'état épisodique. Il arrive à chacun de nous, au moment où un air connu traverse l'esprit, de se trouver transitoirement arrêté devant l'exécution vocale de cet air, qui cependant lui hante la pensée et qu'il perçoit dans son langage intérieur. C'est là un fait d'ordre banal.

Un autre fait d'amusie instrumentale fruste, et plus intéressant par son caractère et sa durée, nous est fourni par le joueur de tuba dont nous avons relaté plus haut l'observation : ce musicien pouvait encore jouer de son instrument; mais, contrairement à ses habitudes antérieures, il devait sans cesse surveiller le jeu de ses doigts sur les pistons. Ce même malade présentait dans son langage instrumental un autre trouble assez curieux. On sait que, dans les orchestres de danse, les musiciens intercalent assez souvent, au milieu des quadrilles, des airs de fantaisie; or, ce musicien était, depuis sa maladie, incapable d'exécuter spontanément ces interpolations; il se rappelait fort bien l'air à intercaler, mais ne pouvait l'attaquer de lui-même, et attendait ses camarades qu'il rattrapait ensuite aux premières mesures. Ces troubles, de nature plutôt inhibitoire, étaient probablement d'origine émotive chez un psycho-neurasthénique.

Voici d'ailleurs quelques observations typiques d'amusie motrice.

Charcot rapporte l'observation d'un joueur de trombone qui, toutes ses autres mémoires étant restées intactes, avait perdu le souvenir des mouvements associés de la bouche et des mains nécessaires au jeu de son instrument.

Marinesco relate le cas d'un professeur de basson au Conservatoire de Bucarest, devenu hémiplégique droit à la suite d'un ictus et chez lequel ne persistait plus qu'une légère monoparésie brachiale droite, qui n'empêchait en rien l'exécution facile des mouvements les plus délicats de la main droite : le sujet commettait cependant, avec les deux mains, de nombreuses fautes.

Proust cite une jeune femme qui sachant les notes, faisant des gammes, capable de reconnaître les airs que l'on chantait devant elle, et d'en jouer même un certain nombre, par cœur, ne pouvait cependant fredonner aucun de ces airs.

Knoblauch rapporte l'observation d'un enfant qui, à la suite d'un traumatisme cranien, perdit la faculté de chanter sa chanson favorite; cette faculté revint peu à peu avec les progrès de la guérison.

L'observation suivante de Mann relève également de l'amusie. Un sujet, membre d'une société chorale, après un traumatisme cranien suivi de parésie des membres du côté gauche, perdit complètement la faculté de siffler et de chanter. Le malade reconnaissait bien les airs, mais lorsqu'il voulait chanter, tout en conservant le rythme exact du morceau, il modifiait complètement l'air avec une voix qui n'avait plus rien de musical, et, conscient de ses fautes, s'irritait de son incapacité de chanter.

Tous ces faits montrent les analogies et les rapports des amusies motrices et des aphasies motrices. Le parallélisme de ces deux troubles du langage moteur peut être poussé plus loin, des amusies en apparence pures qui ont été uniquement étudiées jusqu'ici, jusqu'à ces amusies complexes, dites de conductibilité, que certains auteurs ont décrites, et rapprochées des aphasies de même ordre. On observe enfin l'association possible de ces amusies et de ces aphasies complexes.

A propos des amusies instrumentales, se pose la question des rapports qui relient le trouble de l'exécution aux agnosies et aux apraxies. L'agnosie intervient dans le cas où le musicien est devenu incapable de manier son instrument, parce qu'il a perdu la notion de son usage et de son but. L'apraxie est en cause, lorsque le musicien, capable de reconnaître son instrument et conscient de la technique de son emploi, libre également dans sa motilité, a perdu la faculté d'adapter ses mouvements au jeu de cet instrument. L'apraxie instrumentale n'a pas encore été l'objet d'une étude spéciale chez les musiciens[1]. Il est probable qu'elle joue un certain rôle dans le cas des amusiques cités par Charcot et Marinesco, ainsi que chez notre joueur de violon.

Ces derniers troubles, relevant de l'apraxie, sont à distinguer de l'amusie par aphasie ou agnosie, qui appartient au vaste domaine des troubles du symbolisme.

1. Rappelons cependant que, dans un travail récent, Dromard s'est demandé s'il ne fallait pas rattacher à l'apraxie un certain nombre d'amusies instrumentales.

CHAPITRE V

AMUSIES COMPLEXES.

Les amusies simples semblent si étroitement superposables aux aphasies de même ordre, que les auteurs ont pu penser que des centres corticaux et sous-corticaux analogues présidaient au langage musical comme au langage verbal. On a ainsi décrit, comme pour la parole, quatre centres, dont deux moteurs (langage musical oral et langage musical graphique) et deux sensoriels (audition et lecture musicales).

On a pu admettre, en l'absence d'ailleurs de toute démonstration anatomoclinique, que ces centres musicaux seraient constitués par des zones différenciées, voisines des centres correspondants du langage verbal. En continuant le même parallélisme schématique des deux langages, on admit autant de variétés d'amusies que d'aphasies, en rapport avec les lésions isolées ou combinées des centres musicaux.

Les données anatomiques relatives aux localisations présumées de ces centres musicaux sont réunies dans un mémoire classique de Probst.

Cet auteur rassembla les dix observations anatomocliniques d'aphasie avec amusie publiées jusqu'en 1899; il réunit à la suite quinze cas d'aphasie sans amusie, également avec autopsie et, par comparaison, il chercha à assigner le territoire correspondant à chaque forme de l'amusie. Malgré la rigueur de sa méthode, les résultats

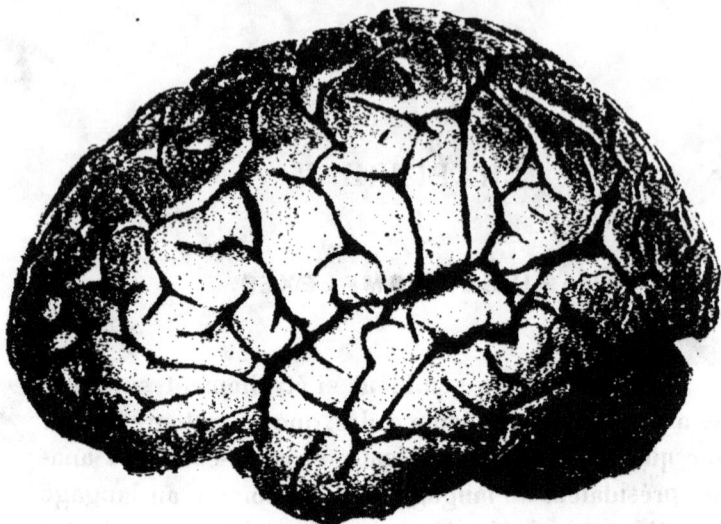

Circonvolution de la face externe du cerveau.

sont encore bien discordants et bien peu concluants : nous nous contentons de donner ici, à peu près *in extenso*, les propositions finales de l'ouvrage de Probst.

I. — Compréhension musicale (surdité musicale).

6 autopsies. — 1ᵉʳ cas : Bernard; 2ᵉ cas : Edgren; 3ᵉ cas : Pick; 4ᵉ cas : Oppenheim; 5ᵉ cas : Sérieux; 6ᵉ cas : Liepmann.

Dans tous ces cas, il y a lésion des portions antérieures des deux circonvolutions temporales; ces lésions peuvent être unilatérales et siéger aussi bien à droite qu'à gauche, ou bien être bilatérales.

La contre-épreuve a pu être établie, puisque, dans des cas d'Oppenheim, de Pick, Mann, Déjerine, Finkelnburg, où il s'agissait surtout d'amusie motrice, dans un cas de Bernard, où il y avait amusie motrice et cécité musicale,

les circonvolutions temporales étaient respectées; il en
était de même dans d'autres cas où, chez des aphasiques
non amusiques, la compréhension musicale étant conservée,
les circonvolutions en question étaient intactes (cas de
Marie, Gowers, Schwartzoff, Pick, Bruns : en tout 22 cas).

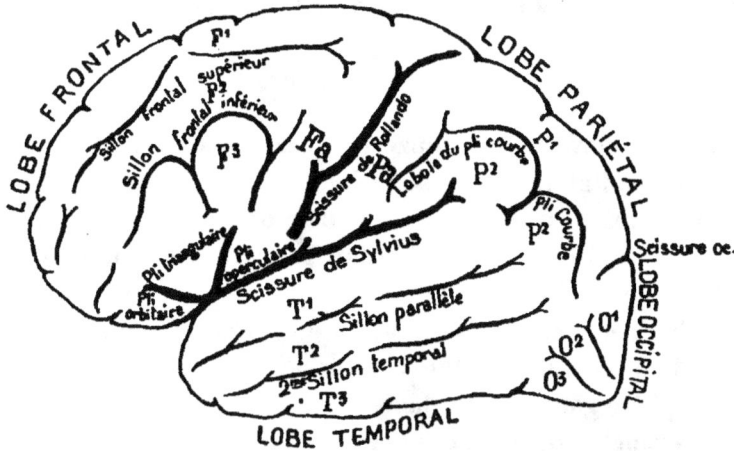

Circonvolution de la face externe du cerveau (figure schématique).

Toutefois, il peut y avoir des suppléances; puisque, dans
un cas de Mills et un de Pick, les première et deuxième
temporales droites étaient ramollies. De même, Marie et
Sainton, Cramer, ont rencontré, chez des sujets indemnes
de toute surdité musicale, des lésions très prononcées
des circonvolutions temporales gauches. Probst en con-
cluait que la localisation de la compréhension musicale
était·sujette à des variations individuelles; la portion
antérieure du lobe temporal gauche serait le centre le
plus fréquent; mais, chez d'autres sujets, la même région
à droite peut remplir les mêmes fonctions.

Von Monakow pensait que, pour créer la surdité verbale,
il fallait des lésions symétriques des deux régions temporales. Tel n'est pas l'avis de Probst, puisque, dans un cas
de Pick, l'autopsie d'un sujet indemne de toute surdité
musicale révèle, à côté des lésions des circonvolutions

pariétales droites, une destruction bilatérale de la partie postérieure du lobe temporal.

De tout ce qui précède, Probst tire les deux conclusions suivantes : 1° la compréhension du langage musical siège le plus souvent sur l'hémisphère gauche ; 2° ce centre occuperait la partie tout à fait antérieure de la première pariétale.

II. — Centres moteurs.

Probst a relevé en tout douze autopsies d'amusie motrice. Voici le résultat de ses constatations :

Dans deux cas d'Oppenheim, et dans un cas de Déjerine, la deuxième circonvolution frontale gauche est ramollie, le côté droit est indemne.

Inversement, dans l'observation de Mann, la deuxième frontale droite et la région avoisinante sont détruites, l'hémisphère gauche est intact.

En revanche, dans un cas personnel de Probst, dans un cas de Kostenisch, la deuxième frontale gauche est détruite en totalité, sans que le malade n'ait présenté d'amusie motrice.

Dans un cas de cécité verbale avec amusie motrice légère, publié par Déjerine, le lobe frontal ne présentait aucune lésion : de même, chez une des malades de Pick ; mais, chez cette dernière, l'amusie n'aurait tenu qu'à la mauvaise volonté de la malade (??).

Bref, de l'ensemble de ces faits, Probst conclut que l'amusie motrice siège au niveau de la deuxième frontale ou dans son voisinage, à droite ou à gauche suivant les sujets.

III. — Cécité musicale.

Dans le cas de Bernard, la lésion porte sur la moitié de l'insula, la partie moyenne et postérieure de la troisième frontale, descend sur l'opercule et arrive à la scissure de

Sylvius, au niveau de sa terminaison. Mais l'auteur n'a pas fait de coupes microscopiques en série.

Dans le cas de Déjerine, les lésions siégeaient à gauche et occupaient les parties supérieures et inférieures du lobule pariétal inférieur, le gyrus angularis, l'union de la deuxième et de la troisième temporales; un foyer plus ancien occupait le sillon occipito-temporal interne, à l'extrémité postérieure de la scissure calcarine.

Dans le cas de Finkelnburg, l'autopsie est incomplète.

Dans le cas de Marie et Sainton, les lésions siègent au niveau de la première et de la troisième temporale, empiétant sur le lobe occipital; le gyrus marginalis est également pris. Dans les deux dernières autopsies (Déjerine et Marie) le tapetum et les radiations optiques sont lésés.

Probst arrive ainsi à la conclusion suivante : la cécité musicale siège bien près de la cécité verbale; et, probablement, les lésions en foyer profondes et localisées à gauche peuvent à elles seules déterminer la cécité musicale.

Telles sont les notions actuelles sur les localisations des centres du langage musical.

Dans le même ordre d'idées, on a décrit, correspondant aux aphasies de conductibilité, et tenant comme elles à la lésion des fibres d'associations intercentrales, des amusies de conductibilité, dont certains auteurs (Wysmann, Knoblauch, Ingegneros) ont construit des schémas représentatifs.

Ingegneros, par exemple, propose, dans le tableau suivant, le groupement et l'étude analytique et clinique de chacune des variétés d'amusies de conductibilité.

1° Association du centre auditif et du centre moteur vocal et instrumental. — Répétition, à l'instrument ou à la voix, de phrases musicales exécutées devant le patient.

2° Association du centre auditif et du centre graphique. Dictée musicale.

3° Association du centre visuel et du centre moteur graphique. — Copie musicale.

4° Association du centre visuel et du centre moteur vocal ou instrumental. — Déchiffrage sur la musique, soit à la voix, soit à l'instrument.

Il manque, à notre avis, à cette série d'épreuves, celle de l'accompagnement, essentielle à instituer, puisqu'elle met simultanément en jeu le centre auditif, le centre visuel et le centre moteur, et qu'elle s'adresse d'un coup à la majorité des facultés musicales du sujet étudié. Cette épreuve n'est applicable d'ailleurs qu'à une élite de musiciens exercés, comme le malade qui fait le sujet de notre deuxième observation personnelle.

A défaut d'existence anatomique, les amusies de conductibilité ont-elles une existence clinique?

L'analyse rigoureuse des observations n'autorise pas à l'affirmer. Le syndrome ne semble avoir, jusqu'à présent, qu'une existence purement théorique. Lorsqu'on peut en soupçonner la réalité, il existe, dans les centres, des altérations diffuses, qui ne permettent pas d'établir, dans une interprétation anatomo-clinique satisfaisante, le rapport des troubles amusiques et des lésions cérébrales.

L'amusie simple elle-même n'a pas d'existence clinique positivement démontrée. Les cas d'amusie simple que nous avons décrits jusqu'ici, à l'exception de quelques cas nettement psychopathiques, étaient en réalité des amusies complexes. Ainsi, le professeur de basson, cité par Marinesco, pourrait, à première vue, passer pour un amusique simple : en réalité, il est complexe. Ce sujet, dit l'observation, n'a pas de surdité musicale, parce qu'il reconnaît des airs du *Trouvère* et de *Faust* joués sur la mandoline, et parce qu'il signale les fautes d'intonation commises devant lui. Or, rappelons ici que ce malade, professeur au Conservatoire, est un musicien cultivé : et que, pour être autorisé à conclure chez lui à l'intégrité du langage musical, il aurait été utile d'étudier la compréhension de morceaux nouveaux pour lui, d'apprécier l'état de sa science harmonique et de mettre à l'épreuve sa faculté de composition.

Cette observation si intéressante nous apprend d'ailleurs que le malade n'est capable de chanter un air quelconque qu'après en avoir entendu les premières notes. La nécessité de cette mise en train ne révèle-t-elle pas, chez un musicien, un trouble manifeste du langage musical intérieur, compromettant la phase psychique qui précède les processus moteurs du langage musical d'expression? Il s'agit là, dans le domaine de l'amusie, de ces lacunes latentes du langage, qu'ont bien étudiées Déjerine et son école dans le domaine de l'aphasie. Il doit en être de même toutes les fois que l'on prend soin d'approfondir l'examen du langage musical.

Les trois cas que nous avons observés personnellement avaient trait à des amusies complexes et, de plus, accompagnées de troubles psychiques.

Le premier des cas fait l'objet de notre première observation [1]. Le second a été présenté par l'un de nous à la Société de Neurologie.

M. D... se plaint lui-même d'avoir perdu complètement sa mémoire musicale; il ne peut plus fredonner de mémoire l'air le plus simple, le refrain le plus populaire; et, lorsqu'on le chante devant lui, il le comprend, mais cet air est nouveau, il dit ne l'avoir jamais entendu. Cet oubli s'étend même à ses compositions personnelles; et, lorsqu'on lui demande de jouer un de ses morceaux, même les plus récents, il ne peut le faire sans le secours de la partition.

Le malade continue du reste à composer et même à improviser au piano; il improvise à volonté une marche, un menuet, un andante. L'allure générale du morceau répond au genre demandé, mais l'inspiration manque de richesse et de personnalité; nous avons même été frappés de la forme de la phrase, qui rappelle le style pompeux de l'école rossinienne : c'est dans ce répertoire qu'il a dû faire la plus grande partie de son éducation musicale.

1. Voir page 17.

Ce fait est assez curieux; car il montre la dissociation des éléments de la mémoire et leur réédification suivant un type personnel : le malade a donc gardé la mémoire de matériaux épars, sans que son esprit puisse reconstituer le tout auquel ils appartenaient.

En présence de pareils troubles, nous avons entrepris l'étude complète de son langage musical.

Le sujet perçoit très bien les différents espaces musicaux et reconnaît que deux notes successives sont à l'intervalle d'une sixte, d'une quarte, d'un ton, etc.; il nomme même la note donnée, et, dans cette épreuve, se trompe rarement, et surtout lorsqu'il a été fatigué par un examen un peu prolongé.

La notion du rythme est absolument intacte. Il répète les phrases musicales, à condition qu'elles ne soient pas trop longues; dans ce dernier cas, la mémoire fait rapidement défaut, et lorsqu'il tient à ne pas oublier, il prend la phrase en note, puis la relit.

Cette notation est assez exacte et se fait dans le ton de la voix; ainsi, nous avons chanté devant lui la première phrase de *Plaisir d'Amour* de Martini; la ligne écrite est la transcription à peu près exacte de ce qui a été chanté devant lui. Nous disons, à peu près exacte, car à la fin de la seconde mesure, il y a une note inexacte d'un ton, due probablement à un défaut momentané de l'attention. La mesure est également exacte.

Le malade reconnaît très bien la nature d'un morceau, son caractère général; sans doute, il ne serait pas capable de saisir toutes les subtilités sentimentales d'une œuvre un peu complexe; mais étant donnée la qualité de son inspiration, son psychisme musical n'a jamais dû être bien délicat; la musique de ses maîtres n'était pas, à cet égard, l'école idéale.

La lecture des notes est complètement conservée; il lit avec facilité et intelligence, même des morceaux à plusieurs parties, où il suit à la fois les différentes lignes; il est capable de transposer à vue dans n'importe quel ton.

L'exécution instrumentale au piano est encore satisfaisante; il est difficile de savoir s'il jouait mieux auparavant; cependant, lorsqu'il improvise, il a encore une certaine virtuosité, il ne commet pas de fautes de touche, les harmonies sont justes, sans être toutefois très savantes.

Nous avons cherché également s'il existait chez lui les troubles amusiques étudiés par Charcot, Knoblauch, Kast, Brazier et, plus récemment, par M. J. Ingegneros, sous le nom d'amusie de conductibilité. Ces troubles n'existaient pas. La recherche a été faite de la façon suivante :

1° Épreuve de la dictée, pour étudier les rapports existant entre les centres auditifs et graphiques;

2° Épreuve de la copie, pour étudier les relations des centres graphiques et visuels;

3° Épreuve du déchiffrage à la voix, pour étudier les relations du centre visuel et du centre vocal;

4° Épreuve du déchiffrage instrumental à la lecture (coordination des centres visuels et des centres des images motrices).

Nous avons ajouté à ces épreuves celle de l'accompagnement, où les centres auditifs, visuels et moteurs fonctionnent simultanément : le malade s'en est assez bien tiré, nous avons même commis volontairement des fautes de mesure; le malade suivait la voix.

Néanmoins, dans cette dernière épreuve, nous avons pu remarquer qu'il déchiffrait moins bien qu'il ne jouait d'inspiration; il y a là probablement, à côté d'une disposition individuelle, une question de vue, que l'examen de l'œil pourrait résoudre.

En somme, chez ce sujet, les troubles musicaux se résument en un oubli de l'image auditive et motrice des morceaux entendus; ces troubles sont comparables au déficit de son langage verbal; il a un léger degré de surdité verbale, il a oublié certains mots de son vocabulaire, il n'en comprend qu'imparfaitement le sens. Ainsi, dans son langage verbal spontané, certains mots lui manquent et, lorsqu'il veut s'expliquer, il a recours soit à des périphrases, soit à des gestes; son langage musical a des trous comme son langage verbal; il a perdu le souvenir des phrases musicales déjà entendues, comme il a perdu celui des mots usuels.

Son psychisme musical est également comparable à son psychisme intellectuel; c'est un homme d'intelligence moyenne, d'une culture plutôt médiocre; il ne faut donc pas demander à sa musique l'expression d'états d'âme qui lui sont étrangers.

L'improvisation nous a déjà renseignés sur ce point, la composition nous édifiera encore davantage.

Nous l'avons d'abord prié d'exprimer musicalement les émotions élémentaires (joie, amour, etc.), dans des marches, des airs à danser; le fragment composé par le malade est un air de marche, d'une inspiration et d'une forme plutôt banales.

L'étude de ces différentes œuvres pourra nous révéler en même temps les fautes de technique ou d'harmonie.

Enfin, M. D... a précisément conservé ses différents essais musicaux, et nous aurons là un précieux terme de comparaison, qui nous permettra d'étudier la diminution du psychisme musical d'origine pathologique.

Cette lacune a été comblée par le Dr Lamy, qui a pu se procurer les œuvres antérieures et les écrits plus récents du malade. Voici l'observation, telle qu'elle a été publiée par lui à la Société de Neurologie.

Deb..., quatre-vingt-deux ans, ancien professeur de piano et de violon, pensionnaire à Bicêtre.

Je lui propose de jouer au violon une sonate de Mozart. Il me fait comprendre, dans un jargon assez difficile à débrouiller, qu'il préfère jouer au piano « d'imagination » et que, depuis longtemps, il ne joue plus de musique écrite.

J'insiste, et il prend son violon, l'accorde correctement et fait quelques gammes avec agilité.

Je l'accompagne au piano, et nous jouons tout le premier morceau de la première sonate en la, presque sans arrêt.

Les seules incorrections que commette D..., en jouant, sont des fautes de mécanisme : traits manqués, notes mal attaquées, etc.; mais pas de faute de mesure, ni de rythme. Il compte ses mesures parfaitement, ne saute jamais de temps, etc.

Je lui demande s'il connaissait cette sonate. Il me fait comprendre par un geste que non... D'ailleurs, il est visible qu'il lit la musique comme s'il déchiffrait pour la première fois. Je lui joue le motif principal de quelques autres sonates de Mozart, bien connues des musiciens. Il ne paraît en reconnaître aucune, ce qui est assez étonnant pour un violoniste, instruit, comme il a dû l'être certainement.

A noter, en outre, qu'il s'aperçoit parfaitement quand nous ne sommes pas d'accord (lui au violon, moi au piano). A un moment donné, je frappe un accord faux (fa naturel majeur, tandis que c'est fa dièze mineur qui est écrit). Il s'arrête, croit que c'est lui qui s'est trompé, dit que c'est faux et rapproche la musique de ses yeux. Nous recommençons ; je fais la même faute avec intention. Même jeu. Enfin nous recommençons sans faute ; et il continue à jouer.

Sachant que D... avait écrit de la musique, je lui demande alors de me jouer une de ses compositions au piano. Il prélude par quelques gammes exécutées très agilement, quelques accords d'introduction corrects, et me dit qu'il va jouer quelque chose « d'imagination ».

De fait, ce qu'il me joue paraît être une improvisation.

C'est une sorte de romance sans paroles en fa mineur, d'une tournure assez banale d'ailleurs, mais très correcte de forme, d'harmonie; à un moment donné, il passe en la bémol majeur, puis il module en mi majeur, ce qui est une modulation assez recherchée. Il le fait d'une façon très correcte et très logique, puis repasse en la bémol majeur, et, finalement, reprend approximativement le motif primitif. Mais je remarque que ce motif s'éloigne notablement du premier; il s'en rapproche seulement dans l'ensemble, par la forme et le rythme. C'est donc certainement une improvisation. Il joue ainsi deux à trois minutes, et cette improvisation se tient assez bien. C'est vraiment une phrase musicale un peu sentimentale et très banale.

Je me mets aussitôt au piano, et je rejoue à peu près exactement la mélodie qu'il vient d'improviser. Je lui demande alors s'il reconnaît ce que je viens de jouer. Il lève les bras et fait un geste de dénégation, pour me faire comprendre qu'il ne sait pas ce que c'est. Je recommence : même réponse.

Je lui joue alors une série d'airs des plus connus du vieux répertoire : *les Huguenots, Rigoletto, la Dame Blanche*. Je lui demande chaque fois ce que c'est ; il me répond : « Sais pas,... connais pas,... me souviens pas. »

Il est donc de toute évidence qu'il a perdu la mémoire musicale ; car, tous ces airs, il les a certainement exécutés maintes fois et sus par cœur jadis.

Je lui joue alors *la Marseillaise, le Roi Dagobert, Au clair de la lune*. Il ne reconnaît pas un seul de ces airs populaires. Je lui demande de me les chanter : il en est incapable.

Le seul air qu'il reconnaisse est un air du *Trouvère*, qui est sur le piano et qu'il joue très souvent avec un interne en pharmacie. Je lui en joue les premières mesures, et il le continue en chantant : son chant est juste.

Je lui joue alors *la Marseillaise* à l'unisson, note par note et lentement sur le piano, et lui demande de me l'écrire sur un papier à musique, à mesure que je joue (en sol majeur). Il place lui-même le fa dièze, écrit 2/4 et me note à peu près exactement la première phrase en mesure, sans hésitation et sans regarder le piano. Il inscrit de lui-même, sur la portée de la clef de fa, la basse chiffrée très correctement.

Cet examen a duré 1 h. 1/2 ; et, au bout de ce temps, D... paraît fatigué.

Avant de le quitter, je lui demande encore une fois de me chanter *la Marseillaise*, et, cette fois, il me chante l'air (sans les paroles) très exactement. Est-ce le fait de l'avoir écrite? Je ne saurais le dire... car tout en écrivant il chantait les notes, et, à ce moment, il n'avait pas su me dire ce qu'il notait.

En terminant, il improvise un motif de valse en ré mineur, très quelconque, mais avec un rythme et une mesure parfaits.

Dans un examen ultérieur (11 juin 1907), sachant que D... composait encore, je lui ai demandé de me montrer ses compositions; il l'a fait avec bonne grâce et une certaine fierté.

J'ai parcouru un recueil de petits morceaux de violon, destinés aux enfants de M. Péju, surveillant à Bicêtre, et qui ont été écrits tout récemment. Un des mieux réussis est un andante en la majeur, que je demande la permission de faire exécuter devant vous.

Comme vous le voyez, D... n'a pas reconnu ce morceau qui est de lui, et qu'il fait jouer chaque jour à ses élèves.

Tous ces morceaux sont d'un rythme intéressant, varié, souvent très gracieux. La qualité dominante de ce musicien est la richesse et l'ingéniosité du rythme. Il est Italien, et il a conservé, sous ce rapport, les qualités des musiciens de son pays. Ses morceaux sont d'une coupe très classique ; les règles de la composition y sont correctement observées. La phrase est de 8 mesures, divisée en deux demi-phrases de 4. Le sens mélodique est également bien conservé : la méthode est significative et non sans charme, bien que l'inspiration soit courte et sans grande originalité. Mais ce qu'il y a de singulier, c'est que l'auteur ne reprend jamais son motif principal. Sa musique est faite de petites phrases, qui s'enchaînent avec logique cependant. Mais il est évident qu'il perd assez rapidement le fil de sa pensée musicale. Souvent le morceau finit en toute autre allure que celle qu'il avait au commencement.

Ce qui est sans grande importance pour de petites pièces destinées à exercer les enfants, devient choquant dans les compositions de longue haleine, comme dans un duo de piano et de violon dédié à M. P..., surveillant à Bicêtre (par conséquent postérieur aussi à l'attaque d'aphasie). Ce morceau, fort prétentieux d'allure, est un enchaînement de motifs qui n'ont aucun rapport mélodique entre eux, et forme un ensemble incohérent au point de vue de la couleur musicale.

Dans un recueil qui porte l'estampille de la Société des Auteurs de 1895, on peut se faire une idée de ce qu'étaient la valeur et la mentalité musicales de notre malade avant son aphasie. On y trouve des morceaux d'assez longue haleine, d'une facture très supérieure aux précédents. Ici, la pensée musicale, sans jamais être développée avec une grande ampleur, est suivie sans défaillance; le motif principal est rappelé à sa place; il y a une cohérence parfaite entre les motifs, et l'allure de la composition se maintient d'un bout à l'autre. On constate que notre musicien appartient à l'école italienne du siècle dernier, aujourd'hui bien démodée. Il a une prédilection pour les « marches de bravoure » et on peut lui faire le reproche de rechercher les fioritures banales et de mauvais goût. En somme, sa couleur et ses tendances musicales sont reconnaissables dans la musique qu'il écrit actuellement. Ce qu'il a le mieux conservé, je le répète, c'est la notion du rythme. Et, en y regardant de près, il me paraît que si ses compositions actuelles présentent encore quelque tenue et quelque unité, c'est à leur rythme qu'elles le doivent encore plus qu'à la mélodie.

Enfin j'ai prié D... de me copier les premières mesures d'une sonate de Mozart. Il l'a fait sans hésitation, sans faute et avec la rapidité d'un homme habitué à écrire la musique. Je vous présente sa copie.

Je lui ai demandé de m'écrire une improvisation musicale quelconque, sans le secours du piano; voici la phrase qu'il m'a écrite. Elle est correcte, ne manque, ni d'allure ni d'entrain. Il l'a écrite d'un trait en deux minutes sans s'aider du piano et sans chanter. Il me l'a fredonnée ensuite. Aussitôt je la lui ai rejouée au piano : il ne l'a pas reconnue : j'insistai et lui montrai en les jouant les notes qu'il venait de tracer. Le pauvre homme fut pris alors d'un véritable désespoir, se frappant la tête, se lamentant sur sa mémoire perdue. Car il a conscience de cette grande lacune; on dirait même qu'il cherche à la dissimuler comme une infirmité. Dès qu'on lui demande de faire de la musique, il s'empresse de vous avertir qu'il est surtout improvisateur... qu'il joue « d'imagination ».

D... est prié d'exécuter devant la Société un air manuscrit qu'on lui présente, et qui n'est autre que l'*Hymne russe*. Il accorde son violon, et joue très correctement l'air en question. Il ajoute même de son propre mouvement des doubles notes harmoniques, qui n'étaient pas indiquées sur le manuscrit : ce qui prouve bien qu'il a conservé les notions d'harmonie. On lui demande quel est l'air qu'il vient de jouer : il répond qu'il n'en sait rien!

Telle est, impartialement résumée, l'histoire de notre musicien aphasique. Je ne vous l'ai point présenté, avec intention, comme un amusique; car je ne me reconnais véritablement pas le droit de qualifier d' « amusique » un homme qui entend et apprécie les sons musicaux, qui exécute, écrit, copie la musique, un homme qui compose et improvise des phrases musicales très correctes et très présentables.

Et pourtant cet homme, qui pourrait faire sa partie dans un orchestre, qui donne des leçons, qui passerait dans la vie courante pour un musicien ayant conservé toutes ses aptitudes, présente une lacune énorme. Il a perdu totalement la mémoire : il ne reconnaît pas l'air qu'il vient d'improviser ; il ne reconnaît pas ses propres compositions, pas même *Au clair de la lune*, ni *J'ai du bon tabac!*

La plupart des auteurs qui ont écrit des travaux d'ensemble sur l'Amusie paraissent s'être préoccupés surtout d'en rapprocher les différentes modalités des formes décrites de l'Aphasie.

Sans doute, nombre de faits cliniques semblent se prêter à ce rapprochement. On cite des aphasiques moteurs ayant perdu le jeu des instruments — des sensoriels ayant perdu la mémoire et la lecture musicales. Dans la majorité des cas, le déficit musical semble de même ordre que le déficit du langage, chez un aphasique donné. Mais il n'en est pas toujours rigoureusement ainsi.

Peut-on dire que chez notre sujet les troubles du langage soient superposables aux troubles musicaux? Je ne le crois pas. Il me semble qu'il s'exprime mieux en musique qu'en paroles, si j'ose dire. Il donne des leçons de violon assez bonnes, paraît-il, à des enfants. Et ses démonstrations valent certainement mieux que ses explications... car j'ai lu dans son observation qu'il disait parfois à ses élèves de « lever la jambe en l'air ». D'autre part, il paraît toujours trouver plaisir à exprimer ses idées en musique, comme si elles correspondaient à sa pensée. M. Nathan a noté qu'il improvisait à volonté une marche, un menuet, un andante; et que l'allure générale du morceau répondait au genre demandé. Quand il veut parler, au contraire, conscient des écarts de son langage, il s'irrite, devient parfois anxieux, comme beaucoup de jargonaphasiques.

Par contre, si sa mémoire, d'une façon générale, est très amoindrie, je crois que l'amnésie musicale l'emporte sur toutes les autres amnésies (chez lui). Il a pu donner quelques renseigements sur son passé. On a appris de lui qu'il avait été à Londres, à Milan, à Venise; qu'il avait joué à Paris au Châtelet. Il ne sait pas son âge, mais il a répondu une fois ceci : « Mon père a été neuf-quatre, et j'ai huit-deux ans », ce qui veut dire que son père est mort à quatre-vingt-quatorze ans, et que lui-même en a quatre-vingt-deux. Il ne m'a vu que deux fois, mais il m'a parfaitement reconnu tout à l'heure. Il est vrai qu'il a perdu le souvenir d'un grand nombre de mots usuels. On peut donc dire que la fonction

du langage et la fonction musicale présentent chez lui des
lacunes analogues tout au moins.

Mais, si l'on peut dire de lui qu'il est atteint de « surdité
verbale » à un certain degré, je ne saurais accepter ici le
diagnostic de « surdité musicale ». Notre sujet apprécie les
moindres fausses notes et les moindres fautes de mesure. Il
est amnésique : mais il a conservé son « oreille musicale ».
Vous avez pu voir s'il a apprécié la façon dont M. Rose a
joué tout à l'heure. Enfin, je vous rappelle qu'il écrit sous
dictée musicale ; ce qui est tout à fait décisif pour écarter le
diagnostic de « surdité musicale ».

Il est incontestable que les observations de ce genre
peuvent prêter à des erreurs d'interprétation, si elles ne sont
pas faites chez des musiciens et par des musiciens. Supposons
un instant que, chez notre homme, les aptitudes musicales
soient bornées à posséder une oreille juste et à savoir par
cœur les airs populaires qui nous sont familliers depuis
l'enfance. Devenu aphasique, il ne reconnaît plus *la Marseillaise*, ni *le Roi Dagobert* : on pourrait le croire atteint de
« surdité musicale ».

Cette erreur a dû être commise plus d'une fois, chez des
sujets n'ayant aucune culture musicale ; car il est impossible ou
très difficile chez eux de s'enquérir de « l'audition musicale ».

Encore une fois, le seul déficit, que j'ai noté chez D...,
c'est l'amnésie, mais une amnésie complète. C'est donc
comme amnésique musical que je vous le présente, et non
comme amusique. Il va de soi que cette amnésie n'a pas été
sans influencer ses facultés de composition. Elle explique le
peu de suite dans sa pensée musicale, le défaut d'unité dans
les morceaux qu'il écrit actuellement.

Or, en tant qu'amnésique, ce sujet me paraît présenter
deux particularités dignes de remarque.

C'est d'abord que le déficit de mémoire porte chez lui, non
sur les acquisitions récentes (jeu des instruments, lecture et
écriture musicales), mais sur les plus anciennes : la mémoire
des airs populaires et des chansons entendues dès l'enfance.
Ceci est contraire à la loi générale de désagrégation de la
mémoire, d'après laquelle les acquisitions récentes sont
perdues les premières. On peut admettre qu'il s'agit d'une
amnésie d'une nature particulière.

C'est surtout le contraste qui existe entre cette lacune
énorme et l'état actuel des fonctions musicales chez notre
sujet. Il y a lieu d'être étonné qu'un individu, ne se rappelant
pas un seul air populaire, incapable de reconnaître ses propres

compositions, soit capable d'exécuter à la lecture, et surtout
d'improviser, de composer comme le fait D... J'avoue que
c'est le point qui me semble le plus curieux de son histoire.
On peut dire, il est vrai, que sa pensée musicale est très
amoindrie, qu'il a conservé surtout ce qu'il y a d'automatique,
en quelque sorte, dans le musicien : le mécanisme, le rythme,
la compréhension et l'usage des signes conventionnels —
tandis qu'il a perdu la faculté supérieure du musicien : la
mémoire auditive musicale. Sans doute, notre musicien n'a
jamais produit d'œuvres de grande envergure, même avant
sa maladie. Et c'est ce qui explique que l'écart, après tout,
n'est pas très grand, entre la valeur de ses compositions
actuelles et celle de ses anciennes œuvres. Il en eût été certes
autrement, si nous avions eu affaire à un grand musicien.

L'organisation musicale est une résultante d'aptitudes très
complexes, dont il serait nécessaire de faire une étude systématique pour bien comprendre le mécanisme des amusies.
Ces aptitudes ne sont pas hiérarchisées de la même façon
chez tous les musiciens. Les plus importantes, et les plus
développées, dans les organisations musicales supérieures,
sont naturellement les facultés auditives : mémoire, perception des sonorités polyphoniques, etc. A un rang inférieur
se placent les aptitudes techniques, la mémoire des procédés
d'exécution : mémoire des doigts, des signes conventionnels
écrits. Celles-ci peuvent être prédominantes chez les simples
exécutants. On conçoit que la perte de la mémoire auditive
n'entraîne pas celle des procédés d'exécution. On conçoit
plus difficilement que cette amnésie laisse subsister les
facultés d'improvisation et de composition. Tel est le cas
cependant de notre sujet. Mais, comme je l'ai fait observer,
chez lui, ces facultés sont très amoindries : la pensée musicale est sans suite et comme réduite à sa forme extérieure.
Et, si ce fait ne saute pas aux yeux des profanes tout d'abord,
cela tient à la nature même du langage musical, dont on ne
saurait exiger la même précision que des autres modes
d'expression de la pensée.

Le malade a succombé en décembre 1908, et voici le
compte rendu de l'autopsie, tel qu'il a été communiqué par
notre collègue Moutier.

Ramollissement ancien de l'hémisphère gauche, ayant amené
une destruction presque complète, mais avec conservation
isolée de l'écorce elle-même, pour les trois cinquièmes

moyens de la première circonvolution temporale. Le pôle
temporal et le pied de cette circonvolution sont peu atrophiés,
mais leur partie profonde est très mince et le pied notamment
est très mobile. De même pour la deuxième temporale, il
existe une lésion, prononcée surtout sur sa face supérieure et
dans la profondeur : le pied est presque détruit, mais avec
conservation de l'écorce. Du pied de la deuxième temporale,
un pli de passage se dirigeant horizontalement dans le lobe
temporal est aussi mobile et touché par le ramollissement. La
troisième frontale et le gyrus supramarginalis sont normaux.
En somme, les deux tiers postérieurs de la première temporale, la moitié supérieure des trois quarts postérieurs de la
deuxième, tous les plis de passage entre la première et la
deuxième temporale sont détruits, à l'exception de la mince
coque corticale qui affleure à la surface externe de l'hémisphère gauche. De plus, sont atrophiés la moitié postérieure
de la moitié inférieure de la deuxième temporale, le pli de
passage allant du gyrus supramarginalis à la première temporale et fermant en arrière le golfe sylvien, le tiers inférieur
du pli courbe et les plis de passage entre la deuxième temporale, la première et la seconde occipitale. — Rien au pôle
occipital, au cervelet, aux lobules lingual et fusiforme.

Le cerveau a une surface normale, pas d'atrophie; belles
circonvolutions lisses en dehors du ramollissement.

Rien à l'hémisphère droit.

ÉTUDE SUR COUPES FRONTALES DE L'HÉMISPHÈRE GAUCHE.
COUPES DU POLE FRONTAL

Coupe passant en avant du genou du corps calleux.

Coupe passant à 16 millimètres en arrière du genou du
corps calleux et détachant le pôle temporal. — *Rien.*

Coupe passant au niveau du tiers postérieur de la commis-
sure grise, à 2 centimètres environ de la précédente et
détachant une tranche, qui comprend sur la corticalité
exactement l'opercule rolandique : la première temporale est
évidée par le ramollissement : la coque corticale persiste sur
la face supérieure, interne (sylvienne) et externe, mais la face
inférieure qui regarde la deuxième temporale est complètement détruite, ainsi que le cortex de la face profonde
(supérieure ou interne) de la deuxième temporale.

Coupe passant immédiatement en arrière du bourrelet du
corps calleux, passant sur le cortex en arrière du pied de la
pariétale inférieure et du tiers moyen des rolandiques :

T¹ est réduite à une mince feuille celluleuse (de l'épaisseur d'une feuille de papier à cigarettes). Le ramollissement a détruit la moitié supérieure (cortex et substance
blanche) de T_2; il a détruit également la substance blanche
du lobe temporal jusqu'à un plan horizontal passant par
l'angle externe du ventricule sphénoïdal. Cela forme dans la
substance blanche une cavité celluleuse du volume d'un gros
noyau de cerise. Cette cavité est en bas à 2 millimètres, en
haut à 5 millimètres du ventricule sphénoïdal. Sans détruire
la substance blanche, mais reconnaissable à sa couleur
jaune et à sa consistance, le ramollissement atteint l'épen-
dyme du ventricule sphénoïdal sur une hauteur de 7 millimètres, coupant complètement le tapétum, le faisceau longitudinal inférieur, les radiations thalamiques. Cette zone
ramollie de faisceaux s'étend à partir du plan horizontal passant par l'angle sphénoïdal insulaire (sillon marginal inférieur).

Coupe passant à 2 centimètres en arrière de la précédente,
en arrière de la P_1, au sommet de l'hémisphère, exactement
par le fond du golfe sylvien :

La face profonde du gyrus supramarginalis (intacte en
apparence) sur la face externe de l'hémisphère est atteinte, et,
sur le cortex, complètement détruite. La face supérieure de
T_1 est également détruite, de même encore le pli de passage
qui les unit. Le ramollissement entame profondément la
substance blanche du lobe temporo-pariétal et y creuse une
cavité celluleuse du volume d'une noisette. Cette cavité ne
dépasse pas en bas un plan horizontal passant par l'axe de
T_2, en haut un plan passant par l'union du tiers inférieur et
des deux tiers supérieurs du gyrus supramarginalis, en dedans
un plan vertical passant par le sillon de l'hippocampe. Le
faisceau longitudinal inférieur est directement coupé ou
ramolli dans sa moitié supérieure.

En arrière, au niveau du fond du golfe sylvien, le gyrus
supramarginalis est complètement évidé, et la partie inférieure (corticale) du pli courbe est détruite. Il se forme
ainsi, en fin de compte, une cavité grosse comme un œuf de
pigeon, à grand axe antéro-postérieur, invisible sur la face
externe, parce qu'elle est recouverte par la coque du pied de
T_1 et par le pli courbe conservé qui forme opercule. La paroi
interne de cette cavité est formée par le faisceau longitudinal
inférieur. Il est directement atteint par la lésion et il est, au
niveau étudié, librement à la surface externe du cerveau, tout
ce qui est en dehors de lui étant détruit sur ce point limité.

Le troisième cas concerne un malade observé dans le service de notre maître, le professeur Dieulafoy.

Un chansonnier, violoniste et peintre, ancien syphilitique, est pris, en 1905, d'une aphasie complète avec cécité musicale absolue; nous ne l'avons d'ailleurs pas observé à cette époque. Sorti de l'hôpital très amélioré par une cure mercurielle, il revient un an après, encore légèrement aphasique sensoriel, légèrement dysarthrique, et quelque peu diminué intellectuellement. Nous avons pu étudier, à ce moment, les troubles de son langage musical.

Le malade apprécie encore, comme par le passé, la plus ou moins grande distance des intervalles musicaux; mais il n'en apprécie point l'étendue, et commet, à cet égard, des erreurs assez grossières.

Il reconnaît les airs, au piano; mais à condition qu'on ne lui en donne que le chant, ou que l'accompagnement soit des plus sobres; pour peu que l'on complique la basse, il n'est plus capable de démêler la mélodie.

On exécute devant lui des morceaux d'allures diverses, de caractères différents, qu'il n'avait jamais entendus; il est encore capable, pour les morceaux simples seulement, d'en apprécier grossièrement le sentiment général. Le sujet, invité à composer un mouvement de valse, nous a écrit une phrase d'inspiration et de facture médiocres; mais cette constatation n'avait pas chez lui une grosse importance, en raison de la médiocrité de ses œuvres antérieures.

Le jeu du violon reste encore possible, mais avec de fréquentes fautes de doigté, et la nécessité constante de vérifier la position des doigts sur les cordes.

Bien qu'il soit difficile, chez un sujet qu'on n'a pas connu, d'établir les termes de comparaison entre l'état actuel et l'état antérieur, il était manifeste, en raison de la vie antérieure du malade, que ce sujet était en déficit notoire par rapport à lui-même, dans les facultés de son langage musical.

Nous concluons donc, de nos observations personnelles et de l'analyse des observations antérieures, à la nature presque toujours complexe des amusies. Nous pensons que, dans l'étude de l'amusie, il y a eu, comme le disait

Pierre Marie à propos de l'aphasie, « intoxication par le schéma », et que les troubles psycho-sensoriels participent toujours, à un degré variable, à toute amusie, même dans ses formes en apparence exclusivement motrices.

La distinction didactique, que nous avons exposée au début, du langage musical, en sensoriel, psychique et moteur, est en effet fictive : elle ne répond qu'à l'évolution psychogénique du processus et à la distinction analytique des éléments du langage. Mais, en réalité, ces phases et ces éléments, dans l'exercice du langage musical, se pénètrent en un cycle fonctionnel continu. L'origine et le développement du langage musical s'expliquent par les tendances naturelles de l'homme à exprimer à ses semblables ses sentiments. Si l'homme a écouté les sons, s'il a cherché à les reproduire, et à les fixer, c'est qu'il en éprouvait un ébranlement psychique agréable ou pénible, c'est qu'il désirait reproduire. à son gré, ses émotions, soit chez lui, soit chez ses congénères : l'homme voulait éprouver et faire éprouver.

Le langage musical le plus simple implique donc l'intervention d'éléments psychiques. Il précède le langage verbal, l'accompagne toujours, peut lui survivre et en constitue, dans l'intonation, l'élément fondamental. Lorsqu'en effet l'intonation disparaît dans le langage verbal, c'est l'âme même du langage qui s'évanouit, et la parole incolore ne traduit plus qu'un psychisme qui s'éteint.

Dans sa belle leçon sur les aphasies d'intonation, Brissaud a insisté avec raison sur le rôle fondamental de l'intonation dans le langage et sur ses rapports avec l'activité psychique. Il cite, comme exemple, une femme, profondément aphasique, incapable de dénommer les objets, mais qui avait conservé l'intonation, exprimait toutes les nuances de ses sentiments dans une série de « romances sans paroles » et prouvait ainsi la persistance de la plus grande partie de son activité psychique.

Il convient d'opposer à cette malade, les déments et certains confus, qui débitent sans intonation, d'une voix blanche, les propos les plus incohérents. Si le langage verbal proprement dit est ici conservé, par contre, l'intonation, la musique de la voix, c'est-à-dire l'élément émotionnel du langage, ont disparu avec les facultés psychiques, et la parole a perdu presque toute sa valeur. C'est ainsi que pourraient être compris les rapports généraux du langage musical et du langage verbal.

L'étude des rapports particuliers de l'aphasie et de l'amusie est, pour bien des raisons, un des problèmes les plus difficiles de la neuro-psychiatrie.

Dans toute aphasie accompagnée d'amusie, cette dernière ne peut s'apprécier que par comparaison avec l'état antérieur des dispositions et de la culture musicales du sujet. L'aphasie, qui accompagne l'amusie, constitue un gros obstacle à l'interrogatoire et à l'examen du malade.

L'agnosie et l'apraxie peuvent encore obscurcir l'appréciation du déficit musical proprement dit. Il existe d'ailleurs bien peu de documents cliniques utilisables sur l'amusie, si rarement recherchée par les observateurs.

Si l'examen systématique de l'amusie avait été institué, chez les aphasiques, avec autant de méthode et de conscience que l'analyse des troubles du langage verbal, le domaine des amusies et de leurs variétés serait aujourd'hui bien plus vaste et bien plus riche.

Les documents, jusqu'ici recueillis, ne concernent que des cas d'amusie évidents, ou des cas d'aphasie chez des musiciens professionnels et très cultivés, dont le déficit intéressait à la fois le domaine musical et le domaine verbal.

Il semble ressortir des observations de Finkelnburg, d'Oppenheim, de Frankl-Howart, d'Ireland, que les troubles du langage musical sont souvent beaucoup moins accentués que ceux du langage verbal. Tel est également l'avis du Pr Déjerine. « Le chant, dit-il, est d'ordinaire mieux conservé que la parole parlée. En chantant, le malade, non seulement conserve l'air, mais articule des mots, qu'il ne peut émettre en parlant. J'ai observé à Bicêtre un malade, dont la parole se réduisait à quelques mots, et qui, le soir, donnait des concerts à ses camarades. »

L'aphasie et l'amusie apparaissent d'ordinaire, en même temps, à la suite d'un ictus. Le langage musical moteur semble alors plus souvent ou plus profondément compromis que le langage sensoriel; on note cependant la persistance de l'intonation et de la musique du langage.

L'aphasie et l'amusie ont entre elles, au point de vue de leur évolution réciproque, les rapports les plus variés. Toutefois une loi, qui paraît générale, est la suppléance du langage verbal plus ou moins compromis par le langage musical élémentaire persistant : l'intonation supplée la plupart du temps à la parole articulée.

Des observations nombreuses et classiques démontrent que, non seulement l'intonation persiste dans un langage parfois dépourvu de paroles, mais que la parole elle-même ne peut, chez certains aphasiques, s'articuler que grâce à l'accompagnement du chant, qui semble, avec ses différentes ressources (rythme, modulation, etc.), soutenir les ruines du langage verbal.

On connaît le cas célèbre de l'officier de Trousseau, qui, à la suite d'un ictus, n'avait conservé que le mot *pardi*, et qui pouvait néanmoins chanter correctement, paroles et musique, la première strophe de *la Marseillaise*, tout en étant incapable de prononcer cette strophe sans la chanter.

De même l'enfant de Wysman, à la suite d'une méningite (?), chantait les premières mesures d'un air populaire, dont il ne pouvait prononcer isolément les paroles.

Notre chansonnier (page 77), encore capable de chanter et de prononcer isolément l'air et les paroles de *la Marseillaise*, ne pouvait, pendant un certain temps, joindre la parole à la musique, et se trouvait par conséquent incapable, à l'inverse des sujets précédents, d'effectuer une synthèse dont il possédait tous les éléments.

D'après ces observations, le retour des deux langages musical et verbal s'effectue, chez les différents sujets, suivant des lois difficiles à déterminer; du reste, les remarques précédentes ne s'appliquent, dans le domaine du langage musical moteur, qu'à l'évolution du chant.

Il semble en être très différemment du jeu des instruments, dont la réapparition est plus tardive que celle du chant. Ce jeu, en effet, adaptation secondaire et laborieuse des mouvements des membres et des muscles buccaux à la technique instrumentale, représente une acquisition tardive et par conséquent des plus fragiles.

Le professeur de basson, cité par Marinesco, guéri de son aphasie, en possession de tous les mouvements élémentaires des doigts, était incapable de jouer correctement de son instrument. Tel était également, mais moins prononcé, le cas des deux instrumentistes qui font l'objet de nos observations personnelles.

Donnath, de Budapest, a publié le fait particulièrement instructif d'un violoniste tzigane qui, à la suite d'un ictus avec aphasie, avait retrouvé son langage musical et reconnaissait bien les morceaux qu'on jouait devant lui; mais, lorsqu'il voulait exécuter lui-même un air sur le violon, il retombait infailliblement sur la *Marche* de Rackoczy. Il connaissait, il entendait parfaitement en lui, l'air demandé; mais, l'archet sur le violon, après quelques notes du morceau désiré, il revenait, en dépit de tous ses efforts, à la *Marche* de Rackoczy. Ce cas de Donnath rappelle, dans le domaine de l'amusie, le fait, si connu dans l'aphasie, de ces malades qui ont conservé quelques syllabes de leur langage et les répètent en toute occasion, avec des intonations variées : c'est ce qu'on avait appelé l'intoxication par tel ou tel mot.

IV. — Étiologie.

Les amusies, comme les aphasies, peuvent être organiques ou dynamiques.

Les amusies organiques, causées par des lésions corticales, ramollissements, méningo-encéphalites, hémorragies, etc., présentent les caractères suivants :

Apparition en général rapide, souvent à la suite d'un ictus;

Association avec des aphasies de même ordre, sauf de rares exceptions (comme le cas de Déjerine), et avec des paralysies motrices, lorsque l'amusie et l'aphasie sont d'ordre moteur;

Nature presque toujours complexe sensorio-motrice et incomplète, le malade restant en possession de quelques éléments de langage musical;

Évolution régressive, en général lente, avec guérison plus ou moins incomplète.

Probst, qui a réuni dix observations anatomocliniques d'amusie publiées jusqu'en 1899, a relevé chaque fois l'association de troubles aphasiques au déficit du langage musical. Oppenheim, d'autre part, en 1888, a étudié le langage musical chez 17 aphasiques et, même dans des cas où il avait conclu à l'intégrité de ce langage, il était facile d'y noter des lacunes. Dans un travail récent sur les aphasies transcorticales, Heilbronner ne fait aucune place à l'étude du langage musical. En revanche, Berg, dans son article sur ces mêmes aphasies, cite une observation de Cramer, dont il extrait les conclusions suivantes :

Langage verbal. — Langage spontané possible sur un sujet simple, mais déviant rapidement vers la paraphasie, dès que le sujet se complique;

Compréhension conservée pour les sujets simples, mais obtuse à la moindre complication du discours;

Paragraphie.

La lecture présente ces mêmes caractères : possible pour
les termes simples et familiers, elle est impossible pour les
mots un peu difficiles. La répétition des mots, la lecture à
haute voix, la copie sont absolument automatiques.

Langage musical. — Le sujet ne peut ni siffler spontanément,
ni chanter, ni répéter des mélodies entendues ; il ne reconnaît
plus les mélodies d'autrefois, bref, il ne comprend plus rien
à la musique.

Les amusies dynamiques, reconnaissent les caractères
suivants :

Début brusque à la suite d'un choc moral, d'une émotion, d'une crise névropathique ;

Association fréquente avec d'autres troubles psycho-névro-
pathiques, hystériques (mutisme, hémianesthésie, etc.) ;

Non concomitance d'aphasie à caractère organique ;

Suppression totale ou presque totale de l'un des modes
du langage musical, c'est-à-dire cécité ou surdité absolue, amusie motrice, vocale ou instrumentale, complète,
ce déficit n'intéressant le plus souvent qu'un seul des
modes du langage musical ;

Évolution capricieuse et guérison rapide et complète,
soit spontanément, soit par suggestion ou rééducation
extrêmement rapide.

Les observations suivantes, dues à Brazier, Ingegneros,
et celles qui nous sont personnelles, sont d'instructifs
exemples de ces variétés d'amusie.

OBSERVATION I (Brazier). — Un ténor d'opéra-comique qui
chantait un rôle important de *la Petite Fadette*, fut brusquement pris, un soir de représentation, d'une amnésie spéciale
absolue. Ni l'orchestre, ni les camarades qui essayaient en
vain de le remettre sur la voie, ne parvinrent à ranimer sa
mémoire, il ne comprenait plus ce qu'il chantait et ne pouvait plus lui-même émettre une note.

Rentré dans sa loge, il percevait fort bien le langage ordinaire et répondait fort bien à ce qu'on lui disait ; mais tout
ce qui avait trait à la musique, non seulement à l'œuvre qu'il

chantait, mais encore à son répertoire entier, était sorti de
sa mémoire, musique et paroles.

Il guérit en quelques mois et put reprendre ses rôles.

Obs. II. — Un jour, vers 1852, exécutant en public un concerto de lui avec accompagnement d'orchestre, Prudent
perdit brusquement la mémoire de toutes les choses de la
musique. Son œuvre n'était plus qu'un bruit incohérent ; pas
une phrase des tutti de l'orchestre, plus un chant n'était compris de lui. En même temps, impuissance absolue de la lecture ; il guérit au bout de quelque temps.

Nous avons cité plus haut le cas, publié également par
Brazier, de ce migraineux qui fut pris brusquement, étant à
son balcon, de surdité musicale complète et ne reconnaissait
plus *la Marseillaise* jouée dans la rue par une musique militaire.

Obs. III (Ingegneros). — Un jeune musicien, névropathe,
sujet à des crises d'hystéro-épilepsie, fut pris, le lendemain
du jour qui suivit une crise, en se mettant au piano, d'un
ictus amusique temporaire. Il reste immobile devant son
instrument, sans savoir quoi jouer ; il ne trouve plus rien ; il
lui semble que sa mémoire s'était enfuie de son cerveau.

Il prend quelques partitions pour les exécuter, mais il ne
se souvient plus de la signification de la portée avec ses
notes et ses accidents ; surpris, il essaie de se rappeler men-
talement ou de siffler le début de ses mélodies préférées.
Impossible, il a perdu complètement le langage musical dans
toutes ses formes d'expression...

Le malade dit qu'il entend lui-même la musique comme s'il
entendait articuler des mots en une langue qui lui serait
inconnue.

C'est là un cas typique d'amusie pure, totale et complexe, de nature hystérique ; le sujet du reste guérit par la
rééducation et, au bout de cinq mois d'étude, il avait récu-
péré la totalité de ses facultés musicales.

Ingegneros cite encore deux cas d'amusie motrice partielle, combinés, l'un avec du mutisme hystérique, l'autre
avec une hémiplégie droite totale, accompagnée d'aphasie
motrice complexe. Dans les deux cas, l'hystérie s'affirme
par le début brusque, et la guérison par la suggestion

hypnotique : le même auteur signale encore un fait d'amusie motrice instrumentale qui guérit rapidement.

Il faut ajouter à cette liste notre première observation du joueur de tuba.

AMUSIE HYSTÉRO-ORGANIQUE. — Entre les cas organiques manifestes et les cas dynamiques évidents d'amusie, se placent des faits atypiques et complexes, où le diagnostic étiologique est très difficile. Tel est le cas d'Ingegneros, où une amusie motrice partielle coexistait avec une hémiplégie droite.

Dans l'observation d'Ingegneros, le diagnostic était particulièrement difficile et le seul élément en faveur de la nature hystérique de l'amusie a été la guérison rapide par la suggestion; il s'agit là d'une association hystéro-organique, exemple unique dans le domaine de l'amusie d'un fait classique en neuro-pathologie.

Un de nos cas personnels[1], bien que de nature purement organique, est intéressant à rapprocher du précédent.

Au premier abord, ce sujet pouvait passer pour un dynamique à cause du degré léger de son aphasie sensorio-psychique et de son aphémie; mais l'existence de troubles psychiques et de l'amusie sensorio-psychique a pu faire poser le diagnostic d'affection organique.

Ce fait montre que, même au point de vue pratique, l'examen soigneux du langage musical peut rendre les plus grands services au diagnostic de la nature d'un syndrome aphasique.

Les conclusions pratiques de cette étude peuvent se formuler dans la loi suivante, applicable à la majorité des cas :

Une amusie, totale ou partielle, mais complète et

1. Cf. page 65.

absolue, sans association d'aphasie, est une amusie dynamique;

Une amusie incomplète, c'est-à-dire intéressant à des degrés divers les différentes formes du langage musical et associée à une aphasie le plus souvent du même ordre, est une amusie organique.

Une mention doit être ici réservée aux faits rarissimes, dans le domaine de l'amusie, d'association hystéro-organique.

CHAPITRE VI

TROUBLES PSYCHONÉVROPATHIQUES
DU LANGAGE MUSICAL.

Le langage musical, comme tous les autres modes de langage, peut présenter des troubles, très variables en nature, en étendue, en profondeur et en durée, et indépendants d'ailleurs de tout substratum anatomique saisissable.

Ces troubles, malgré leur fréquence, ne semblent pas avoir beaucoup retenu l'attention des médecins. Ils jouent un rôle très effacé dans le tableau clinique, dont ils représentent un élément tout à fait accessoire; les malades ne s'en plaignent que rarement. Aussi, exception faite des amusies totales survenant chez les musiciens, le médecin, incompétent dans le domaine de l'amusie, ne songe-t-il pas à analyser complètement et méthodiquement un symptôme qu'il se contente de signaler brièvement.

Ces désordres fonctionnels du langage musical appartiennent, comme les perturbations fonctionnelles du langage ordinaire, à des catégories nosologiques différentes.

HYSTÉRIE.

La classe, sinon la plus riche, au moins la plus curieuse, de ces amusies psychonévropathiques est celle des amusies hystériques.

Elle relève des lois générales de l'hystérie : début ordinairement brusque, évolution capricieuse, disparition
souvent rapide, étiologie émotive et pithiatique, curabilité par persuasion, association à d'autres symptômes
hystériques (aphasie, mutisme, hémiplégie surtout droite,
bégaiement); enfin, systématisation du déficit à telle ou
telle catégorie d'actes musicaux.

Les observations les plus intéressantes ont été publiées
par Charcot, par Ingegneros. On consultera avec fruit la
relation résumée ou détaillée de ces cas dans les différents
articles et dans l'ouvrage d'ensemble d'Ingegneros.

Il ressort de l'analyse de ces observations, que les
amusies hystériques peuvent, comme les aphasies, revêtir
les modalités les plus variables. Elles sont pures ou combinées, totales ou partielles, motrices ou sensorielles;
elles ne présentent aucune évolution cyclique; enfin, elles
affectent, dans le domaine intéressé, une forme atypique,
une allure étrange, des apparences contradictoires, mettant en évidence leur nature psychique, leur indépendance
de toute localisation unirégionale, leur synthèse systématique à l'aide d'éléments empruntés à des groupements
fonctionnels éloignés les uns des autres, de telle sorte
qu'il en résulte un tableau clinique spécial, de nature
paradoxale, que chaque individu compose à sa manière.

Il faut rapprocher des troubles hystériques du langage
musical, ces faits d'hallucination ou de suggestibilité musicales, constatés chez des hystériques ou des déséquilibrés
en état second. On connaît les exemples classiques de
Mme Magdeleine et de Mlle Lina, cette dernière bien
observée par le colonel de Rochas.

Notre collègue Maillard nous a communiqué l'observation d'une jeune hystérique, grande musicienne, très
suggestible par la musique, qui, en état second, présentait
des hallucinations dans lesquelles un musicien imaginaire
jouait le rôle principal.

Mlle X..., sans antécédents connus, présenta les premiers
phénomènes morbides à l'âge de quatorze ans. Grande hystérique, Mlle X... a des crises convulsives, des zones d'anesthésie, des contractures multiples; elle a présenté le syndrome de la coxalgie hystérique et aussi des symptômes qui
firent porter à un chirurgien des hôpitaux le diagnostic de
mal de Pott, alors que les phénomènes observés, ainsi que la
suite le démontrera, étaient simplement de nature hystérique.

Dyschromatopsie par périodes.

Très suggestible, elle fut souvent endormie par hypnotisme;
elle tombait souvent soit à la suite d'une crise, soit à la suite
d'une émotion, ou même quelquefois sans cause, dans un état
second, de nature somnambulique, qui durait jusqu'à ce
qu'une crise survînt ou jusqu'à ce qu'on l'en tirât par
suggestion.

Excellente musicienne, élève de Ravina et de Le Couppey,
elle ressentait avec une particulière intensité les émotions
musicales; quand elle jouait du piano, elle en sortait souvent
comme en extase, les mains glacées, tremblante, et avait
parfois une crise. Un jour, pendant qu'elle écoutait une de
ses amies jouer au piano la *Marche Funèbre* de Chopin, elle
tomba dans son état second, se mit à trembler, à pleurer à
sangloter et eut une crise qu'il fallut arrêter par la suggestion.

Elle mourut tuberculeuse à l'âge de vingt-six ans.

Deux ou trois ans avant sa mort, elle se mit à vivre, dans
ses périodes d'état second, des scènes de délire onirique, où
figurait un personnage imaginaire, dont la contemplation
extatique l'absorbait tout entière. C'est un violoniste italien,
du nom de Philippe, d'un talent extraordinaire, grand
artiste, pauvre et malheureux, vêtu d'un vaste manteau, et
dont la tête s'orne de longs cheveux : le soir, il apparaît aux
lueurs de lanternes, va et vient dans la chambre, entre et sort
par la porte ou la fenêtre. Il lui joue des morceaux, dont elle
parle avec ravissement. Jamais elle ne semble le voir pendant qu'on lui parle, jamais on ne l'entend parler à cet individu imaginaire: ce qu'elle dit toujours, c'est qu'elle vient de
le voir, il vient de venir et elle demande, par exemple, si on
ne l'a pas rencontré dans l'escalier, parce qu'il vient de
sortir acheter du macaroni pour son dîner. Philippe lui donne
aussi des ordres, lui dit de faire telle ou telle chose, lui
défend de faire ceci ou cela; elle dit ne pouvoir lui résister,
il faut qu'elle lui obéisse avant tout; elle ajoute que, même
s'il lui ordonnait de mettre le feu à la maison, elle le ferait
immédiatement. Un jour elle se jette par la fenêtre du pre-

mier étage, parce que Philippe lui ordonne de le faire. Revenue à son état premier, elle déclare ignorer tout de ce personnage; et, si on lui en parle, elle semble ignorer ce qu'on veut dire. Personne n'a pu donner le moindre indice sur ce qui a pu contribuer à l'invention de ce personnage.

Il semble s'agir, dans ce cas, d'un délire d'imagination, à forme romanesque, survenant par crises intermittentes, orienté autour d'un fantôme d'origine mythopathique, et développé chez une déséquilibrée, imaginative, exaltée, probablement érotique, et enfin aggravée dans ses tendances psychopathiques par la tuberculose.

ÉPILEPSIE.

L'épilepsie est un syndrome tellement riche en manifestations psychomotrices et psychosensorielles de toute nature qu'on doit s'attendre, *a priori*, à observer des troubles épileptiques du langage musical.

La littérature médicale comprend, en effet, parmi tant d'autres cas, peu ou point étudiés, une dizaine d'observations explicites de troubles du langage musical, au cours de l'épilepsie : deux cas de de Sanctis, un de Cristiani, deux de Legge, un de Montagnini, trois de Marco Lévi Bianchini.

L'étude de ces observations démontre que ces manifestations musicales de l'épilepsie surviennent avant, pendant ou après l'accès comitial.

L'attaque préparoxystique est une variété d'aura psychomotrice, possédant tous les caractères de ce prodrome : éclosion spontanée, soudaine; concomitance de troubles psychiques variés, portant surtout sur l'humeur et le caractère; répétition stéréotypée des actes et phases du syndrome; apparition de la crise convulsive qui en juge la nature, amnésie consécutive. Les auras musicales semblent avoir une durée assez longue et peuvent, comme beaucoup d'auras psychiques, persister plusieurs jours.

La littérature comprend trois cas d'aura musicale préparoxystique, dont voici le détail.

Le malade de Legge, pianiste professionnel, était pris,
quelques jours avant le début de ses attaques, d'une
impulsion qui le poussait à jouer au piano des chorals et
des oratorios de Hændel. Il commettait de nombreuses
fautes, jouait trop vite, et se fâchait à la moindre interrup-
tion; puis, il finissait par s'arrêter et remettait le cahier
sous une chaise longue. L'attaque passée, il oubliait la
place où il avait rangé la partition et accusait les autres
malades de la lui avoir dérobée. Peu à peu, la lucidité et
le calme revenaient, et le même jeu ne se répétait qu'à
l'attaque suivante.

Lévi Bianchini publie, sous le titre expressif d'*aura
canora*, les deux observations suivantes.

OBSERVATION I. — C. A..., âgé de quarante et un ans. Hérédité
négative. Crâne dolichocéphalique avec plagiocéphalie frontale gauche et bosse de compensation occipitale du même
côté; angle mandibulaire large; traces de lobule darwinien
aux oreilles; diastèmes dentaires. Le reste du corps normal.
A l'âge de sept ans, sans aucune cause apparente, il présenta
des accès épileptiques. A l'époque de l'adolescence, ces accès
se renouvelaient tous les quatre ou cinq jours; souvent ce
malade offrait des états d'équivalents psychiques, pendant
lesquels il s'échappait de la maison, se sauvait à travers
champs et attaquait les passants; de 1890 à 1900, les attaques
devinrent plus rares. mais plus dangereuses; en 1900, il fut
conduit à l'Asile. Là, dès son entrée, on put observer un
curieux symptôme qui précédait constamment les accès.
Voici en quoi il consistait. Les périodes d'accès se suivent
tous les trente ou quarante jours. En état de santé, le sujet,
en dehors d'une certaine indifférence pour le milieu et d'une
faiblesse d'esprit congénitale, ne présente aucun autre symptôme morbide. Lorsque l'attaque est proche, il tombe en proie
à un état d'excitation psychomotrice : il se met à marcher
furieusement. le visage se congestionne, le pouls arrive à 104.
En même temps, *il commence à chanter*. Il entonne à pleine
voix une chanson populaire, qu'il déclame continuellement
sur un rythme régulier, monotone, toujours le même; il ne

reconnaît plus personne, devient tout à fait désorienté. Le
chant se prolonge pendant trois ou quatre heures, pendant
une demi-journée même; il cesse ensuite en laissant le
patient dans un état d'excitation motrice et de désorienta-
tion croissantes. Sept ou huit heures après, au plus tard, soit
dans la journée, soit dans la nuit, peu importe, il est frappé
par une série de deux à quatre petits accès convulsifs, qui
durent quelques minutes et qui se suivent à courte distance.
Il reste confus et stupide pendant un jour; puis il se remet
totalement. Hors de là, le malade ne chante jamais. Les accès
moteurs n'arrivent jamais, sans être annoncés par le chant;
quelquefois, cependant, le chant en est encore le phénomène
terminal. Mais le caractère essentiel en est constitué par la signification tout à fait particulière de ce chant, qui constitue l'aura.

Obs. II. — Mlle C. R..., d'une famille de névropathes, mais
non d'aliénés, compte aujourd'hui trente-trois ans. Elle se
développa jusqu'à l'âge de dix-neuf ans d'une façon suffisamment régulière, mais son caractère se révéla étrange,
capricieux, mystique. Elle négligeait ses parents pour se
consacrer à ses prières; on la qualifiait d' « hystérique ». A
l'âge de dix-neuf ans, elle présenta des accès convulsifs épileptiques qui persistèrent. Jamais, auparavant, elle n'avait
souffert de convulsions ou de troubles psychopathiques.
Depuis son entrée à l'Asile, qui eut lieu en 1890, jusqu'au
commencement de 1901, les accès convulsifs se succédèrent
tous les vingt à vingt-cinq jours, avec les mêmes caractères
et la même durée à chaque période.

La malade est silencieuse, inerte; bien rarement, elle tri-
cote. Plus souvent, elle se trouve plongée dans un état de
mutisme d'où rien ne peut la distraire.

En 1901, les accès subirent une modification très curieuse,
qui persiste encore. En même temps qu'ils étaient devenus
plus rares, on observa qu'ils étaient annoncés avec une
régularité surprenante par une *période de chant*.

Quelque temps avant que l'accès convulsif éclate, la malade
entre dans un état d'excitation motrice et psychique. Elle se
couvre la tête avec sa jupe, de la même façon que les sœurs
hospitalières portent leur capuchon blanc; elle veut baiser les
mains aux chefs surveillants, aux médecins, pour leur témoi-
gner son attachement. Ses yeux brillent; elle commence à
chanter les litanies de la Vierge, à psalmodier les prières
des Morts. Elle marque le rythme du chant par des mouvements cadencés, elle fait des gestes de prière et d'extase. Le
chant se développe presque toujours dans la journée; il est

alors certain que dans la nuit ou le lendemain, au plus tard, se développera l'accès convulsif. Le chant a une durée de quelques heures, mais, même après la fin, la malade reste surexcitée et émotive. L'accès convulsif est très souvent unique et assez long; plus rarement, il y a une série de deux ou trois attaques; après celles-ci, la malade se remet rapidement, dans le cours de la même journée : elle ne garde aucun souvenir de ses attaques. Ces périodes morbides se reproduisent tous les mois ou une dizaine de fois par an, toujours avec la même symptomatologie initiale. Dans l'intervalle des accès, jamais l'on n'entend chanter notre patiente : rarement elle cause avec ses camarades ou avec ceux qui l'interrogent.

L'attaque de chant peut se présenter non plus comme un aura, mais comme un équivalent de l'accès comitial.

Legge cite le cas d'un épileptique qui, dans l'état d'excitation, chantait une chanson avec des intonations qui variaient suivant les dispositions du moment.

De Sanctis, Cristiani, rapportent tous les deux une observation de ce genre, où l'accès convulsif était totalement remplacé par une attaque de chant.

Arrivons enfin au cas analogue de Montagnini, dont voici la relation *in extenso*.

La malade qui fait l'objet de ces observations a quarante-huit ans. Née à Venise. Frère épileptique.

Examen physique : Pas de troubles somatiques ni de stigmates de dégénérescence.

Au point de vue psychique, irascibilité surtout aux approches des accès. Débilité mentale légère; quelques idées de persécution à l'approche de ses attaques.

En 1892, accès complets, peu fréquents, surtout nocturnes.

En 1893, la faiblesse mentale s'accentue : cris, excitation, bégaiement, écholalie, saleté, paresse; accès rares, surtout nocturnes; nutrition générale toujours bonne.

1895-1896. Rien de particulier, toujours irritable au voisinage des accès. Automatisme ambulatoire pendant ses attaques; la faiblesse mentale s'aggrave.

1897. La malade, confinée au lit par une gastro-entérite chronique, dépérit, devient inconsciente, perd la notion du temps et de l'espace. Elle ne cause plus avec ses voisines, et ne peut plus vaquer à ses besoins. Ses crises convulsives sont plus nombreuses.

Subitement la malade, qui est au lit, se met à chanter : ce sont des notes musicales, qui se succèdent lentement et reproduisent constamment le même air. D'habitude, les crises se terminent brusquement; d'autres fois, la terminaison est annoncée par une série de notes graves. La durée de l'attaque varie de 5 à 10 minutes. Pendant ce temps, la sensibilité à la douleur est émoussée : les excitations douloureuses légères n'arrêtent pas le chant; les excitations fortes l'arrêtent pour un instant, mais le chant reprend aussitôt après.

Pas de secousses convulsives : deux fois l'on a noté de la pâleur du visage; une fois des secousses musculaires généralisées; température et pouls normaux.

Ces attaques de chant débutent brusquement, spontanément; aucune excitation extérieure ne les provoque. Elles arrivent toujours à une heure déterminée (d'ordinaire le matin à neuf heures, quelquefois la nuit); ces heures sont aussi celles des grandes attaques. Pendant la crise, la malade n'a aucun phénomène d'excitation et reste apathique et taciturne comme à son habitude.

1898. Le 24 janvier, une série d'accès la nuit.

Le matin, à 9 heures, attaque de chant d'une durée de 8 minutes.

Le 11 février, attaque de chant à une heure du matin, qui dura 10 minutes et se termina par un sommeil profond.

Le 18 mars, convulsions la nuit; à 8 h. 1/2 du matin, crise de chant de 10 minutes de durée. Pendant toute cette crise, aucune réaction aux excitations extérieures, pouls 74, température 36,4.

Le 12 avril, dans la nuit, série de 22 à 24 crises convulsives, et, le lendemain matin, crise de chant qui dura 5 minutes.

Le 24 juin, à 9 heures du matin, crise de chant. A 10 heures du matin, crise convulsive.

Le 15 septembre, deux accès complets la nuit, à 10 heures et à 11 heures. Le matin, deux accès de chant, l'un à 4 heures qui dura 10 minutes, l'autre à 8 h. 3/4, qui dura 5 minutes. Rien à noter en 1900 ni en 1901, sinon la réapparition de plus en plus fréquente et de plus en plus typique de ces mêmes crises de chant.

En 1902, les accès s'espacent à la suite d'un traitement par la bromipine. Il s'agit bien là d'un symptôme épileptique; tout le démontre : l'heure régulière, l'aspect stéréotypé, la coïncidence avec des attaques de grand mal, leur durée fixe, leur périodicité, leur terminaison brusque, la pâleur de la face, l'hypoalgésie, l'amendement par le traitement bromuré.

Enfin, l'attaque de chant peut survenir à la fin de l'accès et représenter un phénomène post-paroxystique, ainsi qu'en témoignent deux observations (de Sanctis, Lévi Bianchini), dont nous extrayons le passage suivant :

Chez une jeune paysanne de vingt-quatre ans, épileptique depuis l'âge de quinze ans, la phase terminale de l'accès, qui est très long (8 à 10 jours) et de caractère furieux, est constituée par un état d'excitation psychomotrice qui se traduit par une crise de chant. La malade après avoir présenté une période de délire à forme de persécution, se met à chanter et ce symptôme indique que l'accès tire à sa fin.

Au fur et à mesure que les idées délirantes pâlissent et s'effacent, la malade se met à chanter à voix basse, avec une expression lugubre. C'est un chant de deuil qu'elle clame jour et nuit, continuellement. Cette chanson est celle que les femmes de la Calabre chantent en chœur autour d'un cercueil, en suivant les obsèques jusqu'au cimetière; chez notre malade, ce chant nous représente l'état de profonde dépression dans lequel elle se trouve plongée, à la fin de son long accès délirant. A l'état normal, jamais elle ne chante; elle parle même fort peu, et d'une manière correcte et sensée.

Nous pouvons rapprocher de ces observations, celle d'un malade de trente ans, que nous avons pu étudier à Bicêtre, grâce à l'amabilité du Dr Nageotte.

Nicolas, trente ans, présente, à la suite de ses crises, une période d'agitation durant environ 3 ou 4 jours, avec des accès de chant stéréotypés.

Il se promène d'un pas cadencé, chantant une chanson boulangiste, toujours la même; il chante ainsi à tue-tête, pendant plusieurs jours de suite, deux refrains, toujours les mêmes, qu'il entremêle toujours de la même façon. Le chant cesse avec l'accès; entre les accès le malade ne chante plus.

Un autre malade du service du D' Nageotte, présentait des attaques de chant stéréotypées, qui constituaient un véritable équivalent de la crise.

Telles sont les observations de manifestations musicales épileptiques que nous avons pu recueillir. Qu'elles soient pré ou postparoxystiques, ou qu'elles se présentent comme des équivalents véritables de l'accès convulsif, ces crises musicales s'encadrent le plus souvent de manifestations délirantes, et semblent appartenir ainsi au domaine psycho-pathique. Nous avons pu joindre, à l'observation du malade rapportée plus haut, trois observations d'épileptiques en voie d'affaiblissement démentiel, chez lesquels la conser-vation relative du langage musical contrastait avec la profondeur du déficit intellectuel et la perte presque com-plète du langage parlé.

AUTRES NÉVROSES.

Les autres névroses ne fournissent qu'un faible tribut aux troubles du langage musical.

La *migraine* a pu déterminer des accidents amusiques dans plusieurs cas signalés par Brazier. Il s'agit toujours de troubles transitoires, comme le montrent les observa-tions consignées dans la première partie de notre travail.

La *maladie de Basedow* n'a fourni qu'un seul cas authentique, celui de Knauer, où il s'agissait d'un syn-drome basedowien des plus frustes chez une grande déséquilibrée.

La *neurasthénie*, ou la psychasthénie proprement dite, sont la cause de troubles amusiques signalés dans une des observations de Brazier, et dans le cas du joueur de tuba que nous avons rapporté dans notre premier chapitre.

Il existe encore de nombreux troubles dynamiques du langage musical, qui ne relèvent d'aucune névrose classée et qui représentent cependant, dans le domaine de l'amusie,

les manifestations d'états psychopathiques, appartenant
à la déséquilibration constitutionnelle, dégénérative ou
acquise, de l'activité psychique, telles que les obsessions,
les impulsions, les phobies, les associations de certains
désordres du langage musical avec d'autres processus morbides, de nature sensorielle, sensitive, motrice ou psychique.

OBSESSIONS MUSICALES.

L'obsession musicale, ou représentation mentale, incoercible et consciente, d'un air qui s'impose avec plus ou
moins de fréquence, et contre laquelle l'obsédé lutte jusqu'au développement de l'angoisse, l'obsession est un fait
banal que tout le monde connaît par expérience personnelle.

Dans certains cas, l'obsession atteint un degré d'intensité
et de tyrannie tel qu'elle trouble le repos et le sommeil
du malade et qu'elle revêt ainsi un caractère nettement
pathologique. Les observations d'obsession musicale sont
rares, parce que, quand le syndrome acquiert un degré
franchement pathologique, il est associé à tout un
ensemble psychopathique, dont les autres éléments solli-
citent davantage l'intérêt de l'observateur.

L'obsession musicale peut, dans certains cas, se présenter comme un fait isolé, et nettement pathologique.

Ingegneros cite, dans ses travaux sur l'amusie, le cas
d'une créole de dix-huit ans, hystérique depuis la puberté,
qui, à la suite de surmenage, devint victime d'une obsession mélodique, dont la fréquence et l'intensité arrivaient à
empêcher le sommeil.

Nous possédons une observation personnelle analogue.
Une femme d'une quarantaine d'années, névropathe et
alcoolique, qui fut prise, à l'occasion de fatigue, d'un épisode d'obsession mélodique qui dura trois jours. Le premier jour, de sept heures du soir à minuit, elle entendit
constamment un air populaire, toujours le même, qui sem-

blait provenir d'un carrousel situé dans le voisinage : la représentation mentale avait un tel caractère de réalité objective, que la malade pria une de ses voisines de regarder par la fenêtre, s'il n'y avait pas, dans le voisinage, un manège de chevaux de bois. Cette obsession, qui troublait le sommeil de la malade, se répéta les deux jours suivants, en s'atténuant progressivement, et finit par disparaître.

Il résulte de ces faits, comme de tant d'autres, que ces obsessions musicales ont pour caractères, en dehors des caractères de l'obsession en général, d'être passagères, souvent épisodiques, de succéder à une période de surmenage et de fatigue cérébrale, et de rester pendant toute leur durée purement intérieures, sans tendance marquée au passage à l'acte et à l'extériorisation motrice. Elles guérissent enfin par le simple repos.

Il faut rapprocher des obsessions la *mélodisation incoercible* de la lecture, dont Ingegneros nous offre une observation intéressante.

Une hystérique, âgée de vingt-neuf ans, présente habituellement des phénomènes d'instabilité mentale et, à plusieurs époques, elle eut des accès convulsifs à la suite d'émotions intenses. Elle fit des études pédagogiques, et elle est professeur; elle possède une éducation musicale complète.

A dix-huit ans, elle eut une singulière perturbation de la lecture ordinaire. Elle avait coutume d'étudier en lisant à haute voix; les individus qui étudient ainsi impriment ordinairement à leur voix des inflexions particulières que nous connaissons tous, lesquelles chantent la lecture en un chant monotone et sans expression.

Afin de la corriger de ce défaut, on lui fit remarquer ce qu'une telle habitude avait de ridicule, puisque ce n'était pas lire qu'elle faisait, c'était chanter. Depuis le moment de cette remarque, la jeune fille éprouva une tendance, chaque fois plus irrésistible, à chanter quand elle lisait; au bout de quelques semaines, l'accentuation des inflexions fut tellement exagérée qu'il fallut lui défendre la lecture.

Le sujet de la lecture n'avait aucune influence sur le chant: qu'elle lût un journal, une lettre, ou un livre de physique, de littérature ou de cosmographie. La jeune fille chantait à

voix haute, et avec toutes les inflexions mélodiques d'une romance interminable et continuellement improvisée.

La lecture mentale n'était pas accompagnée de chant mental; cet avantage ne compensait cependant pas, pour la malade, les inconvénients du trouble signalé. La jeune fille avait un type mental auditivo-moteur, et elle n'apprenait ses leçons qu'en les prononçant à voix haute, et en entendant sa propre lecture. Comme il lui était impossible de passer la journée en chantant, elle dut suspendre toute lecture à haute voix et interrompre ses études pendant deux ans. La guérison fut spontanée.

A la même famille pathologique appartiennent ces cas de mélodisation obsédante des bruits rythmés de la nature (tic-tac des pendules, bruits des trains, des machines à vapeur) dont la répétition cadencée impose incoerciblement à l'esprit, la plupart du temps distrait ou fatigué, du sujet, un rythme et une allure sur lesquels chacun édifie le thème musical obsédant. Ces faits ont quelque parenté avec les illusions et hallucinations que provoque, chez certains aliénés, l'audition des bruits de la nature.

On arrive ainsi à l'obsession-impulsion musicale complète. A côté de ces obsessions musicales purement auditives, se rangent les obsessions musicales doublées d'une tendance impulsive à l'expression motrice de la mélodie obsédante.

Les exemples abondent de ces petites obsessions musicales épisodiques, qui redoublent dans les moments de fatigue et se produisent inconsciemment chez les sujets distraits, comme autant de manifestations de l'automatisme psychologique. Lorsqu'on observe un tel obsédé, on saisit surtout dans ses mouvements la traduction musculaire du rythme du thème musical obsédant, que le sujet accompagne en tambourinant des doigts, en dodelinant de la tête; l'expression motrice de la chanson obsédante va souvent plus loin, jusqu'au fredonnement, au sifflement.

L'impulsion musicale représente une tendance incoercible, consciente, et plus ou moins angoissante, à extérioriser dans le domaine moteur certains thèmes musicaux.

De la représentation mentale d'une phrase musicale à l'émission de cette phrase par le chant ou l'instrument, on observe ainsi toutes les transitions de passage, de l'idée à l'acte.

Nous éliminons du domaine des impulsions musicales proprement dites, les équivalents des crises épileptiques, que nous avons déjà mentionnées et qui appartiennent à une catégorie étiologique et clinique complètement différente.

En dehors des impulsions musicales épileptiques et des impulsions musicales de nature obsédante, existent certains faits, dans lesquels on voit les sujets procéder, dans leur production ou leur activité musicale, par crises soudaines et capricieuses de composition personnelle ou d'exécution instrumentale : beaucoup de musiciens offrent ainsi des alternatives de calme et de fièvre artistique, dont les crises productives les prennent par accès.

On peut observer d'ailleurs la combinaison de plusieurs états pathologiques, dont le résultat commun peut aboutir à l'impulsion. C'est ainsi que Ingegneros cite un cas de crises impulsives et incoercibles de composition musicale chez une hystérique (obs. VII). Dans l'espèce, il résulte de l'analyse clinique du cas, que l'impulsion musicale chez le malade était de nature non pas hystérique, mais obsédante.

On connaît du reste l'aptitude des hystériques et des épileptiques aux réactions impulsives conscientes et mnésiques, en dehors de l'état de mal. Ces actes impulsifs ne doivent pas être considérés comme des équivalents de l'accès : ils traduisent seulement la nature explosive du tempérament général de ces névropsychopathes.

Nous relatons ici une observation très intéressante, de Sancte de Sanctis, dans laquelle est étudié en détail un type d'obsession musicale chez un dégénéré.

T. Enrico, vingt-trois ans, tapissier.

Père mort probablement d'un cancer vésical; mère bien portante, grand-père maternel mort d'apoplexie, grand'mère paternelle hémiplégique, oncle maternel très nerveux, mort des suites d'une grande peur (?); trois sœurs et un frère bien portants, une de ses sœurs anémique, émotive, versatile. Une de ses tantes aurait eu, comme lui, des crises convulsives.

L'enfance et l'adolescence se passèrent sans troubles remarquables. Le malade était très sensible, changeant, expansif, et avait une certaine tendance à la tristesse; il était studieux, pieux, affable avec tout le monde; avec la puberté apparurent des changements brusques dans le caractère, qui s'accusèrent dans la suite. Le malade avait alors des douleurs de tête qu'il attribuait à des pollutions nocturnes. Souvent il était triste sans motif. — Masturbation.

A l'âge de quatorze ans, il vint consulter un médecin, parce qu'en mangeant, il avait senti une douleur entre les deux yeux et que sa face était devenue toute rouge. Le malaise n'avait duré qu'un instant, si bien qu'aucun des assistants ne s'en aperçut. Cette crise, qui l'impressionna au plus haut point, ne se reproduisit pas; mais, depuis ce moment, il se sentit mal, sans appétit, mélancolique et souffrant de céphalalgie.

Pas de vertige, pas de chute, pas de perte de connaissance. Le sommeil devenait moins bon, le sujet s'endormait tard, et, durant la veillée, se forgeait mille idées tristes (femme, misère, maladies, ruine). Il résistait à ces pensées, en se disant en lui-même : Non! et il finissait par s'endormir, mais, presque chaque nuit, il rêvait de mort, voyait des processions longues et lugubres. Souvent, entre la période de veille et la période de sommeil, il voyait une lumière blanche ou de gros objets lourds. Le matin, il se sentait mal; le soir, il était mieux. Pendant la journée, lorsqu'il travaillait, ces idées le laissaient en repos. A cette époque, il fut pris d'une fièvre palustre, qui dura quatre mois, pendant laquelle les douleurs de tête disparurent. C'est alors que, sur les conseils de sa mère, il se mit à étudier la musique.

Dès le début de ses études, il éprouvait déjà l'obsession des notes, des airs; mais malgré tout il persévère encore cinq mois, puis cesse la musique, et sa santé s'améliore.

Au régiment, il est proposé comme musicien; et, malgré ses protestations, il est maintenu dans cet emploi. La céphalée reparut; il eut des vapeurs, des bouffées congestives. Dès les premières mesures, les battements de son cœur devenaient tumultueux, sa respiration était fréquente ; lorsqu'il posait l'instrument, l'état s'aggravait encore ; les morceaux ne le quittaient plus, il lui semblait les avoir encore dans les oreilles ; ces morceaux l'obsédaient ; et, en même temps, il sentait comme un poids lui peser sur le front. Les conversations joyeuses avec ses camarades, les marches au grand air, le distrayaient dans la journée ; la nuit, le sommeil était bon. Il ne rêvait pas ou, s'il rêvait, il n'entendait pas d'airs de musique. Il obtint son changement, et aussitôt l'appétit revint, avec le calme et la bonne humeur. Il rentre dans sa famille, le 15 août 1894, et depuis rien à noter, jusqu'au mois d'octobre.

Vers la fin d'octobre, les troubles mélancoliques reparaissent ; les souvenirs du régiment lui reviennent ; et, avec eux, les morceaux de musique militaire. Il en est obsédé toute la journée et s'épuise à lutter contre l'obsession. Le soir, il se retire dans sa chambre, triste et désolé.

Un soir, le malade était couché. Sa mère, qui dormait dans la pièce voisine, est réveillée en sursaut ; son fils prononçait des paroles entrecoupées, poussait des cris de rage, lançait des mots obscènes ; tout à coup, il se met à chanter à gorge déployée. Effrayée, sa mère lui demande ce qu'il a, il répond : « Je n'en pouvais plus ». Puis la scène se répéta chaque soir : c'était tantôt un air, tantôt un autre, un chant, tantôt continu, tantôt entrecoupé d'exclamations, de paroles obscènes, de quintes de toux, de soupirs. La crise durait plus ou moins longtemps ; puis le malade, soulagé, tombait dans un sommeil profond. Ces accès prirent une telle extension, que la cohabitation avec les siens devint impossible et que le malade se décida à entrer à la clinique psychiatrique.

État actuel. — Pas de signes physiques particuliers, — dermographisme, — tic et spasme de la face et des yeux, clignement du cou, hochement de la tête, propulsion latérale, se manifestant surtout lorsque le malade est fatigué ou souffrant, — réflexes rotuliens forts, réflexes muqueux exagérés — céphalée souvent en casque, rachialgie, asthénopie, bourdonnements d'oreilles.

Peu de chose à ajouter au point de vue psychique. On le prie de chanter : « Non, dit-il, par pitié ! », — puis : « Voilà que je commence à sentir mon accès qui revient ».

En effet, il n'est pas à la conversation, il trépigne, bat des mains, son visage se contracte, il a comme un accès de suffocation ; puis, se tournant vers nous, il s'écrie : « Je ne suis plus moi-même », et raconte son histoire.

Pas d'idées délirantes. La mémoire, très faible chez lui, était assez fidèle pour les morceaux de musique; dès que l'on chantait devant lui, il regardait avec attention le chanteur, se levait, et cherchait à répéter la chanson entendue; il retenait, en général, assez bien. Lorsqu'il se mettait à chanter, son visage s'animait, tout son corps s'agitait, il battait des mains, frappait du pied; peu à peu, il abaissait le ton, en un decrescendo continu, puis arrivait à un balbutiement indistinct. Parfois, comme distrait, il s'arrêtait net au milieu de son chant; il élevait, puis abaissait la voix, et terminait sur un son guttural profond.

PHOBIES MUSICALES.

A la même famille psychopathique que les obsessions et les impulsions appartiennent les phobies musicales. Celles-ci, qui n'apparaissent que sur le terrain de la dégénérescence mentale, obéissent aux lois générales du syndrome phobie. Apparition à la suite d'un choc émotif pénible, développement plus ou moins rapidement progressif, évolution irrégulière, paroxystique, entrecoupée de rémissions et d'aggravations, curabilité possible des accidents.

Voici, à titre d'exemple de phobie musicale, le résumé de quelques observations, empruntées à l'ouvrage d'Ingegneros.

OBSERVATION I. — Homme de quarante ans, d'hérédité vésanique chargée, sujet à des attaques d'hystérie de dix-huit à trente ans. Apparition à trente ans de la phobie du piano, à l'occasion des études de sa fillette. — Extension progressive de la phobie au son des autres instruments, puis aux cloches, aux sifflets des sirènes, à tous les sons en général, dont l'audition provoquait chez le malade un état croissant d'angoisse. L'état anxieux allait jusqu'à provoquer, en certains cas, des évanouissements. — Traitement par l'isolement, le silence, et la campagne. Amélioration et guérison en quelques mois.

OBS. II. — Hystérique de vingt-sept ans, élève violoniste au Conservatoire de Montevideo. A la suite d'un échec au Conservatoire, attaques convulsives, puis développement de

la phobie, du violon, dont le son détermine des attaques
hystériques. Persistance, depuis plus de dix ans, de cette
phobie, qui a compromis toute l'existence sociale et mondaine de la malade.

Obs. III. — Phobie des dissonances.

Musicien professionnel, névropathe, hystérique, timide et
indécis, atteint d'une phobie chronique des dissonances.
Tous les sons faux et dissonants : grincement des roues sur
les rails, sifflet des locomotives, fausses notes jouées ou même
écrites, provoquaient l'angoisse avec le besoin de résoudre
les dissonances conformément aux lois de l'harmonie. Le
malade portait sur lui de petits sifflets-diapasons destinés à
l'émission des sons complémentaires résolutifs. Il évitait les
auditions orchestrales par peur des dissonances; il s'enfer-
mait dans sa chambre, parcourait des yeux ses partitions
favorites et s'offrait ainsi la jouissance d'auditions visuelles,
exemptes de toute appréhension.

Le malade est mort à soixante-neuf ans, sans atténuation
de sa phobie.

Comme on le voit par ces quelques exemples, les phobies
peuvent présenter tous les degrés d'intensité et les variétés
les plus grandes dans leur évolution, leur terminaison,
leurs associations morbides (hystérie et autres symptômes
dégénératifs), et enfin leur contenu (le phobique ayant en
effet la terreur de tel ou tel instrument ou de telle faute
musicale). Par extension de la phobie, les sujets peuvent
manifester de l'angoisse à l'audition des sons en général.
L'étude des observations démontre que l'angoisse phobique
peut provoquer chez les hystériques des réactions convulsives.

ASSOCIATIONS MORBIDES.

Les différentes manifestations du langage musical peuvent s'accompagner, chez certains névropathes, de processus variés, d'ordre psychique, sensoriel, moteur, ou
génital. Ces processus sont susceptibles de provoquer
dans les différentes sphères organiques, par une association tantôt spontanée, tantôt acquise, à caractère idiopa

thique, des réactions anormales par leur nature ou leur intensité, qu'on peut étudier ici, sous le nom d'associations morbides du langage musicale.

Audition colorée. — Parmi ces associations, la plus curieuse, et aussi la plus fréquente, est l'audition colorée. L'audition colorée est l'association automatique et le plus souvent indissoluble de certains sons avec certaines couleurs. Cette association, qui est le propre de certains tempéraments coloristes accentués, apparaît de bonne heure et, dans certaines observations, se montre à une date tellement précoce, qu'on semblerait en droit d'invoquer une sorte d'aptitude congénitale à la liaison anastomotique du son et de la couleur. Laignel-Lavastine cite une famille où onze membres étaient atteints d'audition colorée. Il est intéressant de relever dans cette observation le caractère familial d'une disposition fonctionnelle, qui tient évidemment à des analogies de structure dans le réseau commissural des territoires sensoriels.

La question de l'audition colorée a suscité de nombreux travaux, principalement en Allemagne, en France et en Italie ; on en trouvera la bibliographie complète dans la thèse de Destouches et dans l'article de Laignel-Lavastine. Les premiers travaux d'ensemble sur les auditions colorées, en France, sont ceux de Suarez de Mendoza, de A. Binet et de Flournoy ; le travail de Destouches rapporte les observations antérieures assez nombreuses, mais isolées, et expose avec des documents personnels l'ensemble du problème. Nous laisserons de côté, ici, l'étude historique et clinique de la question, et nous nous bornerons à résumer les conclusions qui se dégagent de l'ensemble des travaux parus sur l'audition colorée. Les principales lois de l'audition colorée sont les suivantes :

La sensation de couleur est en rapport principalement avec la hauteur et l'intensité des sons. Sur quarante-sept cas, empruntés par Destouches à la littérature médicale

antérieure à 1899, quarante-trois fois la sensation lumi-
neuse était subordonnée à la hauteur du son, et la clarté
de la couleur suscitée correspondait à l'élévation du son
entendu sur l'échelle musicale : plus la note est haute, plus
la couleur est claire.

Après la hauteur et l'intensité, c'est le timbre qui suscite
les sensations chromatiques électives : tel instrument évo-
quera de préférence telle couleur. Vingt-six sujets sur quarante-sept présentaient ce phénomène de la coloration élective suivant le timbre instrumental.

Les œuvres musicales suscitent, chez certains sujets, des
sensations de couleurs particulières. La couleur dans ces
cas, d'une interprétation difficile, semble être en rapport
soit avec l'idée générale que le sujet se fait de l'œuvre
musicale, soit avec les associations élémentaires ou for-
tuites d'images, éveillées par le morceau ou les conditions
de son exécution. Douze sujets, sur quarante-sept, colo-
raient ainsi les œuvres musicales.

Un plus petit nombre de sujets (9 sur 47) éprouvent, à
l'audition des accords, une sensation de couleur. Les
accords évoquent des couleurs d'autant plus sombres qu'ils
sont composés de notes plus graves et d'autant plus claires
qu'ils sont composés de notes plus aiguës. Tandis que la
consonance des accords se traduit par une sensation
unique et précise, les accords dissonants évoquent les
couleurs multiples et indécises. Meyerbeer qualifiait de
pourpres certains accords de Weber.

Les altérations et les tonalités peuvent se traduire par
des changements de teintes, en rapport avec la modification
du son. D'une façon générale, le mode majeur évoque des
couleurs vives et tranchées, le mode mineur des nuances
plus indécises et plus foncées, telles que le violet, le
gris, etc. (Flournoy.) Cette association existait chez huit
sujets sur quarante-sept.

Audition visualisée. — L'association entre les sensations acoustiques et les sensations visuelles ne se traduit pas seulement par l'évocation, à l'audition des sons, de couleurs variées, de photismes, suivant l'expression de Blauler et Lehmann. Elle se révèle encore par l'évocation de figures géométriques, ou représentatives d'objets, de paysages, de personnages, de scènes variées. Dans ce dernier cas, les figures évoquées peuvent être dépourvues de couleurs : ces schèmes et diagrammes constituent la forme la plus rare de l'audition visualisée, sur laquelle ont insisté Blauler et Lehmann, Flournoy et Wallenscheck. Dans l'immense majorité des cas, la succession des sons évoque une série d'images très variées (paysages, scènes d'intérieur, tableaux de la vie champêtre, fantasmagories, personnifications), dont le caractère général semble en rapport soit avec l'interprétation du morceau, soit avec des associations mnémoniques occasionnelles, particulières à chaque auditeur.

Au point de vue des associations acoustico-optiques, la musique descriptive est de beaucoup la plus féconde en évocations visuelles. On comprend en effet que, chez les sujets même dépourvus de culture musicale, l'audition à l'orchestre des bruits de la tempête, du chant des oiseaux, des sonneries de cloches, suscite le plus souvent l'apparition de représentations mentales plus ou moins vives, de véritables tableaux composés d'images visuelles, empruntées aux clichés mnémoniques antérieurs; c'est là un cas particulier de la loi générale de l'association des images et des idées.

Quelquefois l'audition de certaines mélodies procure au sujet la vision de personnes, connues ou inconnues de lui, et c'est ainsi que, la liaison s'étant établie entre certains airs et certains personnages, l'audition du morceau ou la vision de la personne s'évoquent réciproquement : la mélodie devient alors comme le symbole du personnage auquel elle est liée. Hilbert a cité un cas intéressant de cette indi-

vidualisation mélodique. On peut rapprocher de ces faits
d'individualisation colorée, ceux dans lesquels la vue de
certaines personnes provoque chez des sujets l'apparition
de taches, de brouillards colorés, de formes et de nuances
variables, entourant plus ou moins la personne à laquelle
ils s'appliquent; Sokolow cite plusieurs observations de
ce genre; un de ses sujets présentait en même temps de
l'audition colorée.

L'ensemble de ces observations montre l'étroite connexité de ces différents faits d'association sensorio-psychique. Cette connexité est telle que, chez certains sujets,
des sensations de couleurs évoquent des sensations auditives. Certains auteurs (Castel, Léonard, Hoffmann, Gœthe
et tout récemment encore Fabre) ont même essayé d'établir des relations entre les couleurs du spectre et les notes
de la gamme. On peut rappeler à cet égard l'anecdote de
l'orgue de Wallace Remington, dont les notes déclan-
chaient, sur un jeu de lampes colorées, des teintes spé-
ciales; l'exécution, sur ce clavier chromatique, des œuvres
de Chopin et de Wagner produisait, d'après cet auteur,
les combinaisons de couleurs les plus harmonieuses.

Ces faits représentent, par analogie aux photismes d'origine auditive, des phonismes d'origine visuelle.

Il n'existe pas, dans la littérature médicale, de faits
démontrant l'évocation, par les sensations acoustiques, de
sensations olfactives ou gustatives, ou d'associations
inverses, c'est-à-dire d'associations auditives évoquées par
la voie du goût ou de l'odorat. Les expressions par
lesquelles certains poètes ou romanciers semblent traduire
des correspondances intersensorielles très rares et très
subtiles, n'établissent pas l'existence réelle de véritables
synesthésies; elles n'ont que la valeur de comparaisons,
destinées à évoquer des images de tonalité affective analogue et représentent par là un des procédés les plus

suggestifs, une des ressources les plus précieuses du langage poétique.

Le choix de ces rapprochements synesthésiques démontre chez chaque auteur la prédominance de tel ou tel sens dans l'activité imaginative. On connaît, à cet égard, la prédominance des images olfactives chez quelques grands poètes ou romanciers, comme Baudelaire et Zola. On peut citer ici, comme un intéressant exemple d'électivité sensorielle, ce classique poème de Baudelaire, parmi tant d'autres qui démontrent l'importance de la note olfactive dans l'imagination du poète :

Il est des parfums frais comme des chairs d'enfant, etc.

Certains auteurs ont poussé l'interévocation des images sensorielles jusqu'à la fantaisie la plus paradoxale. Rappelons à cet égard, comme un exemple de haute fantaisie synesthésique, ce curieux passage où Huysmans, dans un de ses romans (*A Rebours*), assimile, en une série de comparaisons amusantes, les saveurs des liqueurs les plus variées aux timbres de différents instruments de musique, imagine des mélodies ou des ensembles que le dégustateur compose silencieusement dans sa bouche, en associant par duos et quatuors les essences et les bouquets spécifiques des différentes liqueurs.

Guy de Maupassant se demandant, à bord du *Bel Ami*, s'il respirait la musique ou s'il entendait des parfums, utilisait discrètement le même artifice de langage, pour rendre cet état de somnolence rêveuse, où n'arrivent plus à la conscience que des perceptions indistinctes, et où semblent se confondre, dans une harmonie affective supérieure, toutes les excitations sensorielles.

On ne peut émettre que des hypothèses pour expliquer le mécanisme de l'audition colorée et des phénomènes analogues. L'analyse des observations démontre que ces faits de synesthésie se rencontrent chez des sujets qui présentent une activité particulièrement développée dans le domaine sensoriel où sont évoquées les images associées. Chez un sujet qui, à l'audition de tel ou tel son, voit rouge ou vert, il faut de toute nécessité supposer une excitabilité particulière et élective de la rétine corticale; il faut de plus admettre une liaison anastomotique entre les centres sensoriels de l'audition et de la vision.

Il est difficile de trouver, dans l'étude des connexions centrales des deux voies optique et acoustique, un substratum anatomique suffisant pour expliquer, par une anastomose intersensorielle directe, les phénomènes de l'audition colorée. On sait que, dans l'épaisseur du tubercule quadrijumeau antérieur, s'anastomosent la voie centrale du nerf acoustique et les fibres du nerf optique, prolongements cylindraxiles des cellules ganglionnaires de la rétine. On sait également que, du tubercule quadrijumeau antérieur, sort une voie nerveuse descendante, dont les fibres se distribuent aux noyaux des troisième, quatrième et sixième paires craniennes, essentiellement motrices. Or cette voie descendante réflexe motrice est commune au nerf acoustique et au nerf optique, qui entrent en rapport réciproque dans ce tubercule quadrijumeau antérieur. Cette voie descendante optico-acoustique est destinée à transmettre les impressions de la vue et de l'ouïe aux muscles des yeux, des oreilles et de la tête.

Ebstein, cité par Soury, invoquant l'intimité des connexions optico-acoustiques à ce niveau, a pensé que le phénomène physiologique de l'augmentation de l'acuité visuelle, sous l'influence des impressions de l'ouïe, doit avoir pour siège non l'écorce cérébrale, mais les tubercules quadrijumeaux antérieurs : en ce point, en effet, les fibres de l'opticus rencontrent non seulement des cellules, dont les axones s'arborisent dans les noyaux du nerf moteur oculaire commun et moteur oculaire externe, mais aussi les arborisations terminales du nerf cochléaire. Comme il est démontré que des fibres centrifuges passent aussi dans le nerf optique, Ebstein estime que le phénomène en question a lieu par une action réflexe qu'exerceraient ces fibres sur la rétine.

On peut évidemment supposer la possibilité, chez certains sujets, d'anomalies anastomotiques entre les centres temporaux de l'audition et les centres occipitaux de la vision; c'est là une hypothèse qui, pour n'avoir jamais été vérifiée dans les cas d'audition colorée, ne présente en elle-même rien d'invraisemblable.

« Certaines dispositions, c'est-à-dire un développement excessif des collatérales ou des cellules d'association de la couche moléculaire, rendraient compte de ces phénomènes de synesthésie tout à fait compatibles par conséquent avec l'état normal[1]. »

Nous croyons que le phénomène essentiellement psychique de l'audition colorée peut s'expliquer, non pas par la notion hypothétique d'une anastomose anatomique intersensorielle directe, mais plutôt en invoquant le fait établi de certaines connexions étendues que présentent entre elles, dans le domaine de l'activité psychique, les images sensorielles, principalement les images visuelles et auditives.

Il s'agit donc, en ce sens, d'une anastomose non pas anatomique et directe, mais psychique et indirecte. Les connexions acoustico-optiques se réalisent ainsi dans le cortex, sur le territoire commun, étendu et non régional, diffus et non localisé, de l'activité sensorio-psychique.

Au point de vue de ce que l'on pourrait appeler la localisation psychologique de ces connexions, on peut supposer que le point commun, où se rencontrent ces images par suite d'affinités électives similaires visuelles et auditives,

---

1. Jules Soury, *Système nerveux central*, t. II, p. 1058.

est le domaine des processus émotifs et affectifs, dans
lequel toute sensation éveille sa résonance affective particulière et acquiert sa tonalité sentimentale. Toute sensation
en effet comporte un élément affectif inséparable d'elle-
même. Cet élément affectif, constant dans son existence,
est, suivant les sujets, variable dans son intensité et dans
ses caractères. C'est surtout par leurs qualités affectives
que les sensations s'éveillent les unes les autres, et s'associent entre elles. Les images affectives jouent ainsi, dans la
vie mentale, suivant l'heureuse comparaison de Bos, un
rôle de ciment, de liquide inter-représentatif. « Ces images
affectives ne restent pas inertes dans le subconscient, mais
leurs racines contractent des anastomoses, de telle sorte
que l'image affective provoquée par l'idée A et que nous
n'avons point perçue, pourra rejaillir dans l'esprit sous
la forme de l'idée B : la transition affective étant demeurée
souterraine. »

Dans l'audition colorée il y a, suivant l'expression du
même auteur, transposition, traduction spontanée du
représentatif en émotif; ou, plus exactement, d'une perception effectuée par le mode émotif en une image plus nettement encore émotive; ce qui présuppose que les sujets
susceptibles d'audition colorée, sont des visuels, des coloristes, en tout cas des tempéraments qu'affecte surtout la
couleur.

Ces deux hypothèses, anatomique et psychologique,
qu'on peut invoquer pour expliquer l'audition colorée, ne
sont d'ailleurs nullement contradictoires; l'une n'exclut
pas l'autre. On peut admettre que la connexion psychique
entre les deux domaines s'exercera d'autant plus facilement,
que les centres sensoriels seront reliés par des voies com-
missurales capables de déterminer chez certains sujets
l'unisson vibratoire des excitations visuelles et auditives.

On peut se demander, quelle que soit l'hypothèse
adoptée, pourquoi l'audition colorée est bien plus fréquente

que la vision sonore; pourquoi les photismes d'origine
auditive sont communs, tandis que les phonismes d'origine
visuelle sont tout à fait exceptionnels. Il faut se rappeler à
ce propos que, de tous les nerfs sensoriels, c'est l'acoustique qui, d'après Flechsig, est le dernier à se myéliniser:
la fonction auditive est la dernière apparue dans la phylogénie des vertébrés.

Il semble naturel que ce soient plutôt les images visuelles
plus anciennes, plus nombreuses, plus précises, mieux
fixées dans l'écorce, qui s'éveillent sous l'influence des
excitations auditives, celles-ci étant les plus récentes et les
moins nombreuses. On peut donner comme preuve de cette
antériorité, de cette supériorité du monde visuel sur le
monde auditif, cette loi du langage en vertu de laquelle les
qualificatifs généraux, les épithètes descriptives sont
empruntées aux images visuelles bien plus qu'aux images
auditives; c'est ainsi qu'on parle d'une voix claire, d'une
voix blanche, d'un style musical coloré, etc. La littérature
musicale utilise beaucoup ces expressions d'ordre visuel,
et le critique serait dans le plus grand embarras, si on lui
interdisait, dans l'appréciation des œuvres musicales, les
comparaisons tirées du monde des couleurs.

CHAPITRE VII

LE LANGAGE MUSICAL DANS LES VÉSANIES.

Le langage musical dans les vésanies n'a inspiré que fort peu de travaux; et, à part les excellents articles d'ensemble de Legge et d'Ireland, les monographies des psychoses ne consacrent au langage musical que des aperçus bien rares et bien rapides.

Débilités mentales.

Les agénésies (débilité, imbécillité et idiotie) ont été mieux étudiées à cet égard. Dagonet, Moreau de Tours, Seguin, avaient été frappés des dispositions musicales que présentent certains idiots et certains imbéciles. Dagonet cite le cas d'une idiote, dont le vocabulaire était très restreint, qui n'avait commencé à parler qu'à l'âge de neuf ans, et qui pourtant répétait, à la première audition, des phrases musicales, à la vérité peu compliquées. Rappelons encore l'observation classique, rapportée par Moreau de Tours, d'un idiot profond qui manifesta un jour des dispositions remarquables pour le jeu du tambour. « Généralement, dit Seguin, l'idiot aime et saisit très bien les rythmes; je dirai plus, cette faculté que l'on nomme faculté musicale est le propre des idiots caractérisés. Je n'ai pas vu d'idiots, à moins qu'ils ne fussent frappés de non-motilité ou de paralysie, qui n'expriment le plus vif plaisir à

l'audition d'un morceau de musique. J'en ai vu un grand
nombre qui chantaient juste, tout en parlant mal ou à peine.
Ils sont plus sensibles aux rythmes énergiques, rapides ou
gais, qu'aux mesures lentes et graves; sans doute parce
que, plus les vibrations sont nombreuses, plus leur action
est matériellement énergique. Ils sont également plus sensibles à la musique instrumentale qu'à la voix humaine. »

Tous les auteurs, qui se sont occupés de la question, ont
vu que les idiots répondent surtout à deux modalités de la
musique, le rythme et le timbre. Les rythmes de marche
les intéressent au plus haut point : car ces idiots, suivant la
loi commune, font partie du groupe important des auditivo-moteurs : il suffit pour s'en convaincre d'observer
leurs réactions motrices au cours des auditions musicales.
L'idiot aime encore les tonalités éclatantes, les instruments
à forte intensité, comme il aime les couleurs vives et les
objets brillants; à cet égard, l'agénésique se rapproche
de l'enfant, de l'homme primitif, dont on connaît le goût
pour tout ce qui brille et tout ce qui sonne. L'affinité de
l'idiot pour des qualités aussi simples que le timbre et le
rythme, est facilement explicable : la compréhension d'un
rythme ou d'un timbre musical est, en effet, beaucoup plus
facile que celle de la plus simple des paroles.

Nous avons nous-mêmes étudié, à cet égard, les idiots et
les imbéciles de Bicêtre et la Salpêtrière. On sait quel
rôle important est réservé à la musique dans l'éducation
médico-pédagogique des arriérés; or, les surveillantes,
témoins attentifs des ébats de ces enfants, nous assuraient
que ce n'étaient pas les idiots les plus profonds qui goû-
taient le moins la musique. Voici du reste, à titre documentaire, quelques observations recueillies dans les services de M. Bourneville (Fondation Vallée) et de M. Riche
(Hospice de Bicêtre).

Louise-Henriette D..., quatorze ans (Fondation Vallée).

Diagnostic : idiotie congénitale; accidents épileptiques; gâtisme; colères.

Certificat de placement (Garnier) : débilité mentale; turbulence, perversion des instincts, impossibilité de fixer son attention, colères épileptiformes.

Cette petite malade aime la musique, elle fredonne des chansons toujours les mêmes (Il était une bergère...). Elle ne dépasse jamais la première strophe, mais la répète à satiété pendant des journées; elle ne chante que lorsqu'elle est gaie, et l'intonation de sa chanson est celle de la joie. La surveillante, Mme Rozier, nous disait que, pour la décider à se coucher, il faut s'approcher d'elle en fredonnant ses airs favoris : l'enfant sourit, fait des gambades, et se décide enfin à gravir l'escalier qui mène au dortoir.

Dans un coin du préau de la fondation Vallée, tandis que d'autres enfants dansent en chantant des airs de rondes, trois petites filles se tiennent à l'écart, et se balancent d'avant en arrière, suivant le rythme de la mélodie; elles fredonnent cet air tant bien que mal, sans pouvoir pourtant en articuler les paroles. Ce sont trois idiotes profondes.

La première, Georgette M..., âgée de huit ans, prononce à peine quelques mots simples, et c'est avec peine qu'on la décide à chanter spontanément le début de la *Matchiche* : les paroles sont mal articulées, la voix est blanche, maussade, n'exprime aucune gaîté.

Marguerite-Yvonne T..., seize ans.

Certificat : Idiotie avec perversions multiples, gâtisme, parole limitée à quelques mots. Mobilité extrême; vole, déchire et frappe.

Marguerite P..., douze ans.

Certificat : Idiotie profonde, gâtisme, impulsions. Turbulence, période d'excitation, stigmates de dégénérescence.

Ces deux malades ne chantent pas mieux que leur compagne, mais, lorsqu'elles chantent, leur mimique s'éveille et prend une expression malicieuse.

Chez une autre enfant, Régina F..., la conservation relative des facultés musicales contraste singulièrement avec le degré profond de l'idiotie.

Certificat : Idiotie profonde, onanisme; gâtisme, parole nulle.

Toute la journée, elle bat la mesure avec ses mains, et chante continuellement un air sans les paroles; la voix est juste et le rythme à peu près exact, mais les intonations et les cadences varient essentiellement suivant les dispositions du moment.

Une petite Mongolienne fredonne également une chanson sans paroles, mais sa voix est figée, monotone, quel que soit le caractère de la mélodie qu'elle chante.

Une arriérée intellectuelle, la petite P..., sept ans, perverse, masturbatrice, sachant tout au plus dire son nom et son âge, chante bien, retient les airs avec les paroles : la mimique est très expressive et le pied marque constamment la mesure.

Un jeune garçon de quatorze ans, grand débile, hydrocéphale, épileptique, irritable, gâteux, parlant à peine, chante d'une façon juste, et avec une certaine espièglerie, la complainte de Bicêtre. Un autre petit idiot profond, assis auprès de lui, se balance au rythme de la chanson et s'efforce de répéter l'air qu'il entend; les paroles n'existent pas, mais la mélodie était assez juste.

Un autre épileptique, gâteux, débile et menteur, chante avec assez de justesse, de vivacité et d'intelligence un répertoire de chansons assez varié.

Le petit Georges M..., dix ans, est un idiot profond, à parole nulle, à préhension défectueuse; il ne peut dire que le mot maman, et crie sans cesse.

Sa joie déborde lorsqu'il entend de la musique; il est constamment occupé à jouer de l'ocarina; on ne peut le voir sans son instrument à la bouche.

Rappelons encore l'observation du petit Édouard T..., onze ans : Idiotie avec gâtisme et épilepsie.

Son facies semble plus éveillé que celui de ses petits camarades; il sait lire les lettres et les chiffres, il parle un peu et comprend à peu près les ordres simples. Il chante juste, cadence bien les paroles, retient bien les airs, et c'est lui qui mène les chœurs de ses petits camarades.

Une dernière malade du service du Dr Voisin est un exemple des plus remarquables du développement du langage musical chez une agénésique.

La petite X..., quatorze ans, aveugle, grande débile intellectuelle, capable seulement de comprendre quelques ordres simples, possède en revanche les dispositions musicales des plus marquées.

Elle passerait des heures entières au piano; sa plus grande récompense consiste dans la permision de jouer du piano, comme sa plus grande punition est la suppression de cet exercice. Elle joue tout ce qu'elle entend, avec des accompagnements toujours justes et toujours répétés dans leur forme exacte. Nous avons joué devant elle la valse de *Roméo* : aussitôt elle l'a rejouée dans le même ton; de même une chanson populaire. Elle n'a pu répéter complètement, à la première audition, la première phrase du *Septuor* de Beethoven, mais, d'emblée, elle avait retenu la forme de l'accompagnement, la tonalité du morceau et quelques fragments du développement musical; après une seconde audition, elle rejoue le morceau d'une façon fort satisfaisante.

Son jeu n'est pas inintelligent, et sa lourdeur, sa monotonie relatives semblent dues surtout à la défectuosité de sa technique. Elle reconnaît les notes jouées au piano et ne se trompe que sur des accords compliqués et particulièrement dissonants. Elle connaît admirablement ses tons et transpose spontanément dans n'importe quelle tonalité.

Si on lui demande de jouer un air d'opéra, elle fait sur cet opéra une sorte de pot pourri, dont les transitions sont assez habilement ménagées. Nous l'avons priée de jouer un morceau gai et un morceau triste; mais la petite malade, malgré toutes les explications, n'a pu saisir le sens de ces mots.

Ces observations montrent que chez ces débiles, le langage musical offre parfois des ressources relativement supérieures à celles des autres facultés psychiques. Cependant, au point de vue de la perfection et de l'éducabilité, notre dernière observation nous semble démontrer que les dispositions natives de l'idiot ou de l'imbécile sont parfois susceptibles de se perfectionner par l'éducation.

Démences.

On entend, sous le nom général de démence, l'affaiblissement à tous ses degrés et l'anéantissement définitif de l'activité psychique.

Cette large compréhension du terme explique la grande variabilité des troubles, suivant le degré de la démence et surtout suivant l'éducation musicale antérieure du sujet.

Ainsi une démente, observée par Legge, autrefois bonne musicienne, n'écoute plus la musique et ne se met plus spontanément au piano. Assise devant l'instrument et invitée à déchiffrer, elle est capable de jouer encore assez correctement. Si l'on ouvre devant elle une partition à quatre mains, elle joue successivement la page d'accompagnement et la page de chant.

Nous avons nous-mêmes, dans le service de notre maître Séglas, observé un ancien violoncelliste de concert, atteint d'affaiblissement démentiel, lié à la présence d'une tumeur cérébrale. Ce sujet était remarquable par la forme stéréotypée et puérile de son langage musical. Il avait composé un pot-pourri formé de chansons populaires et d'airs d'opéras, dont il avait modifié ou plutôt parodié les paroles. Si les pensées s'enchaînaient mal dans le texte, les transitions musicales restaient encore passables. Il chantait à tout venant cette œuvre, dont il semblait très fier et qu'il débitait, le sourire aux lèvres, sur un ton de bonhomie comique. Voici le début de ce pot pourri :

> Allons, enfants de la patrie,
> . Le jour de boire est arrivé;
> C'est pour nous que les boudins grillent,
> C'est pour nous qu'on les a préparés.
> C'est la mère Michel, etc.

Dans cet ordre d'idées, Legge cite le cas de deux paralytiques généraux qui continuaient à composer; les phrases musicales étaient incohérentes, elles fourmillaient de fausses notes et d'erreurs d'harmonie; le chant, le jeu instrumental étaient des plus défectueux; les malades avaient perdu toute autocritique et ne s'apercevaient nullement de leurs fautes.

Voici les observations de deux musiciens professionnels, atteints, l'un de paralysie générale progressive, l'autre d'hémiplégie avec affaiblissement démentiel.

Le premier, étudié par l'un de nous, a fait l'objet d'une communication à la Société de Neurologie.

Le début de l'affection semble remonter à l'année 1901 : le sujet a présenté un ictus aphasique incomplet, qui dura vingt-quatre heures.

L'année suivante, en décembre, survient un ictus apoplectique ; le malade sort de son coma au bout de deux à trois jours ; les mouvements des membres, impossibles dans les jours qui suivent, reviennent peu à peu, au bout de treize mois ; il marche d'abord, avec des béquilles, puis avec deux cannes, et finalement, la démarche devient absolument libre.

L'impotence fonctionnelle résultait de troubles à la fois paralytiques et ataxiques, et surtout stasobasophobiques : l'impossibilité de la marche contrastait en effet avec l'intégrité relative des mouvements dans la position couchée.

Le malade ne conserva aucun trouble paralytique, à part une maladresse relative de la main droite, qui ne se manifeste guère que dans le jeu du piano. Pas de troubles de l'écriture. A la suite de cet ictus, qui s'était accompagné d'une aphasie transitoire, la parole aurait pris le caractère dysarthrique, qu'elle possède encore actuellement.

Depuis 1903, c'est-à-dire depuis la rétrocession complète des troubles locomoteurs, l'état du malade serait resté sensiblement stationnaire, jusqu'au mois d'octobre 1908, date de son entrée dans le service du Dr Mosny.

Il entrait à l'hôpital, disait-il, pour qu'on le débarrassât de sa dysarthrie ; et, en effet, il suffit de le faire parler, pour saisir chez lui les caractères classiques de la parole du paralytique général.

Les troubles somatiques, outre la dysarthrie, consistent en une inégalité pupillaire notable, avec réaction paresseuse des pupilles à la lumière et à l'accommodation.

Le signe de Romberg apparaît seulement après l'occlusion prolongée des paupières.

Les réflexes rotuliens, achilléens, olécraniens sont conservés ; pas de signe de Babinski ; la marche est normale, sans hésitations, pas d'atrophie musculaire notable.

La ponction lombaire n'a pu être faite en raison de l'indocilité du malade.

Les troubles psychiques nous arrêteront plus longtemps.

Le sujet se plaint lui-même d'avoir perdu la mémoire, et ce déficit est particulièrement sensible dans l'ordre musical.

Le souvenir des événements de sa vie passée semble assez bien conservé. Le malade raconte sa vie, avec assez de suite et de vraisemblance ; à part une confiance, un peu exagérée, dans son talent, qui déforme peut-être certains épisodes, la mémoire semble assez fidèle. En lui faisant raconter, à plusieurs jours de distance, les mêmes événements, les récits sont assez concordants.

Il est encore capable de calcul et effectue correctement des multiplications et des divisions, même assez compliquées.

Sa mémoire musicale offre des lacunes plus sensibles. Depuis plus de vingt ans, il est musicien d'orchestre, pouvant tenir indifféremment la partie de piano, d'orgue, de hautbois, et même de contrebasse. Il assistait aux répétitions des chanteurs, faisait travailler et accompagnait au piano les solistes, remplissait même à l'occasion les fonctions de chef des chœurs. Il connaissait donc parfaitement son répertoire; or, depuis quelques années, il a complètement oublié les paroles des opéras classiques.

Les morceaux dont il se souvient, et qu'il peut chanter spontanément, non sans quelques altérations, appartiennent aux partitions qu'il a le plus souvent jouées et accompagnées, aux œuvres musicales qui l'ont particulièrement frappé, par exemple *Lakmé, Faust, Sigurd, Tannhæuser.*

Mais le souvenir des autres partitions n'est pas complètement effacé; lorsqu'on joue devant lui quelques thèmes des opéras de Wagner, de Massenet, de Saint-Saëns, quelques phrases des cantates de Bach, des symphonies de Beethoven, la mémoire lui revient après les premières mesures; il se rappelle avoir entendu, et même exécuté ces œuvres, et se met à chantonner spontanément les quelques mesures qui suivent.

Le malade constate lui-même son amnésie, mais, comme un paralytique général, il ne s'en émeut nullement.

Les opérations psychiques sont ralenties : il comprend, mais avec une certaine lenteur, les questions qu'on lui pose.

Il répond assez bien, et, grâce à la conservation relative de sa mémoire, il peut faire illusion à son entourage. Mais, ses réactions psychiques sont puériles, il s'inquiète peu de son état; enjoué, même affable, sauf quelques rares mouvements de colère faciles à apaiser, il aime à ce que l'on s'occupe de lui; crédule, suggestible, content de lui, il se montre satisfait des compliments qu'on lui adresse. Il est particulièrement fier de quelques soit-disant poésies dont une citation permettra d'apprécier le caractère :

Hommage respectueux à M. Mesureur.

Monsieur Mesureur, vous êtes le grand bienfaiteur,
De ceux qui vous aime tant, vous vous donner de tout cœur.

Vous qui protéger tous les déshérités,
Et ceux qui souffrent et font tant pleurer.
Les vieillards, vous tendent une main secourable,
Aux sans asil's, vous donnez, un secours charitable;
Vous distribuez avec profusions,
Les aides et les bonnes consolations!
Des parents indignes, le petit être abandonné,
Dans sa détress' il voit en vous un père bien aimé.
  C'est l'orphelin, dans son deuil et sa douleur,
  Qui est consolé, par vous, cher protecteur.
Vous rendez le courage et un rayon de bonheur,
A ceux qui vont quitter la vie, vous en êt's le sauveur.
Ils trouvent en vous un cœur tendre et généreux,
Car ici bas, vous en faites des heureux.
Les malad's des hôpitaux, vous sont bien reconnaissant
Vous bénissent des bienfaits, que vous donner tendrement,
Nous sommes bien soigné pour nôtre santé
Par d'habill's médecins remplis de bonté;
Ils sont secondés par des aimables surveillantes
Et les bonnes infirmières sont bienveillantes, etc.

Les œuvres musicales méritent une étude plus complète.
Le malade aurait écrit autrefois, en 1885, une barcarolle et
une polka-marche; ces morceaux n'ont pas été édités et B...
les a reconstitués de mémoire. Cette reconstitution semble à
peu près exacte, au moins pour la barcarolle; car cette pièce
est nettement supérieure à celles qui ont été composées dans
la suite. Cette barcarolle était écrite pour hautbois solo; et,
comme notre musicien tenait cet emploi dans une musique
militaire, il est probable que de fréquentes exécutions ont
fixé définitivement cette œuvre dans sa mémoire. La polka-
marche est plus sujette à caution, surtout dans ses détails;
car si l'allure générale, quoique très médiocre, est très supérieure à celle de ses compositions actuelles, le texte renferme
des fautes assez grossières de style et d'harmonie. La barcarolle sera donc notre seul terme de comparaison entre le
passé et le présent.

Le sujet, composé en sol majeur, est d'un rythme pesant:
l'accompagnement consiste dans l'accord parfait, l'accord de
7e dominante et les renversements : après une marche ascendante, qui se termine sur la tonique, la phrase passe péniblement en si bémol majeur pour revenir à la tonalité primitive. La modulation en ré majeur, n'est pas plus heureuse,
de même que le retour au ton initial. L'inspiration est

pauvre, faite de lieux communs; les fins de phrases, d'une
uniformité et d'une monotonie désespérantes, se terminent
par une marche ou un arpège qui remonte à la tonique. Cette
dernière note est tenue par un point d'orgue et suivie d'un
silence prolongé.

Malgré ses faiblesses, l'œuvre est relativement correcte
dans sa mélodie et dans son accompagnement. Or, il n'en est
plus ainsi des morceaux que le malade a composés depuis
son séjour à l'hôpital.

Le menuet a été écrit en novembre 1908. La première phrase
est à peu près correcte, tandis que la seconde est absolument
incompréhensible dans sa ligne mélodique, sa coupe, sa
mesure et ses intervalles musicaux.

Une chanson, écrite en décembre 1908, est aussi confuse
et aussi incohérente dans son texte musical que dans son
texte poétique : c'est une véritable salade de notes. Si la
phrase mélodique est absolument inextricable, l'harmonie
est relativement mieux conservée : la basse renferme des
accords faux, mais en assez petit nombre; et les fautes harmoniques sont surtout caractérisées par la pauvreté et la
« platitude » des accords. Le malade, absolument inconscient
de sa déchéance, recopie et corrige ses brouillons, demande
sans cesse des conseils et prie le lecteur de bien vouloir lui
signaler les fautes qui auraient pu se glisser dans le texte
musical. Sans se lasser, sans se rebuter, il envoie ses chansons aux journaux musicaux; et, dans les fins de non recevoir, il ne voit que les compliments polis dont les éditeurs
accompagnent leurs refus.

Voici, à titre de comparaison, l'observation d'un dément
organique, musicien professionnel, qui a été présenté par
le Dr René Charpentier et l'un de nous à la Société de
Psychiatrie.

Le malade P..., chef d'orchestre, aujourd'hui âgé de cinquante et un ans, a été interné à l'Asile clinique, pour la première fois, le 19 février 1908.

Dans ses antécédents héréditaires, nous ne relevons qu'une
sœur de quarante-cinq ans, alcoolique chronique et démente.

A quinze ans, chancre syphilitique, soigné pendant trois
mois; à trente-cinq ans, érysipèle de la face, et à quarante-
cinq ans, congestion pulmonaire. Grand buveur, le malade
consomme toute sa vie, de l'alcool sous toutes ses formes, et

en abondance. D'abord musicien d'orchestre dans les casinos de province, il fut ensuite chef d'orchestre dans un music-hall de Paris et s'alcoolisa de plus en plus.

Marié à quarante-quatre ans, il eut trois enfants, dont deux sont actuellement vivants. Le second est mort à neuf mois, de convulsions. Une quatrième grossesse se termina par un avortement.

C'est en juillet 1906, à Londres, qu'il présenta, pour la première fois, un ictus épileptiforme avec perte incomplète de connaissance et convulsions généralisées. En mars 1907, un nouvel ictus épileptiforme, qui survint la nuit, s'accompagna de perte complète de connaissance, de convulsions toniques et cloniques généralisées et de morsure de la langue. Depuis l'été de 1907, sa femme remarqua que le malade perdait la mémoire, ne se rappelait pas les gens qu'il rencontrait. Son caractère changeait; il devenait jaloux, irritable, coléreux et manifestait même de vagues idées de persécution. Cependant, aucune faute professionnelle; le malade continua à diriger son orchestre.

Le 15 janvier 1908, un ictus apoplectiforme lui laissa une hémiplégie gauche et fut bientôt suivi d'une aggravation notable des troubles mentaux, qui fit interner P... Conduit à l'Infirmerie spéciale de la Préfecture de Police, il fut examiné par le Dr Dupré, qui l'envoya à l'Asile clinique avec le certificat suivant :

« Alcoolisme chronique. Syphilis ancienne. Hémiplégie gauche organique. Affaiblissement psychique.

« Troubles du caractère, devenu irritable et coléreux. Nécessité d'une surveillance continuelle. Indifférence, apathie, etc. Accès épileptiques antérieurs, de nature toxique, survenus dans des périodes d'alcoolisme subaigu. Pituites matinales. Tremblement des mains. Réflexes tendineux exaltés. Pupilles normales. »

Le malade, à ce moment confus et désorienté, s'améliora bientôt, au point de vue des accidents subaigus. Deux jours après, la confusion avait à peu près complètement disparu et le malade apparaissait comme un affaibli intellectuel, conscient de sa diminution psychique.

L'hémiplégie gauche, flasque, persista, prédominant au membre supérieur, et s'accompagnant d'une légère parésie faciale droite avec déviation de la langue à droite. Les réflexes tendineux étaient forts, surtout à gauche; il existait de l'hyperesthésie généralisée qui rendait impossible la recherche du signe de Babinski. La ponction lombaire montra une lymphocytose discrète du liquide céphalo-rachidien (cinq à six éléments par champ). Subictère des conjonctives, tremblement des mains, crampes, fourmillements.

L'état mental du malade s'améliora peu à peu. La confusion disparut, l'irritabilité s'atténua et, en dépit de l'affaiblissement intellectuel, la femme demanda et obtint la sortie du malade le 4 avril 1908.

P... vécut ensuite au dehors, soigné par sa femme et sans pouvoir reprendre aucune occupation. Les progrès de l'affaiblissement intellectuel nécessitèrent de nouveau l'internement du malade, le 30 décembre 1908.

A son entrée, P... se présente avec une hémiplégie gauche avec contracture.

L'affaiblissement intellectuel a progressé. Les renseignements donnés par le malade sont vagues et erronés. Il est désorienté dans le temps et dans l'espace, se trompe sur le nombre des ictus et des internements antérieurs. Indifférent, apathique, il est incapable d'activité. Cependant, il fait assez bien des opérations de calcul mental élémentaire. Possédant une certaine conscience de son état morbide et de sa déchéance intellectuelle, il dit qu'il est un « fou d'hier » et peut-être un « fou de demain ». Son caractère est irritable. Habituellement satisfait et euphorique, il présente, par instants, de l'émotivité morbide, de la sensiblerie. Pas de troubles psycho-sensoriels, pas d'idées délirantes, pas de phénomènes d'excitation ou de dépression.

P... se présente donc comme un dément organique, par lésions artérielles circonscrites, dont la pathogénie peut être attribuée à la syphilis et à l'alcoolisme chronique.

Il était intéressant d'examiner, au point de vue musical, cet ancien chef d'orchestre, jadis musicien assez instruit, et de chercher, tant au point de vue de la composition que de l'exécution musicales, les effets de cet affaiblissement intellectuel avec conservation partielle de la conscience et de la critique. Le cas est particulièrement favorable à cette étude, car il nous a été possible de lire les différentes œuvres musicales que le malade a composées.

L'examen du langage musical de P..., pratiqué à plusieurs reprises, et à plusieurs jours d'intervalle, a montré une amnésie presque totale des morceaux entendus ou joués autrefois par lui. Dans le répertoire classique, le répertoire de concert, le répertoire d'opéra ou même d'opérette, notre musicien n'a reconnu que quelques morceaux, tirés des opéras italiens qu'il avait autrefois souvent accompagnés.

Lorsque P... reconnaissait le morceau joué devant lui, il fredonnait les mesures suivantes; mais, la mémoire faisant rapidement défaut, ce chant spontané dépassait à peine deux ou trois mesures.

On constate d'autres troubles que l'amnésie précise du morceau joué devant lui. Un musicien de carrière, comme P..., sans reconnaître le morceau, pourrait encore déterminer la manière, le style de tel ou tel maître; or il n'en était rien, et notre musicien attribuait facilement à l'école italienne ou romantique des fragments typiques des maîtres allemands de l'époque classique. Lorsque nous rectifiions l'erreur, lorsque nous lui disions le titre du morceau, P... se souvenait fort bien de l'avoir joué un grand nombre de fois dans sa carrière musicale et se lamentait des lacunes de sa mémoire.

Toutefois P... fait encore preuve d'un certain goût musical; il écoute avec plaisir, se prête de bonne grâce à l'interrogatoire musical et apprécie assez bien la valeur des morceaux.

Notre examen a dû être pratiqué, par petites séances, avec des temps d'arrêt fréquents, car l'attention de notre musicien se fatigue rapidement.

Si notre étude s'adresse, à présent, aux éléments mêmes du langage musical, si on le prie de nommer, le dos tourné, une note, un accord joué sur le piano, P... se trompe assez souvent.

L'étude du jeu instrumental est rendue impossible par l'hémiplégie.

La lecture musicale est pénible, et le malade commet des fautes assez fréquentes.

En revanche, la science harmonique est bien conservée, le malade connaît bien ses tons, il connaît les lois de l'accompagnement, et se souvient encore relativement bien des successions et des intervalles autorisés par les techniciens de l'harmonie.

La composition offre, chez lui, un intérêt tout particulier.

Les airs composés par P..., antérieurement à ses troubles psychiques, consistent en chansons, airs à danser, d'allure plutôt banale, mais corrects dans leur développement et dans leur écriture. Le sujet est exposé clairement, il revient à sa place, les motifs se répondent et se suivent avec logique : de sorte que la lecture de ces morceaux est facile et que rien ne choque à l'audition. Quelques-uns d'entre eux sont orchestrés : dans les parties d'orchestre nous ne relevons aucune erreur grave.

Dans une partition, consacrée à la musique de scène d'une

pantomime dramatique, l'œuvre s'adapte au livret; elle est correcte, traduit, au moment voulu, la crainte ou l'espoir, la joie ou la douleur, le mouvement ou le repos; mais, dans son ensemble, elle représente un véritable tissu de lieux communs.

En un mot, toute l'œuvre est banale mais correcte, et P... semble reconnaître et excuser à la fois le caractère modeste de ses compositions, en disant qu'il écrivait pour la vente.

Actuellement, ses facultés de composition sont presque complètement annihilées. Nous l'avons prié de développer et de fuguer un thème de Bach, lui laissant le soin de trouver le contre-sujet. Le malade n'a fait que répéter, fragments par fragments, le texte proposé; son accompagnement placé à la main droite se réduisait au trémolo de l'accord parfait ou de ses renversements.

La dictée du thème avait déjà été très laborieuse; il avait fallu aussitôt rectifier des erreurs et rejouer plusieurs fois, devant P..., la phrase qui devait servir de sujet au contre-point.

Plus tard, nous avons prié P... d'écrire quelques phrases de marche; la mélodie était heurtée, et P... n'a pu en compléter l'accompagnement.

Cet examen, on le voit, révèle, chez P..., un déficit énorme du langage musical, dans tous ses modes, avec conservation des connaissances harmoniques. P... est, du reste, conscient de sa déchéance et, par l'intégrité relative de l'autocritique, il se distingue du paralytique général précédent.

Un point commun est à relever chez ces deux musiciens : c'est la conservation relative de la science harmonique. Le paralytique général, surtout dans ses dernières compositions, nous offre un contraste frappant entre la pauvreté et l'incorrection de la mélodie, véritable salade de notes, et la correction relative des accompagnements, dont les fautes se bornent, presque exclusivement, à des platitudes harmoniques. Il semble que, dans le domaine du langage musical, on puisse, chez des musiciens de carrière, comparer la conservation relative des formules de l'harmonie à la persistance des clichés du langage courant; la pratique de l'harmonie, devenue chez eux automatique, ne disparaît qu'après les facultés d'improvisation et de mémoire proprement dites.

États d'excitation.

Pendant les périodes d'excitation, les idiots, les débiles, les paralytiques généraux, les déments, les aliénés atteints de psychoses périodiques, les délirants polymorphes manifestent, au cours de leur agitation, des tendances au chant et à la mélodie. Les airs sont souvent incohérents, les malades passent de l'un à l'autre sans souci du ton ni du rythme; certains aliénés reprennent à l'envi la même phrase, le même air avec des intonations de plus en plus éclatantes; le chant alterne avec le cri, dont il est parfois difficile de le distinguer.

Un paralytique général, observé par nous dans le service du Dr Séglas, chantait dans ses crises d'excitation la romance de *Mignon* : « Elle ne savait pas, etc. » Le début était dit avec une amabilité et une grâce affectées; arrivé au refrain (Pour rendre à la fleur épuisée), le malade enflait la voix, en se frappant la poitrine avec désespoir.

Voici d'autres observations :

R..., vingt-six ans, institutrice, est atteinte, d'après le certificat du Dr Deny, de dégénérescence mentale, avec hallucinations de l'ouïe, confusion dans les idées, lacunes de la mémoire, idées vagues de grandeur et de persécution, préoccupations hypocondriaques.

Pendant ses périodes d'excitation, la malade chante à haute voix, avec force gesticulations, les chansons des rues ; en notre présence elle a, dans une dispute avec sa voisine, composé un récitatif qu'elle a débité avec des intonations théâtrales.

D...Certificat : Débilité mentale avec idées vagues de persécution et de grandeur, alternatives d'excitation et de dépression. Refus de nourriture.

Pendant ses périodes d'excitation, la malade va s'asseoir

toujours sur le même banc et chante des romances toujours
les mêmes dans la même journée. Elle accompagne ses chansons de nombreuses gesticulations. La surveillante prétend
qu'elle a ainsi des alternatives de chant et de cris; les jours
où elle ne chante pas, elle crie.

E..., trente-trois ans, chanteur de cafés-concerts. Certificat : Dégénérescence mentale avec excitation, extravagances
(a mis le feu à ses rideaux, voies de fait envers sa mère).
(Garnier.)

Ce malade a des alternatives d'excitation et de dépression;
pendant ses périodes d'excitation, il chante à tue-tête d'une
voix sonore et éclatante.

Nous croyons inutile de multiplier les exemples. Dans
tous ces cas, le chant, équivalent du cri et de la logorrhée,
représente une réaction motrice qui traduit l'excitation des
malades, selon une formule en rapport avec leur culture
et leur mémoire musicales.

Manie aiguë. — La manie aiguë est très voisine de ces
crises d'excitation et le chant revêt alors les mêmes caractères. Legge, qui avait essayé l'effet de la musique sur ces
sujets, est arrivé à captiver leur attention, mais seulement
pour quelques instants.

Dans la manie subaiguë, le chant est plus rare et varie
beaucoup suivant les sujets : car le malade chante pour des
motifs divers. Ainsi deux malades, étudiés par Legge, chantaient pendant qu'on leur passait la sonde gastrique. Le
premier, disait-il, voulait imiter les apôtres qui chantaient
en marchant au supplice; le second chantait, pour se moquer
du médecin qui le traitait.

Nous rappelons ici ce que nous avons dit de la logorrhée
des maniaques, dans ses rapports avec les glossolalies, les
chants rythmés, les assonances et les rimes. Nous avons
maintes fois observé des exemples de ces *manies poétiques*,
où l'exaltation psychique et verbale du malade se traduit
par des manifestations, orales et écrites, souvent chantées,

dont la structure prosodique, le débit théâtral et l'intonation déclamatoire constituent de curieux spécimens de la
pathologie du langage.

D'autres fois, la musique peut devenir l'objet de certains
actes stéréotypés, de certains accès comparables aux équivalents épileptiques. Tel un ancien maître d'école, orga-
niste de village, qui, pendant ses accès, restait 5 à 6 heures
de suite au piano. Les accès se déroulaient toujours de la
même façon. Le malade commençait par frapper l'octave
de si bémol, qu'il répétait pendant un quart d'heure en
crescendo, decrescendo, triolets, etc.; son visage exprimait
alors une joie débordante; puis c'était l'accord parfait d'ut
ou l'accord ut ré fa sol. L'octave du la grave lui succédait,
frappée par la main gauche, tandis que la main droite
esquissait un rythme de contredanse en ut majeur. Après
un quart d'heure de cet exercice, il attaquait l'hymne
Jésus, que ton nom est doux! Il en rejouait pendant un
quart d'heure la première phrase, puis terminait par la
Hillsmarsch.

Manie chronique. — Nous n'avons pas personnellement
observé de manifestations musicales chez des maniaques
chroniques; les seuls documents que nous ayons pu
recueillir sont ceux de Legge. Cet auteur a rencontré,
parmi ces malades, de bons musiciens qui n'ont rien perdu
de leur technique, mais dont le jeu manque d'expres
sion; dont le rythme, la cadence ne se règlent plus sur le
morceau qu'ils exécutent, mais sur leurs dispositions du
moment. Ils rappellent, comme le dit si justement Legge,
ces aliénés poètes ou dessinateurs qui, dans leur art,
s'affranchissent complètement des lois de la métrique ou
de la perspective.

États de dépression. — **Mélancolie.** — La mélancolie
est un syndrome psychopathique caractérisé par de la
dépression, avec sentiment d'impuissance morale et de
tristesse.

Suivant la forme clinique de l'affection, suivant la culture du sujet, il est facile de comprendre la diversité du syndrome musical chez les différents mélancoliques.

Dans la mélancolie avec stupeur, l'immobilité est complète, le mutisme absolu; il ne peut être question de langage musical.

La mélancolie simple au contraire, ou mélancolie avec conscience, oriente les tempéraments musicaux vers les manifestations les plus diverses; la musique, en effet, peut être l'aliment des obsessions-impulsions dont certains mélancoliques peuvent souffrir au cours de leurs accès. Plus souvent la musique devient l'interprète, le langage de choix, par lequel ces malades expriment leur souffrance psychique. Les obsessions-impulsions musicales des mélancoliques simples ont fait l'objet d'un remarquable travail de Löwenfeld.

L'année passée, dit-il, une jeune femme de trente ans, mariée à un industriel et mère de quatre enfants, vint me consulter.

Son hérédité paternelle est des plus lourdes et elle-même a traversé, à plusieurs reprises, des crises de mélancolie toujours post-puerpérales; il s'agissait de mélancolie simple, mélancolie sans délire.

La malade était anxieuse, avait des idées de suicide et présentait cette sorte d'anesthésie psychique propre aux mélancoliques. Dans toutes ses crises, elle était affligée d'obsessions musicales qui lui étaient particulièrement pénibles; les airs qui l'obsédaient étaient des airs gais et même souvent des refrains triviaux. Ces obsessions diminuaient pendant les accalmies de l'accès, pour réapparaître plus fortes au moment de leurs exacerbations. Leur thème variait suivant les morceaux que la malade avait entendu jouer, suivant aussi le caprice de ses souvenirs. Ces morceaux étaient le plus souvent d'exécution facile; mais parfois il s'agissait d'œuvres compliquées, nécessitant de la part de la malade des efforts de technique qui l'exaspéraient. Ces mélodies s'imposaient à son esprit; les processus généraux de l'association des idées n'étaient pour rien dans la genèse de l'obsession; la volonté ne pouvait la faire disparaître et le thème semblait comme imposé par une volonté étrangère.

L'auteur rapproche de ce cas plusieurs observations, auxquelles il ne consacre que de simples allusions : telle une malade, qui était obsédée par les leit-motives de Wagner; tels encore ces autres sujets, dont il a été question à propos des obsessions-impulsions.

Ces obsessions se rencontrent surtout chez des musiciens fatigués par des excès de travail; mais cet excès lui-même ne peut produire ces obsessions que chez des sujets prédisposés. La fatigue n'est pas nécessaire à la genèse de cette obsession, que l'on peut voir naître spontanément chez des psychopathes comme la malade de Löwenfeld. Le plus grand hasard préside à la matière de ces obsessions, dont le contenu est parfois formé, suivant une loi de contraste bien connue, par des airs grivois, des chansons des rues, insupportables à des musiciens cultivés.

Les obsessions musicales obéissent aux lois générales des obsessions-impulsions, que nous avons déjà indiquées antérieurement.

Délires. — Si les délires systématisés prêtent peu aux manifestations musicales, certains délires toxiques (haschisch et opium) donnent lieu à des hallucinations et à des illusions d'ordre mélodique. Rappelons à cet égard les pages que Moreau de Tours consacre aux illusions provoquées par le haschisch. L'éréthisme sensorio-psychique déforme les perceptions auditives, transforme les bruits, les sons les plus insignifiants, en musique délicieuse, inouïe, telle qu'aucun profane n'a pu en percevoir. Cet auteur, en observant les mangeurs de haschisch, a été « témoin de leurs crises de joie, de leurs chants et aussi de leurs larmes et de leurs lamentations, de leur profond abattement ou de leur folle gaîté, suivant le mode harmonique dont on faisait usage ». Ces impressions de l'ivresse par le chanvre indien ont été décrites d'une façon saisissante dans les pages célèbres de Théophile Gautier.

Les hallucinations auditives de l'opium sont également

bien connues; nous avons pu observer, dans le service du professeur Dieulafoy, un sujet intoxiqué par l'alcool et l'opium, qui faisait nettement le départ entre les hallucinations à prédominance visuelle de l'éthylisme et les délicieuses mélopées, les ineffables symphonies qui suivaient l'absorption des fumées d'opium.

Il est indispensable ici d'établir, à propos des malades que nous citons, une distinction, dans les troubles psychosensoriels auxquels nous faisons allusion, entre l'hallucination véritable et la représentation mentale vive, dépourvue de croyance à la réalité objective de l'image perçue. Le plus souvent, et notamment dans le dernier cas cité, il s'agit non pas d'hallucinations vraies, mais seulement de représentations mentales, d'ordre auditif, particulièrement vives.

Cette revue générale du langage musical dans les psychoses nous autorise à poser les conclusions suivantes.

Dans les débilités mentales, il est fréquent d'observer un grand contraste entre le développement des aptitudes musicales et la faiblesse de l'intelligence.

Dans les démences, chez les sujets musiciens, les aptitudes musicales subissent une décadence parallèle à celle de l'intelligence tout entière; toutefois cette désintégration semble plus lente et plus incomplète pour le langage musical que pour les autres manifestations psychiques. Au contraire, les troubles de l'émotivité et particulièrement les états d'excitation ou de dépression, exercent chez des déséquilibrés une influence marquée sur l'activité et sur l'orientation du psychisme musical. Cette influence est particulièrement nette chez certains grands compositeurs.

CHAPITRE VIII

DES PSYCHOSES CHEZ LES MUSICIENS.

Dans son livre sur l'*Homme de Génie*, Lombroso s'exprime en ces termes : « Que peut-il y avoir de plus naturel que, dans les conditions où les émotions sont plus énergiques et si souvent atavistiques, comme dans la folie, ces tendances se reproduisent dans une plus large mesure? On s'explique ainsi pourquoi, parmi les génies aliénés, les musiciens abondent : Mozart, Lattre, Schumann, Beethoven, Donizetti, Pergolèse, Fénicia, Ricci, Rocchi, Rousseau, Hændel, Dussek, Hoffmann, Gluck, Petrella. »

La revue des psychoses chez les musiciens doit être une étude avant tout documentaire et critique. Or bien souvent le diagnostic d'aliénation mentale a été posé sans arguments suffisants. Ainsi Pergolèse, traité d'aliéné par Lombroso, est mort, à l'âge de vingt-six ans, de tuberculose pulmonaire, sans avoir présenté le moindre trouble psychique. Dussek était un grand obèse, qui recourait parfois aux toniques pour résister au sommeil, mais rien n'autorise chez lui le diagnostic de vésanie.

HÆNDEL.

Hændel (1685-1759) a été considéré par Lombroso comme un dément alcoolique et épileptique, et Fétis s'exprime

sur son compte dans les termes suivants : « Deux grands
défauts ternissaient l'éclat qui rejaillissait sur lui des productions de son génie. Le premier était une violence de
caractère qui ne connaissait point de bornes; le second
était une intempérance qui le faisait s'abandonner aux
excès les plus condamnables. Dans les emportements de
sa colère, il était capable de se porter aux dernières extrémités. C'est ainsi que dans un mouvement de fureur contre
la cantatrice Cuzzoni, qui refusait de chanter l'air « Falsa
imagine » de son opéra d'*Othon*, Hændel la prit dans ses
bras et la menaça de la jeter par la fenêtre. » Il est difficile d'établir l'authenticité de cet épisode; cependant il ne
faut pas oublier ce qu'étaient les acteurs de cette époque
et le mépris qui s'attachait à leur personne; une violence
sur un acteur était peccadille sans conséquence. De plus
Hændel vécut très longtemps à la Cour de son protecteur,
le Prince de Burlington, ce qui tend à faire supposer que
notre musicien était capable de se dominer et de se conduire en habile et galant homme.

Au demeurant, suivant la remarque de Regnard, la vie
de Hændel fut des plus régulières et aucun biographe n'y
retrouve d'extravagances ni d'anomalies. La richesse de
son inspiration, la pureté et la correction de son style, la
fécondité de sa production musicale (plus de cent opéras ou
oratorios) autorisent à éliminer l'hypothèse de l'influence,
sur une telle œuvre, de la folie ou de l'alcoolisme.

En 1737, à l'âge de cinquante-deux ans, il fut pris
d'une attaque d'hémiplégie qui ne compromit en rien ses
facultés mentales, puisque beaucoup de ses opéras les plus
célèbres (*le Messie, Saül, Judas Macchabée, Acis et Galathée*)
sont postérieurs à cette date. De même la cataracte qui le
rendit complètement aveugle à l'âge de soixante-six ans
(1751) ne provoqua chez lui aucun trouble psychique. Il
s'éteignit en 1759, à l'âge de soixante-quatorze ans.

En résumé, nous ne trouvons dans les biographies de

Hændel aucun symptôme d'épilepsie, de folie ni d'alcoolisme. Il est possible que l'artiste ait été intempérant, mais nous n'en avons aucune preuve et on peut affirmer au contraire que l'alcoolisme chronique n'existait pas chez un homme qui donna, jusqu'à un âge aussi avancé, et même après une hémiplégie, qui l'atteignit à cinquante-deux ans, de telles marques d'activité artistique et de fécondité géniale. La seule conclusion qu'on soit autorisé à tirer de certains détails de sa biographie, c'est que l'artiste avait probablement mauvais caractère et qu'il était sujet aux accès de colère.

GLUCK.

Gluck (1714-1787), que Lombroso range encore parmi les aliénés, n'a jamais en rien justifié cette assertion. Il était orgueilleux, avide d'argent, se livrait volontiers à des trafics peu scrupuleux ; mais nous avons vainement cherché dans sa vie et dans son œuvre le moindre fait qui pût justifier les affirmations de Lombroso. « En dehors du vin, dit cet auteur, Gluck aimait aussi l'eau-de-vie, et un jour il en but tant qu'il en mourut. »

En remontant aux sources, voici ce que l'on apprend. Gluck avait présenté déjà à deux reprises, en 1779 et en 1784, un ictus suivi d'hémiplégie gauche. « Trois ans après, dit Regnard, le 15 novembre 1787, comme il hébergeait deux amis venus de Paris, on servait après le déjeuner le café et les liqueurs. Mme Gluck s'étant absentée un moment, les convives le pressèrent de prendre un petit verre de liqueur. Gluck, auquel on avait défendu l'usage de l'alcool, finit par en avaler un, en priant ses hôtes de n'en rien dire à sa femme. Environ une demi-heure après, une troisième attaque d'apoplexie se déclara et détermina la mort. » Voilà à quoi se borne l'alcoolisme de Gluck.

MOZART.

Mozart (1756-1791) a présenté, dans les derniers temps
de sa vie, un état mental pénible avec représentation
psychique obsédante et excitation automatique, le poussant
comme malgré lui à la composition de son hymne funèbre.
De plus, presque à l'agonie, il manifesta quelques craintes
d'empoisonnement. A part ces phénomènes tardifs, Mozart
n'a jamais manifesté aucun symptôme d'aberration mentale
saisissable. Jamais il n'a souffert d'aucune affection psychique, malgré les circonstances particulièrement pénibles
de sa vie, qui n'auraient pas manqué, chez un sujet prédisposé, de provoquer l'éclosion de troubles mentaux.

BEETHOVEN.

Beethoven (1770-1827) a été considéré comme un aliéné
par Lombroso, comme un demi-fou par Grasset. Ces opinions se fondent sur les excentricités apparentes de la vie
de Beethoven; mais, pour les apprécier à leur juste valeur,
il faut les rapprocher des autres traits du caractère et des
circonstances si variées de sa vie. Après les travaux de
Romain Rolland, de Chantavoine, les articles de Klotz-
Forest, la thèse de Vielle, nous nous abstiendrons de
retracer la biographie si connue de Beethoven et nous
donnerons ici les conclusions de la thèse de Vielle.

1° Beethoven semble avoir été un artérioscléreux précoce; à l'âge de vingt-six ans, il eut une otite scléro-
fibreuse bilatérale, qui aboutit à une surdité complète à
l'âge de quarante-trois ans.

A partir de trente et un ans, l'artériosclérose se manifesta par une cardiopathie, qui amena, dans la suite, des
troubles pulmonaires et hépatiques, et enfin une ascite
rebelle à tout traitement.

2° Cette surdité eut une fâcheuse influence sur le
caractère de Beethoven, qui devint irritable, soupçonneux

et eut même l'apparence d'un misanthrope; tandis qu'au fond il resta toujours le même être plein de bonté, ne désirant qu'une chose, le bonheur de ses semblables.

3° La surdité retentit également sur son œuvre. Par les sentiments qu'elle fit naître dans l'âme de Beethoven, elle fut la source des œuvres sublimes de la deuxième période. Elle est en même temps l'explication des erreurs commises par Beethoven dans ses dernières compositions. Celles-ci, en effet, étant écrites dans un style nouveau et n'ayant pu être contrôlées par l'ouïe, renferment des étrangetés tellement choquantes, qu'on ne peut se les expliquer que par la surdité de l'auteur.

4° Rien dans l'intelligence et dans l'œuvre de Beethoven ne porte l'empreinte d'une psychose dégénérative.

Sans doute, Beethoven a pu choquer son entourage par le caractère excentrique, souvent fruste et parfois hautain de ses manières et de ses propos; mais ces travers s'expliquent par les lacunes de son éducation et par l'originalité de son tempérament. Ce déséquilibre apparent, ces excentricités de la vie journalière, ces attitudes de fierté, d'isolement, s'expliquent encore par cette concentration en lui-même, qui lui faisait négliger tout ce qui lui semblait futile, et la vie toute intérieure que lui imposait sa surdité.

Au contraire, il était très sensible à tout ce qui était grand et généreux, comme le prouvent son enthousiasme pour les idées de la Révolution française, sa passion pour les chefs-d'œuvre de la littérature contemporaine, et enfin son intimité avec Gœthe et Schiller, auxquels il reprocha souvent de ne pas partager son mépris des bienséances.

Ainsi s'expliquent les contrastes si frappants, dans la vie et dans l'esprit de Beethoven, entre la délicatesse de ses sentiments et la grossièreté de ses manières et de ses propos. Cette surdité le rendait triste et défiant; elle exagérait la violence de son caractère, mais il suffit de lire son testament

d'Heiligenstadt, pour être fixé sur son amour de l'humanité :
« O hommes qui me jugez ou me déclarez revêche ou
misanthrope, combien vous me faites tort ! Vous ne savez
pas la cause secrète de ce qui vous paraît ainsi ; mon cœur
et mon esprit furent dès l'enfance portés au tendre sentiment de la bienveillance, et même j'ai toujours été disposé
à accomplir de grandes actions ; mais pensez seulement
que, depuis six ans, un état incurable m'a frappé. . . . .

. . . .
Mon malheur m'est doublement pénible, car il faut que je
sois méconnu de l'humanité.

« ... Si le professeur Schmidt vit encore, priez-le, en
mon nom, de décrire ma maladie et joignez le papier écrit
que voici, à cette histoire de ma maladie, afin que le
monde, après ma mort, se réconcilie avec moi. »

Il semble donc qu'il soit impossible de relever dans cette
biographie le moindre symptôme d'aliénation mentale. Car
on ne peut qualifier de folie, ni même de « demi-folie », les
originalités, les bizarreries et les variations d'humeur d'un
homme, qui eut au cours de son existence, et particulièrement à la fin de sa vie, des émotions si pénibles et des
causes si puissantes de dépression morale.

ROSSINI.

Nous lisons dans l'ouvrage de Grasset sur les demi-fous
les lignes suivantes :

« Rossini (1792-1868) fut atteint de troubles neurasthéniques graves, à partir de sa cinquante-cinquième année...
Déjà en 1850 (il avait alors cinquante-huit ans) il présenta
des troubles physiques et cérébraux qui s'aggravèrent jusqu'en 1852. Son caractère était triste ; souvent il était pris
de crises de pleurs, d'accès de désespoir, d'impulsions au
suicide ;... il se plaignait surtout d'une sensation intolérable
de froid aux mains et de privation de sommeil. Je ressens

tous les maux d'une femme, disait-il en 1854, il ne me manque que l'utérus... En dix-neuf ans, Rossini avait écrit 32 opéras. Il cessa brusquement d'écrire vers l'âge de trente-huit ans, après avoir donné *Guillaume Tell*. »

Un tel jugement s'appuie donc sur deux ordres de faits : la retraite prématurée de Rossini et la crise de dépression, que l'artiste aurait traversée vers l'âge de cinquante-cinq ans.

La retraite de Rossini s'explique, comme l'a montré L. Dauriac, comme l'ont confirmé Malherbe et Poirée, par le retrait de la pension qui lui avait été accordée par un ministère précédent. Rossini, vivement affecté de cette mesure, passa plus de six années à écrire requête sur requête, à s'adresser à toutes les juridictions, pour obtenir le renouvellement de sa pension. Lorsque, six ans après, il eut obtenu gain de cause, il s'aperçut que le goût du public avait changé et préféra se retirer sur le succès de *Guillaume Tell*.

La crise dépressive que Rossini présenta vers l'âge de cinquante-cinq ans, fut tout à fait éphémère. En résumé, rien ne permet chez lui de reconnaître l'existence d'une affection mentale.

SCHUBERT.

Schubert (1797-1828). Aucune hérédité morbide connue chez lui; sa mère, Silésienne, paraît avoir eu un caractère triste et rêveur : son père, au contraire, était un Viennois aimable, vif, un peu superficiel. Les dispositions musicales étaient héréditaires dans cette famille; son père et ses deux frères, qui furent ses premiers maîtres, s'étonnèrent de la précocité de ses aptitudes. A treize ans, il écrivit déjà une mélodie parfaite, *la Plainte d'Agar*; et, lorsqu'il la présenta au compositeur Salieri, celui-ci s'écria : « Que puis-je lui apprendre, Dieu lui a tout appris! »

Le trait caractéristique du génie de Schubert semble

avoir été dans la richesse, la spontanéité et l'originalité
d'une inspiration, dont les sources jaillissaient de toutes les
émotions de sa vie journalière. « *Erlkönig*, dit Mme Gallet,
a jailli spontanément de la lecture de Gœthe. Un ami
montre à Schubert la poésie du *Roi des Aulnes*; Schubert
la lit trois fois, écrit immédiatement, sans rature, ce poème
symphonique qu'il apporte, le soir même, au Stadtconvict,
où la mélodie soulève l'enthousiasme de l'auditoire entier. »

Une lettre de Spann nous montre Schubert dans le feu
de son inspiration :

« Les intimes de Schubert savaient combien ses créations l'émouvaient et dans quelles souffrances elles étaient
créées. Qui le surprenait le matin pendant qu'il composait,
avec ses yeux hagards et brillants, sa voix changée, semblable à un somnambule, ne pouvait jamais oublier cette
impression. »

Schubert travaillait ainsi le matin, pendant deux heures;
ses après-midi se passaient en promenades avec ses amis
dans les campagnes des environs, où, plein d'entrain, il
accompagnait les danses de ses camarades par des improvisations charmantes, dont on retrouve la trace dans les
Ländler.

L'année 1824 marque chez Schubert un changement
complet. Ses amis (Spann, Wegeler) le trouvent triste,
taciturne, et son journal est plein de pensées comme
celle-ci : « La douleur aiguise l'intelligence et raffermit le
cœur. » Sa santé le préoccupe au plus haut point; car, dès
cette époque, il ressent les premiers symptômes de la tuberculose : comme le prouve cette lettre écrite vers le mois de
mars de l'année 1824 : « Sache, dit-il, que je suis le plus
malheureux, le plus infortuné du monde. Figure-toi un
homme dont la santé ne se refera jamais; dont les plus
brillantes espérances sont tournées à rien, à qui l'amour et
l'amitié n'apportent que chagrin; chez lequel l'enthousiasme (tout au moins l'enthousiasme qui nous soutient

et nous exalte) et le sens du beau menacent de s'évanouir ; et
demande-toi si cet homme n'est pas malheureux et misé-
rable. Mon cœur est lourd, la paix le fuit et je ne la retrou-
verai plus jamais. Voilà ce que chaque jour je puis dire :
car chaque soir j'espère que mon sommeil n'aura pas
de réveil et chaque matin m'apporte les soucis de la
veille. »

Les préoccupations relatives à la santé ont été, semble-
t-il, le symptôme prépondérant de cet état dépressif, dont
les lieder de cette époque portent l'empreinte si manifeste,
Thécla, la Jeune Fille et la Mort.

D'autres causes ont pu jouer chez lui un rôle secondaire,
telles l'échec de ses œuvres dramatiques, les luttes continuelles avec les éditeurs qui l'exploitaient. Aussi, lorsqu'un voyage améliorait passagèrement sa santé, lorsque
le changement de milieu l'arrachait à ses préoccupations
pénibles, l'état dépressif de Schubert s'améliorait, ainsi
qu'en font foi les lettres de ses amis. Mais chaque retour à
Vienne provoquait une recrudescence de ces phénomènes
dépressifs. Puis sa santé périclite de jour en jour ; « son
extérieur se modifie, sa figure s'altère, ses yeux brillent
davantage, sa voix devient plus prenante encore et ses
amis fondent en larmes à l'audition de ses derniers lieder,
chantés par lui ». Il meurt en novembre 1828, à l'âge
trente et un ans.

On le voit, rien dans sa vie ne rappelle l'aliénation mentale. Ses sentiments moraux et affectifs ont toujours per-
sisté, comme le montre sa correspondance avec ses amis.
Jamais il n'a marqué d'exaltation ambitieuse ; ses lettres,
celles des amis qui l'ont approché, font unanimement foi
de sa simplicité, de sa modestie et de sa bonne grâce.
Aucun acte dans sa vie ne révèle de troubles du caractère
ou de la volonté ; et cette dépression, cette tristesse, ce
pessimisme des trois ou quatre dernières années semblent

devoir être légitimement rattachés à la tuberculose pulmonaire chronique et à la conscience de sa situation morbide.

CHOPIN.

Chopin (1810-1849), comme chacun sait, offrait ce type classique, si bien décrit par les maîtres de la clinique de tous les temps depuis Arétée jusqu'à Trousseau, ce type que l'ensemble de ses caractères extérieurs désigne, même aux yeux du vulgaire, comme un candidat à la tuberculose. Son aspect d'une grâce efféminée, la recherche de sa mise, la gracilité de ses membres, le timbre un peu assourdi de sa voix, « toute son apparence, suivant l'expression de Liszt, faisait penser à celle du convolvulus balançant, sur des tiges d'une incroyable finesse, sa coupe divinement colorée, mais d'un si vaporeux tissu que le moindre contact la déchire ».

Nous n'insisterons pas sur les caractères de la musique de Chopin, qui est bien l'expression, dans le langage des sons, de sa personnalité toute de grâce, de rêve et de passion.

D'une sensibilité intime, exquise et discrète, éprise des nuances et amoureuse des demi-teintes, qu'offensaient l'éclat et la violence des lumières et des sonorités théâtrales, Chopin préféra, à tous les instruments, le piano, pour exprimer, en un jeu tour à tour fondu et voilé, impétueux et heurté, les enthousiasmes, les tourments et les extases de sa vie passionnelle. « Laissez-moi ne faire que la musique de piano, disait-il un jour au comte de Perthuis ; pour faire des opéras, je ne suis pas assez savant. »

La vie de Chopin, toute mondaine, occupée d'intrigues amoureuses passagères et souvent multiples, fut dominée par deux passions durables, celles qu'il éprouva pour Marie Wodzinska et pour George Sand. Chopin, qui n'avait que vingt-six ans, lorsqu'il s'éprit de M. Wodzinska, se trouva aux prises, dans cette première passion, avec des difficultés et des déceptions qui déterminèrent chez lui, vers 1836, une crise de dépression avec tristesse et tendance à l'isolement. Cet accès de tristesse ne semble pourtant pas avoir complètement entravé son activité musicale.

Le roman de George Sand occupera presque tout le reste de sa vie, de 1837 à 1846. Chopin était l'hôte habituel de Nohant, et la biographie de ces années a été éloquemment illustrée par la correspondance de George Sand : *l'Histoire de ma Vie, l'Hiver à Majorque*. Il est facile de suivre ainsi les progrès du mal qui devait emporter Chopin. « Sa nervosité devenait excessive (1837), son humeur de plus en plus irritable. Le thème de la mort, qui l'obsédait sans cesse, évoquait en son esprit des images lugubres, et des cauchemars terrifiants. »

C'est de cette période que datent la *Polonaise* en ut mineur, d'un caractère si triste ; le *Troisième Scherzo* plus sombre et plus désolé encore, et qui se rapproche d'une œuvre maîtresse, parue en 1841, de la *Sonate* en si bémol mineur, dont les premières esquisses pourraient bien avoir été commencées à Majorque (Poirée).

Les années suivantes, jusqu'en 1845, se passent dans la société de George Sand et, le plus souvent à Paris, où le travail cède la place aux obligations mondaines et à la vie de salon.

La rupture avec George Sand date de 1847 ; et les dernières années de Chopin, de 1847 à 1849, ne sont plus qu'une longue agonie, où l'auteur, dans ses concerts, dans ses relations mondaines, cherche encore à donner le change. Les forces semblent même lui manquer en 1848, pour accuser les quelques *forte* de son œuvre ; et, par un jeu remarquable de demi-teintes, Chopin parvient à faire encore illusion à son auditoire.

Il avait cessé de composer, croyons-nous, en 1847. Depuis cette date, en effet, aucune œuvre n'avait paru. La date incertaine de ses œuvres posthumes impose cependant la plus grande réserve (Poirée). Il meurt, en novembre 1849, à l'âge de trente-huit ans.

Chopin n'a donc jamais présenté de troubles mentaux proprement dits. Aux yeux du médecin, ce génie apparaît simplement comme une nature psycho-névropathique complexe, caractérisée par une déséquilibration constitutionnelle de l'émotivité. Celle-ci, toujours vibrante, prompte à s'exalter et facilement abattue, paraît avoir dominé toute la vie psychique de l'artiste. La tuberculose pulmonaire chronique, à laquelle il était prédisposé par ses antécédents de famille et la délicatesse de sa constitution, semble avoir joué un rôle, difficile d'ailleurs à mesurer, dans le déploiement et l'évolution de cette hyperesthésie morale, affective et artistique.

SCHUMANN.

Schumann (1810-1856) mérite de retenir notre attention à cause de l'existence réelle chez lui de troubles psychiques, à cause de la relation manifeste qui exista entre ces troubles et les événements de sa vie, à cause de l'influence qu'exercèrent sur sa production et son œuvre les crises morbides dont il a souffert depuis l'adolescence.

Nous ne possédons pas de documents précis sur son hérédité ascendante; mais on retrouve dans son hérédité collatérale une sœur, qui mourut à vingt ans, atteinte de troubles mentaux, dont la nature est difficile à déterminer.

Doué d'une intelligence éveillée, ouverte, d'une sensibilité très vive, Schumann manifesta dès l'âge le plus tendre une impressionnabilité extrême vis-à-vis de la musique. A l'école, il traçait déjà des portraits musicaux de ses condisciples, dirigeait des chœurs et faisait exécuter un psaume de sa composition.

Cette sensibilité, ces aptitudes musicales, ne firent que

s'accroître; et, lorsque à l'âge de seize ans, son tuteur et sa mère cherchèrent à s'opposer à sa vocation, le jeune homme en ressentit un tel chagrin, qu'il devint triste et taciturne et que son humeur en fut profondément altérée. Il entreprend, contre son gré, l'étude du droit : car son art l'absorbe déjà tout entier. Enfin, en 1829, l'intervention de Wieck triomphe des résistances de la famille Schumann.

De 1829 à 1833, pendant quelques années d'un travail enthousiaste et fécond, l'auteur apprend tout seul la technique de son art. Chez lui l'émotion devient musique et trouve spontanément son expression la plus vive et la plus touchante, même dans les œuvres en apparence les plus scolastiques (*les Papillons*, 1830; les *Variations sur le nom d'Abbeg.*, *étude d'après Paganini*).

En 1833, la mort subite de son beau-frère et de sa belle-sœur détermine chez Schumann un profond ébranlement moral, de la prostration et même des idées de suicide. Il continue, pendant une année environ, à souffrir d'un profond malaise psychique, caractérisé par de l'anxiété diffuse, parfois spécialisée en de certaines phobies particulières (peur de la mort en dormant, peur des lieux élevés), du dégoût de la vie, de l'apathie, et de l'inaptitude au travail. Cette crise morbide, qui débute en octobre 1833, dure une année entière, pendant laquelle il semble bien que l'on puisse être autorisé à supposer, chez le malade, un arrêt complet du travail et de la production musicale, puisque la dernière production antérieure à la crise date de 1833, et que l'œuvre suivante, *le Carnaval*, paraît en 1835; il ne paraît pas que ce *Carnaval* ait dû coûter plus d'un an de travail au génie ordinairement si facile et si fécond de Schumann.

A cette époque se place dans la vie du musicien un événement capital : c'est l'éveil de sa passion pour Clara Wieck; on constate en même temps le réveil de son activité générale et de sa fécondité. Il se remet au travail avec ardeur, et, comme il l'exprime lui-même dans sa correspondance, il cherche la gloire et la fortune pour mériter Clara Wieck. Ses lettres, ses œuvres musicales de cette époque débordent de cet amour (*Première Sonate pour piano*, etc.). En 1836, il éprouve le premier refus de Wieck : immédiatement après, apparaît chez Schumann une seconde crise de dépression avec sensations d'angoisse. Toutefois le refus n'avait rien de définitif : la situation de Schumann ne paraissait pas suffisamment solide aux parents de sa fiancée et, peu à peu, le musicien crut comprendre que la réalisation de son rêve ne dépendait que de lui. Il se remet à l'œuvre et, cette même année, paraissent les *Arabesques pour piano*, la *Troisième grande Sonate*, la *Fantaisie pour piano*.

Au début de 1837, le nouveau refus de Wieck fut suivi d'une nouvelle période de dépression, dont Schumann semble s'être remis vers l'automne de la même année. Les *Danses Davids Bündler*, des *Fantaisies pour piano* (Opus II Breitkopf), l'*Allegro pour piano* datent pourtant de cette année 1837 : s'il est difficile de préciser le mois de la composition, il semble, au moins pour le *Davids Bündler*, et l'*Allegro*, que ces œuvres aient été composées dans la seconde moitié, et même vers la fin, de l'année 1837, c'est-à-dire au sortir de la période d'inactivité maladive.

Grühle prétend qu'en 1838 Schumann fut pris « de mélancolie », qui alla en s'exagérant en 1839, pour cesser en 1840, avec le mariage. Schumann, dans sa correspondance, parle bien de mélancolie ; mais la continuation du travail ne permet pas d'admettre un tel diagnostic. Ces trois années sont pleines d'alternatives d'espoir et de découragement ; et les œuvres de cette période (*Concerto, Sonate, Deuxième Kreisleriana, Novellettes, Humoresques*) sont l'expression la plus éloquente de la vie psychique de l'artiste. « Vraiment, disait-il, des luttes que Clara Wieck me coûte, beaucoup de musique est née. Les concertos, les œuvres de 1838-39 lui doivent leur origine. Elle est ma seule inspiration. »

Ces œuvres, ces lettres traduisent tout au moins la persistance de l'aptitude au travail et d'une grande productivité,
chez un homme qui avait sans doute des alternatives
d'enthousiasme et d'abattement, de confiance et de doute,
mais qui conservait, à travers ces oscillations morales et
influencée par elles, une activité peut-être inégale, mais
au demeurant des plus fécondes.

Le mariage de Schumann, qui eut lieu en 1840, inaugure
dans la vie et dans l'œuvre de l'artiste une période nouvelle.
C'est de cette époque (1840-1844) que datent les Lieder,
des oratorios et certaines œuvres de musique de chambre.

Subitement, en 1844, à l'âge de trente-quatre ans,
Schumann est repris d'une nouvelle crise de dépression,
avec inaptitude au travail, insomnie, crises de larmes pendant la nuit, illusions des sens, crainte de la mort. L'état
morbide dure sans rémission jusqu'au début de l'année
suivante. Après l'hiver de 1845, survient une amélioration
qui semble très incomplète, puisque Schumann continua à
observer un silence obstiné, et à présenter des troubles
marqués du caractère (irritabilité, insociabilité); c'est à ce
moment qu'il eut avec Wagner cette entrevue célèbre, au
cours de laquelle il ne prononça pas une parole.

En 1846, nouvelle exacerbation des symptômes avec
angoisses, crainte de folie, etc., suivie de rémission; pendant les années 1847, 1848, 1849, les paroxysmes s'espacent, et apparaissent moins nettement, parce que les rémissions ne sont jamais complètes. La multiplicité des
œuvres, leur diversité d'inspiration, la mobilité des idées
et des sentiments attestent les alternatives et la variété de
l'humeur. Les Lieder de cette époque s'assombrissent; et
les poèmes que Schumann met en musique ont un caractère plus mélancolique.

Il semble que l'auteur des Lieder, dans une disposition
mélancolique consciente d'elle-même, se complaise à traduire dans ces chants désespérés les affres morales et les

révoltes de son âme. De cette année datent encore les scènes les plus poignantes du *Faust* et du *Manfred*. L'invocation à la nature du *Faust* témoigne bien de cette instabilité des sentiments et des troubles du ton affectif de l'auteur. La scène de la mort de *Faust* est encore empreinte de ce même pessimisme : Faust entend la nuit des bruits de pioches; il croit que des légions d'ouvriers travaillent à ses grands projets; ce sont les Lémures qui creusent sa tombe et Faust meurt frappé au milieu de ses rêves ambitieux.

C'est de 1848-49 que date le *Manfred*; Schumann avait été dès son enfance un grand admirateur de Lord Byron; mais le personnage de Manfred représentait pour Schumann, vers la fin de sa vie, comme un autre lui-même qui, à son exemple, étudiait avec un soin jaloux les moindres troubles de son état mental.

Cependant la maladie poursuit son cours, entrecoupée de rémissions courtes et incomplètes et, de 1850 à 1852, Schumann publie encore de nombreux ouvrages, inégaux à la vérité, mais riches en pages des plus émouvantes. Citons, parmi ces dernières œuvres de 1852 à 1853, la *Messe* et le *Requiem*, les *Chants du matin*, trois *Sonatines*, le *Bal d'Enfants*, l'ouverture de *Faust*. Le travail lui devenait de plus en plus difficile, ainsi que le prouve, en 1853, la démission offerte spontanément par Schumann de sa situation de chef d'orchestre des concerts de Düsseldorf; Schumann était incapable de diriger son orchestre, « et trop artiste pour ne pas s'en apercevoir ». Ce trait est intéressant à opposer au diagnostic de paralysie générale, formulé par quelques auteurs. En 1853, la dépression mentale s'exagère et il semble que l'on soit autorisé à affirmer chez lui un certain degré d'affaiblissement psychique, si l'on en juge par la cessation de tout travail et la nature des préoccupations et des actes du malade. Comme le héros de Lord Byron, Schumann se jeta à corps perdu dans l'occultisme.

Voici, à ce sujet, un fragment de lettre de son ami Wasi-
lewski, écrite en 1853 :

« Je demandais à Schumann ce qu'il lisait. D'un ton
très élevé, fiévreusement, il me répondit : « Ne savez-vous
rien des tables tournantes? » — « Mais si, certainement! »
dis-je en plaisantant. Là-dessus, ses yeux, qu'il tenait
d'habitude clos, s'ouvrirent tout grands, ses paupières se
dilatèrent d'une façon démesurée et il dit d'un air inspiré
et lugubre : « Les tables tournantes savent tout! ». Je me
gardai de le contredire et il se calma. Ensuite il appela sa
seconde fille et commença des expériences avec une petite
table, lui demandant de marquer le mouvement initial et
le mouvement final de la *Symphonie* en ut mineur de Beethoven. Toute cette scène m'avait effrayé au plus haut
point. »

Cette même année, Schumann semble avoir eu soit des
obsessions hallucinatoires, soit de véritables hallucinations
de l'ouïe : il se disait sans cesse poursuivi par un la. En
janvier 1834, débuta la crise suprême. Une nuit, il se leva
pour écrire un thème, que lui dictaient, croyait-il, Schubert et Mendelssohn. Après une courte rémission, pendant
laquelle il rangea ses papiers, il se déclara de plus en plus
malade et défendit à ses amis de l'approcher au moment de
ses crises. Il émit à cette époque des idées de culpabilité
et s'accusa de crimes imaginaires. Enfin, le 27 février 1854,
il se jette dans le Rhin. Les accidents mélancoliques
s'étaient considérablement aggravés et nécessitaient l'internement : il entra dans la maison du Dr Richaz, pour ne plus
en sortir et y mourut, deux ans et demi après, le 29 juillet 1856. L'autopsie révéla des ostéophytes du crâne, de
l'épaississement des méninges et de l'atrophie du cerveau.

Le diagnostic de la maladie de Schumann a suscité les
discussions psychiatriques les plus intéressantes.

Richaz et ses contemporains ont affirmé la paralysie
générale. Nous croyons ce diagnostic inexact, ou tout au

moins incomplet. En effet, la paralysie générale à forme
intermittente n'aurait pas eu une durée aussi longue; à
moins d'admettre, avec Grühle, que la paralysie générale
ait compliqué et terminé l'évolution d'une autre psychose.
Même dans ce cas, quelques circonstances plaideraient
encore contre elle. Il resta à Schumann, en 1853, une autocritique suffisante pour se démettre spontanément de ses
fonctions de chef d'orchestre : ce n'est pas là assurément un
acte de paralytique général. De plus, malgré les changements d'humeur incessants, l'affectivité n'a disparu qu'à la
fin de la maladie; cette crainte du délire, cet état persistant
de lucidité et de conscience de ses troubles, ne sont pas
non plus le fait de la paralysie générale.

Mœbius rejette également le diagnostic de paralysie
générale et pose celui de démence précoce à forme intermittente. Ce diagnostic ne nous semble guère admissible,
précisément pour les raisons exposées par Grühle.

Cet auteur incline vers le diagnostic probable de folie
maniaque dépressive à forme légère, cyclothymique.

« Cette sensibilité féminine, dit-il, que Mœbius allègue
en faveur de la démence précoce, peut parfaitement se
rencontrer chez les candidats à la psychose maniaque
dépressive. La maladie de Schumann n'a débuté ni par cet
effondrement en masse, soudain, ni par le déclin progressif
des facultés psychiques et de la volonté, ni par cette instabilité toute stérile et toute irréfléchie, cette rêvasserie
vide de sens, qui caractérisent le dément précoce. » Ajou-
tons à ces arguments la conservation de l'affectivité, la
préoccupation de l'état morbide, qui ne font pas non plus
partie du tableau de la démence précoce.

Grühle rappelle en outre la série des périodes de dépression qui ont accidenté la vie de Schumann et se sont marquées, de 1831 à 1850, par les symptômes les plus classiques des crises de mélancolie.

Pour expliquer les troubles qui survinrent après l'année

1852, Grühle invoque la possibilité d'une paralysie générale en fondant son diagnostic sur les symptômes suivants : évolution rapide, troubles pupillaires, troubles de la parole, effondrement de la personnalité. Il allègue encore les changements de l'écriture qui s'altère de plus en plus et finit par devenir illisible. Cependant Grühle ne tient pas essentiellement à ce diagnostic de paralysie générale; il affirme simplement l'intervention d'une psychose organique.

Le diagnostic de troubles cyclothymiques de l'humeur et de l'activité, de psychose périodique nous semble fort plausible, ainsi que nous avons eu l'occasion de le soutenir au Congrès de Genève-Lausanne, en 1907; Schumann a eu, en effet, plusieurs crises dépressives, durant lesquelles la composition était difficile sinon impossible. Ces périodes de dépression sont séparées par des périodes d'excitation, pendant lesquelles la sensibilité de Schumann, toujours si exquise, s'exagère, vibre à tous les événements et où les facultés créatrices du maître s'exaltent et traduisent en œuvres musicales faciles et spontanées toutes les émotions de son âme.

Dans les dernières périodes, c'est-à-dire de 1848 à 1852, les périodes d'excitation et de dépression se pénètrent et se confondent dans un état pathologique mixte et presque continu.

Il est certain que, dans les dernières années de sa vie, Schumann a présenté de l'affaiblissement psychique, et que cet affaiblissement est dû aux lésions méningo-encéphaliques, constatées à l'autopsie.

Depuis notre communication au Congrès de Genève-Lausanne, Mlle Pascal a publié sur la maladie de Schumann un article intéressant par sa documentation et sa critique. L'auteur rapporte les troubles mentaux, antérieurs à 1850, à une psychonévrose constitutionnelle, qu'elle dénomme psychasthénie, et les troubles mentaux postérieurs à 1850,

à la variété sensorielle de la paralysie générale. Mlle Pascal
constate, comme tous les auteurs et nous-mêmes, l'extrême
émotivité constitutionnelle de Schumann, avec ses crises
paroxystiques de malaises, d'obsessions, de phobies, etc.,
et elle convient elle-même, à la suite d'une étude biographique très complète de l'artiste, que Schumann a présenté
dix accès dépressifs graves, dont elle dit : « Tous ces accès
se reproduisent avec les mêmes caractères, chacun d'eux
étant la répétition presque fidèle des précédents. Ils surviennent, non sans cause, mais sous l'influence des trau-
matismes psychiques et du surmenage. »

La notion d'émotivité constitutionnelle, non seulement
n'est pas incompatible avec celle de la cyclothymie, mais
spécifie le terrain sur lequel se développent dans l'espèce,
chez Schumann, les accès périodiques de dépression.

Nous n'insistons pas ici sur l'impropriété du terme de
psychasthénie, appliqué à la dénomination de divers syndromes de la déséquilibration psychique, tels que le scru-
pule, le doute, les obsessions, les phobies, etc.

Si Schumann n'a pas présenté, entre ses accès si manifestes de dépression, d'accès d'excitation franche, marqués
par le désordre maniaque, on ne peut guère refuser la qua-
lification d'états d'euphorie, d'optimisme et de dynamie, à
ces moments où, débordant de joie intime et d'activité pro-
ductive, Schumann a laissé de ses sentiments la description
si sincère et si saisissante qu'on retrouve dans ses lettres.

La lecture de sa correspondance montre bien l'alternance
et l'opposition de ces états de l'humeur; c'est à ce moment
que, sous l'influence d'une inspiration facile et féconde,
Schumann écrivit une partie de ses œuvres. Il ne paraît
pas faire de doute qu'à certains moments de sa production
musicale, Schumann fut en état d'éréthisme cortical.
L'excitation hypomaniaque, chez les hommes de génie, n'a
pas toujours le caractère d'incohérence et de pauvreté que
lui attribue Mlle Pascal. La pauvreté et l'incohérence, loin

d'être le caractère de l'excitation maniaque, spécifient, au contraire, d'autres modes d'excitation psychique d'ordre pathologique, relevant des états démentiels, des intoxications, etc., et qui se distinguent précisément, par leur faiblesse et leur stérilité, de l'excitation hypomaniaque.

Quant à la nature de l'affection démentielle terminale de Schumann, nous croyons qu'on ne peut en affirmer la nature paralytique pour les raisons exposées plus haut. On peut faire remarquer également, contre l'hypothèse de la syphilis, la richesse, la longévité de sa descendance, puisque, sur huit enfants, sept sont morts après le père, et cinq vivaient encore en 1880.

Ce qu'on peut affirmer, c'est l'existence d'une méningo-encéphalite diffuse, chronique, dont l'apparition se traduit par l'affaiblissement démentiel progressif, des ictus, des idées délirantes polymorphes avec hallucinations, désordre des actes et troubles de la parole. Ce tableau, qui rappelle assurément celui de la paralysie générale, peut être réalisé par la méningite chronique, dont on connaît les difficultés de diagnostic, même lorsque l'on peut étudier directement le malade et qu'on peut constater objectivement l'existence des symptômes, dont la notion nous fait défaut dans l'observation de Schumann.

Un type plus parfait encore de psychose intermittente nous est fourni par le compositeur Hugo Wolf.

HUGO WOLF.

La biographie d'Hugo Wolf (1860-1903) a été exposée récemment dans un excellent article que lui a consacré Romain Rolland. Ce remarquable travail nous révèle l'évolution, chez l'artiste, d'une psychose intermittente à forme alterne, compliquée secondairement de paralysie générale.

Hugo Wolf, jusqu'à l'âge de vingt-sept ans, ne publie rien. Il apprend la technique de son art dans les conditions matérielles les plus précaires. D'une nature ardente, enthousiaste, il se passionne pour la cause wagnérienne, et soutient en sa faveur une polémique ardente contre les partisans de Brahms.

En 1887, à l'âge de vingt-sept ans, à la suite de la mort de son père, il ressent une vive émotion et ce choc moral semble donner l'essor à son inspiration. Sa puissance créatrice se révèle et, en moins d'un an, deux cents Lieder jaillissent fougueusement de son esprit exalté. Il compose dans une véritable fièvre d'allégresse. « Il est maintenant sept heures du soir et je suis heureux, aussi heureux que le plus heureux des rois. Encore un nouveau Lied, mon cœur, si tu l'entendais!... le diable l'emporte de plaisir! »

« Ce que j'écris maintenant, je l'écris pour l'avenir. Depuis Schubert et Schumann, il n'y a rien eu de semblable. » Mais, en 1888, subitement, au milieu de sa suite italienne, la source de son inspiration se tarit et, jusqu'en 1890, Wolf, à son grand désespoir, reste incapable de la moindre production artistique.

« De composer dit-il, je n'ai plus la moindre idée. Dieu sait comment cela finira! Priez pour ma pauvre âme! Depuis quatre mois, je souffre d'un marasme d'esprit qui me donne très sérieusement la pensée de quitter ce monde pour toujours... Je suis désespéré! Pour la composition, c'est fini : je ne peux plus me figurer ce que c'est qu'une harmonie et une mélodie, et je commence presque à douter que les compositions qui portent mon nom soient vraiment de moi. »

En novembre 1891, nouvelle phase d'inspiration, qui ne dure qu'un mois, et durant laquelle Hugo Wolf écrit quinze Lieder de suite. Puis, c'est le silence pour cinq ans. « C'est effroyable, dit-il, ce que je souffre de cette oisiveté, je ne puis le décrire. Je voudrais me pendre. »

En 1896, le génie réapparaît. Wolf se met joyeusement au travail et termine ses chants italiens, met en musique les poésies de Michel-Ange et ébauche un opéra. Il com-

pose avec acharnement, sans repos, « à la façon d'une
machine à vapeur », comme il le dit lui-même. Mais,
en septembre 1897, une crise plus violente le surprend au
milieu de son travail : l'artiste reste jusqu'en janvier 1898
dans une maison de santé. Une période de dépression survient, durant laquelle il ne peut écrire une note; toute
musique lui était devenue odieuse. Il sort de cette crise
avec les apparences de la guérison; mais, de son propre
aveu, l'homme enthousiaste d'antan avait fait place à un
homme tranquille, posé, silencieux, de plus en plus avide
de solitude. Il ne composait plus, mais revoyait et publiait
ses œuvres antérieures.

Un nouvel accès d'excitation survient en 1898, à l'occasion duquel Hugo Wolf entre à l'Asile, pour ne plus en
sortir. Le diagnostic posé fut celui de paralysie générale
progressive. Dès 1900, la parole était devenue incompréhensible, la paralysie immobilisait les membres; et, le
16 février 1903, Hugo Wolf succombe dans le marasme au
dernier stade de la maladie, emporté par des complications
pulmonaires.

DONIZETTI.

Donizetti (1798-1848) a manifestement succombé, lui
aussi, à la paralysie générale. Nous avons pu étudier sa
maladie, grâce aux documents qui nous ont été obligeamment confiés par Ch. Malherbe et par Gaëtano Donizetti,
petit-neveu du musicien. Le début de l'affection semble
dater de l'année 1845. Donizetti avait alors quarante-sept
ans. Aucune œuvre nouvelle ne parut depuis 1845; mais,
jusqu'en 1846, c'est-à-dire jusqu'à son internement, il continua à travailler. Le début de la maladie est difficile à
fixer par l'étude de l'œuvre du maestro, puisqu'un de ses
caractères fondamentaux, même à ses bonnes périodes, est
l'inégalité flagrante. Les caractères de l'écriture sont également difficiles à interpréter, car Donizetti a été toujours

difficile à lire. On ne peut non plus chercher de signes gra-
phologiques ou psychiques de la maladie dans les lettres
du maître, dont un recueil fut publié à Bergame à l'époque
de son centenaire : car tous ces documents, sauf une lettre
de 1843, sont antérieurs au début de l'affection.

Après son internement, on s'est souvenu que, vers la
fin de 1845 ou au début de 1846, Donizetti s'était emporté, au
cours d'une répétition à l'Opéra. (Propos de Royer, rapporté
par Malherbe.) Cet acte avait étonné de la part de Donizetti,
qui avait toujours été très correct et nullement enclin à la
violence.

Vers cette même époque, au dire de son neveu Gaëtano,
on trouve un matin Donizetti étendu sur le parquet de sa
chambre. Presque jusqu'au jour de son internement
(fin 1846), l'auteur travaille à la partition du *Duc d'Albe*.
En 1846, son neveu André Donizetti vient le voir à Paris.
« Il vient, dit-il, pour assister son oncle si malheureux,
incapable de se conduire lui-même, qui avait besoin d'un
parent et d'un ami sincère. » Donizetti semble avoir conservé à cette époque une certaine conscience; il aurait
peut-être présenté des idées de grandeur, puisque, suivant
les assertions de Gaëtano Donizetti, il fallut, pour le conduire à l'Asile, recourir au subterfuge suivant : « Le roi le
faisait demander en hâte à la Cour ». Donizetti monta alors
sans difficulté dans la voiture qui devait le transporter à
la maison d'Ivry, où l'on reconnut la paralysie générale.
A l'Asile, le musicien cesse d'écrire, ne demande même
plus à jouer de piano. Une daguerréotypie de cette époque
le représente effondré sur une chaise, les bras ballants et le
regard vague, absolument étranger à tout ce qui se passe
autour de lui. Son ami Royer vient lui rendre visite au
début de 1847 : Donizetti reste impassible sans reconnaître
le visiteur. Par hasard, Royer fredonne un air d'autrefois;
Donizetti sort un instant de sa torpeur, fredonne quelques
notes et retombe aussitôt dans son indifférence.

Bientôt la marche devient difficile, le malade se voûte et ne peut plus se passer du secours d'un infirmier.

Nous avons pu voir sa dernière signature et sa dernière lettre, qui datent de 1847. La signature est difficile à lire; elle est : « *Donnirzeti* », avec un *r* surajouté et un seul *t*. La dernière lettre porte une tache d'encre, dans laquelle on reconnaît l'empreinte d'une fleur qui avait été insérée dans l'enveloppe. (Donizetti ne cessa d'adorer les fleurs; et, même à l'Asile, il en portait toujours une à sa boutonnière.)

Les premiers mots : « Caro Giuseppo », sont assez lisibles, quoique l'écriture exprime l'effort, avec des pleins exagérés. La lettre porte deux dates : 20 mai et 26 mai; le millésime, inscrit beaucoup plus bas, est 1846. Les deux premières lignes permettent de déchiffrer les mots suivants : « Sois heureux, je suis mieux, j'espère partir pour Bergame » (Bergame est écrit Berg). Dans les lignes suivantes, les seuls mots lisibles sont Accompa........ et Andréa (noms de son neveu). Ce dernier est très lisible, mais il s'agit peut-être là d'une stéréotypie automatique de l'écriture. Le reste de la lettre est complètement illisible. En bas, Donizetti avait écrit une phrase musicale avec des paroles; sur les trois lignes de portée tracées à l'avance, une demie seulement est couverte de notes, d'ailleurs aussi peu lisibles que les paroles.

Ces lettres, les consultations rédigées en 1847 par Andral, Behier, Calmeil, ne laissent aucun doute sur le diagnostic. Donizetti fut ramené à Bergame en septembre 1847 et mourut le 8 avril suivant. La paralysie générale n'a débuté que vers la fin de 1845 ou au commencement de 1846; et, par conséquent, aucune des partitions, puisque toutes sont antérieures à cette époque, n'a subi l'influence de l'affaiblissement démentiel. La paralysie générale, comme dans les autres cas, a détruit les facultés de création musicale.

Il semble en avoir été de même pour Chabrier, sur qui

les documents précis manquent complètement; et, en
faisant un retour sur le passé, pour Roland de Lassus
(Lattre).

BERLIOZ.

Longtemps Berlioz (1803-1869) est resté, dans l'esprit de
ses biographes, le héros qu'il s'était plu à dépeindre dans
ses *Mémoires* : car personne ne mettait en doute la sincérité d'une autobiographie si pittoresque, si vibrante et
si dramatique. Dans ces dernières années seulement,
Malherbe et Boschot appliquèrent, à l'étude de la vie de
Berlioz, les méthodes rigoureuses des historiens actuels.
Ces auteurs, d'après l'étude de documents soigneusement
choisis, classés et critiqués, ont écrit, comme au jour le
jour, la biographie du musicien, et ont ainsi opposé au
Berlioz de la légende, le Berlioz de l'histoire.

Ce qui domine et caractérise l'œuvre littéraire comme
l'œuvre musicale de Berlioz, c'est l'intensité de vie qui
les anime : la vie, ses passions, ses drames, ses luttes, voilà
ce que Berlioz sent et exprime. Enfant, il est ému aux
larmes par l'*Énéide*, principalement par l'épisode de Didon.
Ses enthousiasmes de jeune homme vont à Shakespeare,
Gluck, Beethoven, Gœthe. Élève à l'école de Rome, il fuit
la ville antique, pour courir les Abruzzes et se mêler à la
vie des paysans : car il a surtout le goût et le sens du pittoresque vivant, il saisit d'emblée, dans toute son originalité, l'esprit d'un peuple et le génie d'une époque.

Doué d'une sensibilité exquise, Berlioz est, suivant l'expression de Romain Rolland, ravagé par l'émotion et
surtout par l'émotion musicale : il éprouve des sensations
violentes et durables, qui ne s'effacent plus. L'imagination
se saisit de ces impressions et de ces souvenirs et leur
donne sans cesse une vie nouvelle. Ainsi, dès l'enfance,
Berlioz vit la fable de Didon, les romans de Chateaubriand,
s'identifie à leurs héros; il se crée, par le miracle de l'ima-

gination, une existence passionnée dans ce monde héroïque
qu'il évoque. Cette émotivité, cette suggestibilité, cette
richesse d'imagination, entretenues par le milieu romantique de son époque, et affinées par la culture et l'éducation, permettront à Berlioz de consacrer, au seul appel
d'une idée ou d'un souvenir, toutes les forces vives de sa
sensibilité et de son intelligence à la genèse de l'œuvre
d'art qu'il va créer.

On peut ainsi expliquer la seconde version de la *Symphonie Fantastique*. Berlioz, à cette époque, lassé d'Hariett
Smithson, jetait déjà les yeux sur Camille Mocke. La
malheureuse Smithson, ne trouvant plus d'engagement
comme artiste dramatique, en était réduite à accepter un
emploi de marcheuse à l'Opéra-Comique. A cet emploi
s'associe très nettement, dans l'esprit de Berlioz, l'idée de
prostitution, d'indignité. Cette idée de prostitution, tout
d'abord fortuite, inspirée peut-être par des conversations
d'amis, lui semble féconde. « Quels contrastes, quels états
d'âme dignes d'inspirer une grande symphonie! » (Boschot.)
Par un processus remarquable d'auto-suggestion, cette
idée, qui avait d'abord séduit son esprit, ne tarda pas à le
captiver, à le dominer, à déterminer en lui l'évocation d'un
roman passionnel, et à déchaîner un véritable drame
intérieur. Berlioz vivra cette trahison, il en souffrira
et voilà le secret du programme littéraire de la *Fantastique*.

La musique de Berlioz déborde de cette même vie intérieure, dont l'intensité, suppléant à l'insuffisance d'une
technique encore inexpérimentée, inspire à l'artiste tous
les procédés expressifs de sa pensée musicale. Cependant,
comme l'a montré Boschot, il est rare qu'il écrive en pleine
crise d'exaltation. C'est lorsqu'il est revenu au calme que
l'artiste compose. Plus tard, il reprend son œuvre, et si la
lecture fait renaître en lui l'état de surexcitation qui a présidé à sa genèse, l'œuvre lui semble belle et il ne songe

plus qu'à en assurer une exécution parfaite. Dans le cas
contraire, la remanie ou l'abandonne.

Berlioz nous apparaît donc comme un émotif, un exalté,
doué d'une imagination riche et puissante, capable de
vivre par auto-suggestion les fables qu'il improvise et de
s'y délecter; capable enfin, à la manière des mythomanes
supérieurs de l'art, de contempler et de juger, à la lumière
de la raison et du goût, l'œuvre de son inspiration et d'ap-
porter ainsi, aux créations spontanées de son génie, le
bénéfice d'une critique réfléchie.

Romain Rolland dit en parlant de Berlioz : « Il fut
l'incarnation du génie romantique, une force déchaînée,
inconsciente du chemin qu'elle suit... Il se laisse emporter,
au hasard, comme un de ces pirates scandinaves, couchés
au fond de leur barque et regardant le ciel. Il rêve, il
gémit, il rit, il se livre à ses hallucinations passionnées.
Sa vie sentimentale est aussi incertaine que sa vie artistique. »

Cette appréciation si intéressante s'applique exactement
aux facultés sentimentales et imaginatives de l'artiste.
Mais il convient de la compléter par l'affirmation de l'activité utilitaire et pratique de l'homme avide de succès.
Le rêve ne lui a jamais caché la réalité; et, comme l'ont
montré Malherbe et Boschot, à aucun moment Berlioz ne
se laisse oublier ni du public ni des puissants.

Il arrive à Paris en pleine Terreur blanche, sûr de l'appui
des jésuites et des cléricaux, auprès desquels il s'est fait
accréditer par des amis bien pensants. Grâce à ses protec-
tions, grâce aux démarches les plus habiles, aux intrigues
les mieux conduites, il obtient la salle et les chœurs du
Conservatoire, à une époque où il n'était encore qu'élève
de la classe de Lesueur.

Plus tard, journaliste au *Corsaire*, aux *Débats*, au
Courrier musical, Berlioz se fait de la presse une arme
puissante; et, après avoir été soutenu par la Terreur

blanche, il s'assure l'appui de la monarchie de Juillet, dont
il célèbre les Trois Glorieuses, et obtient la commande offi-
cielle d'un *Requiem*. Il sait faire parler de lui à propos,
écrit lui-même sa biographie, qu'il fait obligeamment
signer par son ami d'Ortigue. Il sait même à l'occasion
oublier jusqu'à ses tendances musicales. Ainsi, au con-
cours du prix de Rome, il s'attache à écrire une cantate
de Sardanapale de forme classique; il ne risque l' « *Incendie
final* » qu'après avoir reçu son prix. On peut aussi considérer comme diplomatiques les éloges que notre musicien
prodigue à Halévy et à Meyerbeer.

La vie privée de Berlioz, qui pourrait au premier abord
sembler suspecte au psychiatre, perd en grande partie
son caractère pathologique, si on la suit au jour le jour
dans l'ouvrage si documenté de Boschot. Avant de retracer
cette vie sentimentale et mouvementée, rappelons en
quelques mots les antécédents héréditaires et collatéraux
de Berlioz.

Son père, le docteur Berlioz, était un homme fort
intelligent, artiste, fin lettré, très ouvert aux idées nouvelles; sa mère, au contraire, « la solennelle Madame Berlioz », était une femme bornée, d'esprit étroit et autoritaire,
dévote, mais sans tare psychopathique avérée. Le seul désé-
quilibré de la famille Berlioz est le frère cadet du musicien,
plus jeune que lui de vingt ans, dont le développement
intellectuel fut tardif. Cet enfant, malgré son arriération
intellectuelle, présenta vers l'âge de dix-sept ans, subitement, des dispositions remarquables pour l'étude des
mathématiques. Il succomba, deux ans après, à une affection aiguë intercurrente, dont le diagnostic n'a pu être
établi d'une façon précise.

La première passion d'Hector Berlioz fut celle qu'il
éprouva, à l'âge de douze ans, pour Estelle Dubœuf, la
« Stella Montis », plus âgée que lui de huit ans. Cette
passion s'explique facilement, au seuil de la puberté, chez

un adolescent imaginatif, dont les lectures romanesques exaltaient encore l'éréthisme psychique.

Enfin l'artiste irlandaise, qui devait inspirer à Berlioz une passion si vive, était mieux encore que l'interprète idéale qui révéla Shakespeare au public parisien; elle s'imposait par sa beauté, autant que par ses qualités dramatiques, à l'admiration de la jeunesse romantique, dont elle fut l'idole pendant toute l'année 1827. A cette époque se place, dans les *Mémoires* de Berlioz, le récit de pérégrinations à travers Paris. Berlioz erre, comme un somnambule, sans savoir où il va, se réveillant un jour au milieu d'un champ de blé, le lendemain à la terrasse d'un café. Toutefois la passion ne faisait pas oublier à Berlioz les démarches nécessaires au succès de ses œuvres; et, par un rapprochement de dates fort judicieux, Boschot remarque que les premières représentations de la troupe anglaise coïncident avec une campagne fort habilement menée par notre musicien. Ces représentations ont lieu, en effet, le 11 et le 15 septembre. « La folie ambulatoire de Berlioz » aurait, suivant les *Mémoires,* duré de fin septembre au milieu de novembre. Or, le 22 novembre suivant, Berlioz dirigeait sa messe à Saint-Eustache; et l'on sait avec quel soin il menait les répétitions et quelles influences il devait mettre en œuvre pour réaliser l'exécution d'une partition aussi importante. Cette messe solennelle était destinée à attirer sur lui l'attention d'Hariett Smithson, disent les *Mémoires* : or les dates montrent encore que les répétitions devaient être très avancées et l'œuvre en bonne voie d'exécution, avant même les premières représentations de la troupe anglaise.

L'année suivante, en 1828, après le dérivatif « de la révélation de Beethoven », l'amour d'Hariett Smithson, que Berlioz avait déjà oublié, revient comme un phénomène épisodique, peut-être appelé, provoqué par Berlioz lui-même; car, au mois de juillet suivant, l'évocation volonlaire de cette passion fournissait au musicien « l'idée fixe » de la cantate d'*Herminie*, qui deviendra, plus tard, « l'idée fixe » de la *Symphonie Fantastique*.

En janvier 1829, le retour d'Hariett Smithson à Paris provoque un nouvel élan passionnel, qui semble n'avoir duré que peu de temps.

En janvier et février 1830, « nouvelle crise, salutaire à la conception de la *Fantastique* ». Hariett n'était point à Paris et il est possible que ce nouveau raptus ait été à l'origine provoqué par Berlioz lui-même, dans un but purement esthétique.

Mais déjà l'étoile d'Hariett Smithson pâlissait ; et, au mois d'avril, l'artiste anglaise, à court d'engagements, en était réduite à accepter un rôle de marcheuse à l'Opéra-Comique. Nous avons déjà parlé du rapprochement que fit Berlioz entre la nature de l'emploi et le sort de la personne.

Ce personnage d'Hariett Smithson était donc comme une matière plastique offerte à l'imagination du poète. Berlioz ne l'avait jamais vue qu'à travers Shakespeare ; et, dans ses lettres, dans ses *Mémoires*, elle est Ophélie ou Juliette, bien plus qu'Hariett Smithson. Les rapports d'amis avaient représenté Hariett comme une courtisane ; Berlioz, peut-être sincèrement ému tout d'abord, s'était ensuite saisi de cette émotion avec l'esprit d'un dilettante et en avait inspiré une grande œuvre musicale.

En tout cas, la passion de Berlioz devait être bien atténuée, pour qu'il acceptât ainsi, sans contrôle, des récits aussi calomnieux. C'est que déjà le musicien subissait l'ascendant de son « gracieux Ariel », la pianiste Camille Mocke. Camille Mocke avait alors dix-neuf ans. « C'était une coquette avisée, capricieuse, rieuse, d'une démarche souple, avec quelque chose qui fascine dans l'ondulation des hanches, mise avec une élégance un peu recherchée et provocante. » Sa mère, duègne indulgente, suivait les manœuvres de sa fille et cherchait pour elle le mariage. Le

charme de cette jeune élégante, pimenté par la concurrence de rivaux d'ailleurs peu redoutables, séduisit Berlioz;
il devint le fiancé de Camille Mocke. A cette époque,
en décembre 1830, le prix de Rome l'oblige à quitter
Paris pour la Villa Médicis. Après un séjour à la Côte,
chez ses parents, Berlioz rejoint l'École de Rome vers le
milieu du mois de mars. Sa réputation de romantique,
l'écho de ses aventures l'avaient précédé dans cette ville
et les charges ne tardèrent pas à l'assaillir dans cette
« abbaye de Thélème », qu'était alors la Villa Médicis,
dirigée par Horace Vernet. Berlioz, contrarié par son exil,
attendant en vain les lettres de Camille Mocke, se montra
impatient et irritable, prit mal les plaisanteries, et s'éloigna
de ses camarades. Il outrait ses attitudes de romantique à
tel point que Mendelssohn, de passage à Rome, le consi-
dérait comme un être absolument insupportable et que
Berlioz, reconnaissant lui-même ses erreurs, se compara
plus tard à une contre-partie exagérée d'un roman byro-
nien. Le 1er avril suivant, las d'attendre des nouvelles,
Berlioz se décide à partir. Ce départ fut peut-être hâté par
les sarcasmes de ses camarades, par le défi de Mendelssohn, « qui pariait un dîner contre trois, que *le Père
La Joie* n'irait pas en France, de peur de perdre sa pension ». Il part, mais profite d'une angine pour s'arrêter
à Florence, où il charme ses loisirs en lisant *le Roi Lear*
et en corrigeant sur ses cahiers de musique la scène du
Bal de la *Symphonie Fantastique*. Le 14 avril, il apprend
le mariage de Camille Mocke avec Pleyel. Ne songeant
plus qu'à la vengeance, il s'écrie : « Qu'ils meurent donc
tous les deux, la femme coupable et l'innocent, qu'ils
meurent! » Il se procure un déguisement de femme, des pis-
tolets et du poison : il part et se tuera après justice faite.

Cette résolution ne persiste pas; et, au premier relai, à
Diana Marino, encore en Italie, Berlioz, lassé de son rôle
de justicier, écrit à Horace Vernet de bien vouloir lui

maintenir sa pension. Mais il lui faut une excuse valable :
il inventera donc de toutes pièces l'épisode d'un suicide.

Cette lettre, retrouvée par Malherbe et publiée *in extenso*
par Boschot, est écrite « sans une rature, d'une écriture
tranquille, ferme et régulière, sans aucune hésitation ni
reprise, ni un déplacement de main : car il devait copier
un brouillon, ou transcrire sur le papier des phrases arrê-
tées d'avance ou sues par cœur ». Berlioz était donc en
pleine possession de lui-même le 18 avril, date de la lettre ;
(le timbre de la poste porte la date du 19 avril).

Durant ces quelques jours, notre dilettante s'offre les
émotions d'un testament. Il prie Habeneck de terminer
l'orchestration de la *Symphonie Fantastique*, avec les dernières modifications qu'il lui expose dans tous leurs détails.
Le 1ᵉʳ mai, Berlioz reçoit d'Horace Vernet une réponse
paternelle, simule la convalescence de son faux suicide
et rejoint l'École de Rome, dans les premiers jours de
juin 1831.

Depuis, plus de nouvelles équipées. En 1832, au moment
de quitter l'école, Berlioz songe à s'attacher Horace Vernet
et surtout sa fille ; il se montre très assidu, il dédie à
Mlle Louise Vernet sa mélodie de *la Captive*, qu'elle
chante, dit-il, un peu moins mal que les demoiselles
Lesueur. Il est très empressé auprès d'elle, la supplie de se
mettre au piano et lui demande avec instance de rejouer
le morceau qu'elle vient d'exécuter.

A son retour, Berlioz écrit à Mme Vernet une lettre
très habile, dans laquelle il insinue qu'il n'est pas resté
insensible aux charmes de sa fille ; ses allures romantiques
sont des égarements de jeunesse, dont une mère ne doit pas
s'effrayer. La lettre est écrite sur papier de choix, d'une
écriture calme, et dans le style le plus posé. Berlioz ajoute
même, en post-scriptum, que, pour un tel mariage, sa famille
serait disposée à lui constituer une dot de 100 000 francs.

Cette lettre a été retrouvée récemment par Malherbe, qui

en a fait une étude détaillée; les passages les plus importants sont publiés dans l'ouvrage de Boschot.

Berlioz, après un séjour de plusieurs mois à la Côte, revient à Paris en novembre 1832, où le hasard le dirige sur l'ancien appartement d'Hariett Smithson.

« Je loge chez Hariett Smithson, écrit-il à un de ses amis, c'est curieux! » Il semble, d'après l'enjouement de ce billet daté de novembre 1832, que Berlioz était bien guéri de sa passion. Mais, chez un tel imaginatif, ce logement n'était pas sans exercer une certaine suggestion. Cette coïncidence était de nature à amuser les « Jeune France », témoins des premières aventures de Berlioz. Les souvenirs, les épisodes d'autrefois, évoqués et enjolivés par ce cénacle-romantique, préparaient insensiblement Berlioz à un regain de passion. La cause déterminante semble avoir été fournie par le concert du 9 décembre, auquel assistait Hariett Smithson. L'audition de la *Fantastique*, des premières parties tout au moins, exerce sur Berlioz une suggestion puissante : il revit les heures de sa passion d'antan, que la présence de l'actrice irlandaise réveille et ranime.

Quelques jours après, Berlioz est présenté à Hariett Smithson. Il est difficile de dire quel fut le résultat de ce premier entretien; toujours est-il que, malgré sa passion, Berlioz n'oubliait pas ses intrigues, ses campagnes de presse, ses visites aux personnages influents. « Cependant, dit Boschot, Berlioz épouvantait ses amis; l'émotion le ravageait, ou du moins notre beau ténébreux prenait, entre deux courses d'affaires, des attitudes foudroyées. »

Il ne faut pas oublier que Berlioz vivait pour son cénacle de la Jeune France. Il fallait qu'il en imposât à ses admirateurs, qu'il se montrât plus romantique qu'un romantique. Mais Berlioz se trouvait lui-même pris à son jeu : à force de jouer la passion dévorante, il finissait par la subir. Aussi ne tarda-t-il pas à poursuivre de son amour

Hariett Smithson, malgré elle et malgré ses parents qui lui opposaient un veto absolu. Le mariage a lieu le 3 octobre 1833. Les premières années de la vie commune sont très heureuses; mais peu à peu l'actrice, jalouse des succès de son mari, aigrie par ses propres insuccès au théâtre, devient irritable; elle épie Berlioz, cherche dans tous ses articles des preuves d'intrigues amoureuses; mais, dit Berlioz, « sa jalousie retardait toujours ». Enfin, elle se livrait à la boisson et dissipait en dépenses frivoles les modestes ressources du ménage. Berlioz, désertant le domicile conjugal, entrait rarement chez lui. La chute de son opéra de *Benvenuto*, la déception de n'avoir point obtenu le pupitre de chef d'orchestre à l'Opéra, la mort de ses protecteurs les plus influents, tous ces événements n'étaient point faits pour l'aider à supporter patiemment ses tourments domestiques.

En 1841, Berlioz rencontre la Recio, jolie cantatrice sans voix ni talent, en quête d'un engagement à l'Opéra. Il trompe la surveillance de sa femme et s'évade en Allemagne avec sa nouvelle conquête. Il lui fallait quitter Paris où son influence baissait, où il lassait ses amis à force d'intrigues; où enfin, pour soutenir l'incapacité notoire de la Recio, il avait rompu avec ses interprètes les plus dévoués.

Les années qui suivent présentent encore des obscurités, des lacunes, que viendront bientôt combler les prochaines publications de Boschot. Mais, ce que nous savons de toute la période antérieure à 1842, l'ensemble des détails que nous venons de rappeler trop brièvement, nous permettront peut-être de nous faire, de la psychologie de Berlioz, une opinion aussi rapprochée que possible de la réalité.

Dans cette appréciation, il faut éviter de séparer l'artiste de son milieu : car le romantisme, le cénacle de la Jeune France, ont eu sur lui une influence très importante.

Berlioz était naturellement un imaginatif. Mais cette imagination trouvait dans le romantisme de ses contemporains un milieu de culture favorable. Il ne faut pas oublier que le romantisme, encore à ses débuts, luttait pour la vie. C'était l'époque des premiers drames de Victor Hugo, de la bataille d'*Hernani*. La sensibilité, l'imagination, la suggestibilité de Berlioz ne pouvaient que prospérer au milieu de telles circonstances. L'artiste prenait la tête du mouvement et, pour ne pas passer inaperçu dans ce tourbillon général, il fallait donner l'exemple, exagérer ses convictions, « être à la fois une éruption musicale jointe à une éruption amoureuse ». Il prenait l'habitude d'exagérer ses tendances, comme ses opinions, comme ses amours; son imagination exaltait et dramatisait ses passions.

Dans un travail fort intéressant, MM. Antheaume et Dromard posent un critérium entre les créations de l'imagination du poète et les erreurs du délire de l'aliéné : le poète contrôle ses rêveries et rejette les fictions en désaccord avec le bon sens, avec le jugement et les données de l'expérience. Chez Berlioz, les écarts d'imagination s'expliquent peut-être, en partie, par l'état d'esprit et les tendances de ses contemporains; les livrets de la *Fantastique* et du *Mélologue*, qui nous font sourire actuellement, produisaient, à cette époque, un effet des plus puissants. Du reste Berlioz n'était pas souvent dupe de son imagination et le mythomane savait se ressaisir à propos.

Les jugements de Berlioz, jugements littéraires et musicaux, sont d'une netteté incomparable : à chaque instant, le musicien trouve l'épithète juste et pittoresque. Quant aux intrigues de Berlioz, nous savons avec quelle habileté, quel esprit de suite, elles étaient conduites.

Ses intrigues amoureuses, peut-être plus complexes, plus extravagantes, s'expliquent bien par ses tendances et les circonstances de sa vie. Certes Berlioz ne brille pas par

le sens moral : il aime les amours faciles et s'inquiète peu
de son fils; il se laisse aller à ses penchants. Cependant il a
une certaine esthétique morale : les malheurs de la Smithson ne sont peut-être pas étrangers à son regain de
passion; et, plus tard, après l'avoir abandonnée, il revient
à elle au moment de sa mort. Enfin la tristesse des dernières années de Berlioz s'explique par ses deuils, ses chagrins, ses déceptions.

Nous sommes donc bien loin de l'aliéné, que représentent
en lui Nordau, Helloin, Grasset. Les prétendus suicides de
Berlioz ne résistent point à la critique. Les événements, qui
semblaient de nature pathologique, sont démentis par les
faits et les documents; les étrangetés apparentes, les
désordres de sa conduite cessent d'étonner, lorsqu'on place
Berlioz à son époque et dans son milieu.

WAGNER.

L'état mental de Wagner (1813-1883) a fait l'objet de
nombreuses études, parmi lesquelles nous citerons le chapitre de Max Nordau, l'ouvrage de Nietzsche et la thèse de
Segalen.

Nordau retrouve en Wagner les principaux signes de la
dégénérescence. Nietzsche, après avoir admiré l'œuvre
musicale, critique vivement l'œuvre littéraire. Segalen
enfin reproche à Wagner d'avoir décrit dans ses héros les
formes principales de la « névrose ».

Cette dernière critique tombe d'elle-même, car le sujet
même des livrets est tiré des légendes populaires : le
Sommeil de la Walkyrie, le Chevalier au Cygne sont les
contes de Perrault de l'Allemagne, et le mysticisme, qui est
un des caractères des livrets wagnériens, est bien particulier à la race et à la nature germaniques.

Les critiques de Nietzsche, mieux fondées, s'appliquent
surtout à l'œuvre littéraire. Cette œuvre est réellement
diffuse, obscure, énigmatique; l'auteur se répète sans

aboutir à une formule précise; Wagner est bien un Allemand de son époque, imprégné de philosophie pessimiste
et métaphysique. *La Musique de l'avenir*, par son style,
par sa forme, est parente des ouvrages métaphysiques de
Fichte et de Hegel. Wagner ne peut être jugé que par
rapport au milieu dans lequel il a évolué.

L'œuvre musicale du maître qui, depuis la simplicité de
ses premiers essais jusqu'à la complexité de ses derniers
opéras, se développe de la façon la plus logique, l'œuvre de
Wagner, étudiée dans son inspiration, dans ses sources et
sa technique, proclame l'originalité et la puissance du génie
qui l'a créée. On n'y saurait trouver aucun indice de
trouble mental.

La correspondance entre Wagner et Liszt a été pendant
longtemps la seule source documentaire qui nous ait révélé
la vie intime du maître. La publication des lettres à
Mathilde Wesendonk ne date que de 1904. Elle est due au
professeur Wolgang Golther, qui agissait avec l'assenti-
ment des héritiers Wesendonk. « Si Wagner, disait
Golther dans sa préface, désirait brûler cette correspondance, Mme Wesendonk désirait elle-même la conserver à la postérité. »

La correspondance avec Liszt s'étend de 1841 à 1863; la
correspondance avec Mathilde Wesendonk de 1853 à 1871.
Le rapprochement, des lettres d'une même époque, appartenant à l'une ou l'autre de ces correspondances, n'y
décèle aucune contradiction. Par une louable discrétion,
Wagner ne fait à Liszt aucune allusion à sa passion pour
Mme Wesendonk.

La correspondance avec Liszt est surtout un échange
de considérations d'ordre musical et technique. Wagner
expose à son ami le plan de ses œuvres, lui donne les
indications orchestrales; il lui confie aussi, il est vrai, ses
soucis d'argent, ses rancœurs contre les musiciens et les
directeurs de théâtres. Il est jaloux du succès des autres,

lui qui, en 1840, est réduit, pour gagner sa vie, à transcrire pour piano la partition de *la Favorite*. Ces lettres révèlent surtout chez Wagner une haute idée de lui-même. On retrouve aussi, au moins dans les premières périodes, la haine du musicien contre le judaïsme; ce n'était pas une haine religieuse. Wagner était disciple de Schopenhauer. Il est du reste éclectique dans ses haines; il en veut « aux Juifs, aux épiciers et aux Jésuites ».

Wagner avait été exilé de l'Allemagne, à la suite de la Révolution de 1848, pour ses idées républicaines; or, dans cette même correspondance, il prie Liszt de lui faciliter, par tous les moyens, son retour en grâce, et fait réellement, par une palinodie manifeste, amende honorable de ses premières opinions.

La correspondance avec Mathilde Wesendonk nous montre le musicien sous un jour plus poétique. Leurs relations remontent à l'année 1852; mais, de l'aveu de Mathilde Wesendonk, « ce ne fut qu'en 1853, que celles-ci devinrent plus amicales et plus suivies; le maître commençait à m'initier à ses projets ».

Mathilde était sa confidente et son inspiratrice; et cette période passée à Zurich, à la « Colline Verte », est une des plus fécondes de la vie de Wagner. Le travail lui était facile et agréable; il composait, disait-il, comme en se jouant. « Les soirées étaient toujours animées et intéressantes. Wagner était en relations continuelles avec la famille Wesendonk; ils habitaient porte à porte. Mathilde était une jeune femme exquise, spirituelle, gracieuse et poétique, qui ne tarda pas à prendre sur Wagner un réel ascendant. La femme de Wagner, Mina, était vieille avant l'âge; c'était la bonne ménagère, d'esprit essentiellement terre à terre. En présence de son mari, elle gardait un silence prudent; mais, en son absence, son cœur s'ouvrait tout grand. Elle ne comprenait pas les chimères irréalisables, auxquelles Wagner consacrait des années entières.

Les *Niebelungen* ne lui inspiraient que défiance. Pourquoi ne pas faire de la musique à la portée de tous? Pourquoi se singulariser ainsi, au plus grand détriment de la caisse du ménage? De telles natures n'étaient point faites pour s'entendre. »

Les relations entre Wagner et Mathilde Wesendonk furent d'abord consacrées à lire ensemble les œuvres de Schopenhauer et de Calderon. Puis l'auteur confiait à son amie ses esquisses poétiques et musicales; les cinq poèmes pour voix de femmes (*Esquisses de Tristan et Isolde*) furent écrites à cette époque, sur des vers de Mathilde Wesendonk. Peu à peu les relations deviennent plus tendres, plus passionnées. Elles devaient être interrompues, vers la fin de l'année 1858, par la jalousie ombrageuse de Mina Wagner.

Une lettre de Wagner à sa sœur nous retrace les derniers temps de ce séjour à Zurich, constamment attristé par les scènes de Mina. « Je lui ai prodigué pendant trois mois les soins les plus assidus; pour la tranquilliser j'ai suspendu pendant ce temps mes visites, et je cherchais par tous les moyens à ramener ma femme à la raison. Tout est inutile. Elle ne voit que trivialité et se considère comme offensée. Sa rage un instant calmée se ranime... Mina est incapable de comprendre le malheur de notre union; elle s'imagine le passé tout autrement qu'il n'est; et, lorsque je cherche la consolation, la diversion, l'oubli, elle pense que tout cela est inutile... Jamais Mina n'aurait pu se montrer plus dignement ma femme qu'en me laissant goûter aux joies les plus élevées; elle pouvait me prouver la sincérité de son amour, mais cet amour vrai est au-dessus de son entendement. »

Il ressort évidemment de cette correspondance que, si Mina était inintelligente, terre à terre, et incapable de comprendre le génie de son mari, Wagner faisait, dans son égoïsme, assez bon marché des inquiétudes et des soucis de sa femme.

La correspondance de Zürich se compose de courts billets, de dédicaces de poèmes ou d'esquisses.

Celle des années suivantes constitue un véritable journal, dont le ton, tout d'abord tendre et amoureux, passe, dans les lettres des années suivantes, à celui de la simple cordialité et perd peu à peu son caractère intime. Dès 1859, Wagner cesse de tutoyer Mme Wesendonk. Cependant la correspondance se poursuit assez régulière jusqu'en 1863 et s'espace jusqu'en l'année 1871.

L'année 1865 marque chez Wagner une nouvelle période. Le roi Louis de Bavière, grand admirateur de son génie, rappelle le maître auprès de lui et le comble d'honneurs. On connaît la folie de ce souverain, dont l'imagination théâtrale et fastueuse se plaisait à incarner, dans leurs costumes, leurs attitudes et leur langage, les héros de l'épopée wagnérienne, et à vivre son rêve dans la réalité matérielle du décor romantique. Ami intime et complaisant du royal malade, Wagner fut accusé de partager la folie du monarque. On le soupçonna même d'avoir entretenu avec lui une liaison de caractère homosexuel. Le ton un peu tendre de la correspondance des deux amis peut, en effet, paraître suspect; mais il faut se rappeler que ces lettres, écrites à un malade, perdent, dans leur ton et leurs formules, la portée et la valeur qu'elles revêtiraient vis-à-vis d'un correspondant normal.

Cette époque est pour Wagner celle du début de sa gloire, celle où son génie est universellement reconnu de l'Allemagne, dont il devient le poète et le musicien national. En 1872, s'élève un théâtre construit selon ses plans et uniquement destiné à la représentation de ses opéras. Arrivé à son apogée, Wagner, épris de luxe et de faste, manifesta, dans ses fantaisies et ses caprices, quelques manies étranges : il aimait à parer son intérieur d'étoffes précieuses, nécessaires, disait-il, à son inspiration, et même à se vêtir de robes élégantes. Sans insister sur le détail anecdotique, on peut affirmer chez Wagner l'égoïsme, l'orgueil, le besoin de la mise en scène, et même quelques singularités de goûts. Mais rien, dans la psychologie du Maître, ne permet de conclure à l'existence d'une affection mentale.

SMETANA.

Nous ne retracerons pas ici la biographie de Smetana (1824-1884), bien exposée dans l'ouvrage de W. Ritter. Des renseignements d'ordre médical recueillis dans ce livre, résulte la conclusion suivante : Smetana a souffert de troubles auditifs et cérébraux relevant probablement de l'artériosclérose ou de l'urémie. A l'âge de cinquante ans, surdité bilatérale, lentement progressive, avec bourdonnement intense, vertiges; quelques années plus tard, diminution de l'aptitude au travail, dépression morale; enfin troubles dyspnéiques, douleurs cervicales, puis deux ictus aphasiques transitoires d'une durée de quelques heures, à une semaine d'intervalle : cette série symptomatique autorise l'hypothèse que nous avons plus haut proposée. Non seulement Smetana n'a présenté aucun trouble psychique proprement dit, mais on trouve dans sa correspondance une analyse très judicieuse et très fine de ses malaises, étudiés dans leur nature et leur évolution. Il est intéressant de rappeler, à propos de l'infirmité de Smetana, celle de Bethoven, et de rapprocher ces deux exemples célèbres de surdité chez deux maîtres de la musique.

En résumé, cette revue biographique de quelques Maîtres de la musique, autorise les conclusions suivantes :

1° D'une façon générale, les grands compositeurs offrent des types variés de déséquilibration mentale, surtout dans le domaine de la sensibilité morale, de l'émotivité et de l'imagination. Beaucoup d'entre eux se sont signalés à leurs contemporains, par l'excentricité de leurs manières, la bizarrerie de leurs attitudes, les contradictions, les extravagances de leur conduite, l'exaltation de leurs sentiments, la promptitude de leurs enthousiasmes, la facilité de leurs défaillances et de leurs abattements. Ce sont précisément ces singularités d'esprit, d'humeur et de conduite qui ont choqué l'entourage, ont été transmises et exagérées par la tradition et, en créant autour de chacune de ces grandes figures une atmosphère de légende, ont établi, contre toute vérité scientifique, ces réputations de folie ou de demi-folie.

Il faut aussi faire la part, dans ces manifestations excentriques et déréglées, des milieux sociaux et des périodes historiques, dans lesquels chacun d'eux a vécu et produit. Ainsi apparaissent, avec leur relativité et leur véritable sens, les réactions de ces sujets, expliquées non seulement par la mentalité de leur auteur, mais par la psychologie de leur temps et de leur milieu. Ces originalités de caractère, ces bizarreries de conduite, représentent comme les stigmates d'une déséquilibration psychique simple, qui, par le contraste qu'elle offre avec les qualités géniales du sujet, était de nature à provoquer l'étonnement des contemporains et à faire classer de tels originaux parmi les fous.

2° La proportion des aliénés chez les grands musiciens ne semble pas dépasser la moyenne ordinaire. On ne compte pas chez eux plus de psychoses, aiguës ou chroniques, organiques ou fonctionnelles, que dans toute autre catégorie professionnelle.

Ces remarques ne s'appliquent qu'aux génies de la composition musicale. Si l'on comprend, en effet, sous le nom de musiciens, non seulement les grands compositeurs, mais encore les compositeurs plus modestes, les amateurs, les virtuoses, et la foule des exécutants, il devient impossible de dresser une statistique rationnelle et d'apprécier, même avec de nombreux éléments, les rapports de connexité ou d'influence qui relient les aptitudes musicales aux prédispositions psychopathiques. Cependant, de notre expérience personnelle, il semble résulter que la plupart des musiciens, considérés au sens large du mot, présentent une certaine déséquilibration de la sensibilité, mais qu'ils ne fournissent pas aux cadres de l'aliénation mentale un contingent sensiblement plus élevé que les autres catégories professionnelles ou agricoles.

CHAPITRE IX

MÉLOTHÉRAPIE.

La puissance suggestive de la musique a servi de thème à toute une série de légendes, qui remontent à l'origine même des civilisations primitives. On connaît, au moyen âge, la croyance à l'influence de la musique sur les manifestations individuelles ou collectives de la pathologie psychique. Inutile de rappeler ici les épidémies saltatoires qui ont sévi sur l'Europe centrale et occidentale. Déjà à cette époque, s'il faut en croire les chroniques, des tentatives thérapeutiques avaient été pratiquées par certaines bandes de musiciens (*les Panno Verde*) qui, par des airs de timbre et de rythme appropriés, calmaient les crises de tarentisme déchaînées par les *Panno Rosso*.

Si la légende de la mélothérapie remonte aux temps héroïques, son histoire positive semble dater des premiers essais d'Albrecht, publiés en 1743. Le premier travail vraiment scientifique est celui de Dogiel, en 1880; l'œuvre a été reprise, seize ans plus tard, dans les travaux des psycho-physiologistes contemporains (Tarchanof, Binet et Courtier, Féré, Patrizi, etc.). Tous ces essais sont longuement exposés et discutés dans les thèses récentes de Guibaud, Guibier et Verdier, dans les communications de Vaschide et Piéron, dans le travail d'ensemble d'Ingegneros. Dans ces dernières années, on compte relativement peu de tra-

vaux originaux sur la question. La méthode psycho-physiologique, si précieuse dans l'étude des manifestations
organiques des émotions simples, se trouve en effet complètement désarmée en présence de réactions aussi complexes, aussi subjectives que celles de l'émotion esthétique
et du plaisir artistique en général.

Pour appliquer leurs méthodes à un tel sujet, les auteurs,
décomposant la musique en ses éléments simples, ont
étudié successivement à l'ergographe, au pneumographe,
au cardiographe, etc., les effets produits sur l'organisme
par les sons isolés, les gammes, les intervalles et les
accords consonants et dissonants, les mouvements et les
rythmes divers. Dans ce cadre relativement restreint, les
résultats se sont montrés très variables suivant les sujets.
Mais ces résultats, même concordants, ne pouvaient être
d'aucune utilité : car le langage musical, réduit ainsi à son
syllabaire, perd toute signification. En poursuivant de
telles recherches, en adoptant comme unité d'excitation les
sons simples de notre gamme, les auteurs ne tiennent
compte ni de l'évolution historique de notre gamme tem-
pérée, ni des variations de l'échelle musicale dans les systèmes harmoniques des peuples contemporains. Voici,
résumées, les conclusions expérimentales de ces derniers
travaux.

Les réactions organiques produites par les sons simples
sont celles de toute distraction, de tout dérivatif de l'attention. Les accords dissonants surprennent les uns, laissent
les autres insensibles, et provoquent par leur répétition
une accoutumance chez ceux qu'ils avaient tout d'abord
étonnés.

Les résultats expérimentaux se sont montrés plus concordants, lorsque les auteurs se sont adressés à des morceaux simples (airs à danser, rythmes de marche, marches
funèbres, etc.). Or ces expériences n'ont fait que confirmer
les résultats de l'observation journalière, à savoir que la

plupart des individus répondaient au type musico-moteur, mélokinétique. En dehors de morceaux de forme et d'allure aussi typiques, l'individualité du sujet en expérience reprenait tous ses droits, et, comme en font foi les observations psycho-physiologiques de Verdier, déterminait, dans les résultats expérimentaux, des variations en rapport avec chaque équation personnelle.

Cependant la mélothérapie judicieusement comprise est susceptible d'heureux effets et d'applications rationnelles.

Ferrand, dans une communication à l'Académie de médecine, avait, en de sages préceptes, indiqué tout l'avantage que les psychopathes pourraient retirer des études et des auditions musicales appropriées à leur état mental. Il avait compris aussi l'inanité des équations thérapeutiques imaginées *a priori*. Des polémiques, dépourvues d'ailleurs de tout caractère scientifique, ont eu lieu à ce sujet, il y a quelques années, dans les journaux américains, certains auteurs déclarant la musique nuisible, capable d'engendrer ou d'exalter des troubles névropathiques, d'autres vantant les effets curateurs de l'art musical. Assurément, des œuvres musicales suggestives, romantiques, sont capables d'exagérer les dispositions émotives de certains névropathes, trop enclins au dilettantisme et à l'auto-analyse; le malade peut trouver, dans le musicien qui le charme, un véritable collaborateur de ses tendances morbides.

Il faut donc, avant tout, tenir compte de la capacité et des aptitudes musicales de chaque sujet; car l'influence bonne ou mauvaise de la musique sur un psychopathe, n'est possible que si la musique est sinon comprise, au moins quelque peu sentie par le sujet.

Il est impossible de formuler *a priori*, comme autant de règles thérapeutiques, les indications de tel auteur, ou de tel style, tirées des syndromes de la pathologie mentale.

On peut d'ailleurs affirmer ici que les grands malades, ceux qui présentent les formes franches, affectives ou délirantes, de la folie, sont insensibles à l'influence thérapeutique de la musique. Tout entiers absorbés ou distraits par les préoccupations de leurs délires, par l'inhibition ou le désarroi de leur activité, par la concentration, la dispersion ou la confusion de leurs idées, souvent incapables de toute réaction esthétique par suite de leur indifférence et de leur apathie, ces malades sont, pour la plupart, fermés à l'émotion musicale. Lorsqu'ils peuvent en ressentir quelques effets, ils ne prennent, dans le langage de la musique, que les éléments (rythme, ton, phrase, etc.), qui s'adaptent, par association directe ou interprétation indirecte, à leur état affectif ou au thème de leur délire.

Nous pouvons rappeler ici l'échec de la tentative de mélothérapie instituée, sur le peintre H. van der Goës, au prieuré du Cloître-Rouge, par le père supérieur, qui, à l'exemple de David devant Saül, espérait guérir par la musique la mélancolie de son hôte.

Quant aux autres malades, les névropsychopathes, atteints des formes innombrables de la déséquilibration intellectuelle, affective ou sensitivo-motrice, ils sont susceptibles, dans la mesure de leurs aptitudes et de leur culture musicales, de bénéficier de la mélothérapie. Les indications de cette thérapeutique échappent à tout formulaire et ne peuvent être tirées que de l'étude approfondie de chaque cas individuel. La musique n'exercera pas, chez tous les sujets, une action purement musicale. Elle réveillera fatalement, chez chacun d'eux, des associations d'images, d'idées ou de sentiments, toute une série de souvenirs, qui exerceront sur l'esprit du sujet une influence, favorable ou néfaste, mais d'ordre secondaire et étranger à la musique. Il faut donc soigneusement se garder de fautes ou de maladresses psychothérapeutiques, commises au nom des indications soi-disant rationnelles de la mélothérapie. On peut, d'une façon générale, recommander l'audition de morceaux, dont les caractères ne puissent ni heurter de front ni offenser la sensibilité des malades, ni s'accorder trop manifestement avec le ton de leur état psychopathique.

CHAPITRE X

CONCLUSIONS.

Tout langage est un système de symboles, employé par les êtres vivants, pour échanger entre eux des états psychiques. La musique est donc un véritable langage, avec ses éléments moteurs d'expression et ses éléments sensoriels de perception.

Primitivement réflexe, secondairement intentionnel, le langage musical exprime soit les images descriptives, soit, surtout, les états émotifs. Il existe, enfin, en dehors des expressions descriptives et émotives, un troisième ordre de langage musical, qui n'est destiné, chez l'être vivant, à l'échange d'aucun état psychique avec ses semblables, qui répond à une excitation physiologique ou pathologique du système nerveux, et qui représente la manifestation vocale du besoin d'expansion psychomotrice générale de l'organisme. Beaucoup de chants d'oiseaux, beaucoup d'émissions phonétiques élémentaires, souvent inconscientes (chansons, sifflements, fredonnements), représentent, dans le domaine musical, les formes courantes de ce besoin de mouvement, de cette exubérance de vitalité, de ce dégagement de l'énergie accumulée par la nutrition et le repos.

L'étude de l'évolution du langage musical nous montre qu'à une certaine période de son histoire, à la période dite classique, celui-ci a été cultivé par des maîtres illustres, travaillé en lui-même et pour lui-même, dans sa forme et sa technique; et que, devenant à lui-même son propre objectif, il s'est perfectionné, assoupli, enrichi, et, dans une certaine mesure même, codifié dans une élaboration purement formelle. Cette culture de la musique pour la musique semble avoir été l'œuvre d'artistes relativement isolés du mouvement social de leur époque. Tout art compte ainsi ses fervents du style et de la forme, ses techniciens intransigeants, plus habiles à exprimer qu'aptes à sentir.

Antérieur au langage articulé, lié originellement à l'intonation spontanée et à l'imitation réflexe des bruits de la nature, le langage des sons doit être étudié dans ses trois modes : perceptif, expressif et psychique.

Le mode perceptif, ou sensoriel, comprend l'audition et la lecture musicales. Le mode expressif, ou moteur, comprend le chant, le jeu des instruments et l'écriture musicale. Ces diverses modalités ont déjà été bien étudiées par de nombreux auteurs.

Le langage musical psychique, sur lequel nous désirons attirer l'attention, comprend les processus du langage musical intérieur, intermédiaire aux opérations sensorielles et motrices, et constitués par l'élaboration subjective des apports auditifs et visuels. Ce langage correspond à l'idéation musicale.

Chez certains sujets, le langage musical intérieur offre des ressources symboliques supérieures à celles de tout autre langage, et la musique représente pour eux, dans l'expression de leurs pensées et surtout de leurs sentiments, un véritable langage d'élection. On peut étudier ainsi l'expression musicale des principales émotions : joie, douleur, amour, haine, terreur, etc.

L'étude des aphasies musicales, des amusies, s'impose donc chez tout sujet suspect de troubles du langage. Les amusies, comme les aphasies, sont sensorielles (surdité et

cécité musicales) ou motrices (vocales, instrumentales ou
graphiques). Elles sont partielles ou totales, simples ou
complexes.

L'ensemble des observations, que nous avons étudiées
dans la littérature médicale, ou personnellement recueillies, démontre l'origine presque toujours dynamique des
amusies partielles, sensorielles ou motrices. Les amusies
organiques semblent toujours complexes ou totales. On a,
dans des travaux plus théoriques que cliniques, cherché à
établir entre les amusies et les aphasies un parallélisme,
dont la rigueur schématique s'accorde mal avec la complexité des faits étudiés. La méthode anatomo-clinique n'a
pas permis non plus de déterminer les territoires du langage
musical : les lésions constatées aux autopsies sont souvent
étendues et ne permettent aucune localisation précise.

De même que l'étude de l'aphasie démontre la fréquence
de l'association, aux troubles du langage, des troubles de
d'esprit, de même l'étude de l'amusie, particulièrement
chez les compositeurs, démontre l'association ordinaire aux
troubles sensoriels et moteurs (audition et lecture, exécution et écriture de la musique) du désordre ou du déficit
du psychisme musical. Celui-ci doit être étudié dans l'interprétation des morceaux, dans l'expression musicale
spontanée des différents états d'âme, enfin dans la technique
même de l'harmonie et de la composition. Les conclusions
d'une pareille étude ne valent que par comparaison des
résultats de l'examen actuel avec l'état antérieur, chez le
sujet, de l'intelligence et de la culture musicales.

Il existe de nombreux troubles psychonévropathiques
du langage musical, relevant de l'hystérie, de la neurasthénie, de la migraine et de l'épilepsie. D'autres troubles
apparaissent chez certains déséquilibrés, sous forme
d'obsessions, d'impulsions et de phobies. Enfin, on peut
observer des associations anormales ou morbides de certains processus, sensoriels, génitaux, etc., aux différentes

manifestations du langage musical ; une des plus curieuses et des plus étudiées parmi ces associations, est l'audition colorée et l'audition visualisée.

Le langage musical subit, au cours des maladies mentales, des modifications et des altérations intéressantes à étudier chez les différentes catégories d'aliénés. Dans les débilités psychiques, on observe fréquemment l'existence d'aptitudes musicales, parfois remarquables, qui contrastent singulièrement avec la faiblesse et parfois la nullité du reste des facultés mentales.

Les troubles de l'émotivité, et particulièrement les états d'excitation et de dépression, exercent une influence marquée sur l'activité et l'orientation du psychisme musical.

L'étude, encore récente, des glossolalies démontre les étroites relations qui existent entre les troubles de l'émotivité ainsi que certains états maniaques ou délirants, et les manifestations aberrantes les plus curieuses des langages verbal et musical.

En dehors de certains cas exceptionnels (quelques délires toxiques, dus surtout au haschisch et à l'opium), les délires hallucinatoires ou interprétatifs n'offrent guère de relations pathologiques saisissables avec le langage musical.

Au cours des démences, les aptitudes musicales déchoient parallèlement aux autres modes de l'activité mentale. Il semble cependant que cette désintégration soit plus lente et plus incomplète pour le langage musical que pour les autres manifestations psychiques.

L'étude historique et critique des psychoses chez les musiciens démontre qu'on observe, chez les grands compositeurs, des types variés de déséquilibration dans le domaine de la sensibilité morale, de l'émotivité et de l'imagination. Certaines originalités du caractère, certaines bizarreries de la conduite, certaines excentricités des manières, par le contraste qu'elles offraient avec le

génie musical de l'artiste, ont créé autour de quelques
grands musiciens une légende de folie ou de demi-folie
absolument injustifiée. La proportion des aliénés chez les
grands musiciens ne semble pas dépasser la moyenne
ordinaire.

La mélothérapie ne mérite à aucun titre de prendre
rang parmi les ressources du traitement curatif de la
folie. Si beaucoup d'aliénés sont capables de goûter la
musique et de s'y intéresser, ils réagissent sous ce rapport
comme les individus normaux. Dans la thérapeutique des
névropsychopathies, l'influence favorable de la musique,
qui n'est pas niable, est subordonnée aux aptitudes du
sujet à comprendre ou au moins à sentir la musique.
Dans chaque cas particulier, les indications de la mélothérapie doivent être tirées de l'étude approfondie non seulement de l'espèce morbide en cause et de la culture musicale du malade, mais de toutes les associations d'images,
d'idées ou de sentiments que peut susciter l'audition de
telle ou telle œuvre musicale.

INDEX BIBLIOGRAPHIQUE

ANTHEAUME et DROMARD. — *Poésie et folie*, 1 vol., 1908.

ARRÉAT. — *Mémoire et imagination*, 1 vol., 1904.

Observation d'une musicienne (Rev. philos., septembre 1903).

AUERBACH. — *Beitrage zur Lokalisation des musikalischen Talentes im Gehirn und im Schädel* (Archiv für Anatomie und Entwicklungs Geschischte, 1906, p. 197).

BALLET (Gilbert). — *Le langage intérieur* (Thèse Agrég. Paris, 1886).

BARRAUD. — *A quelle maladie a succombé Mozart?* (Chron. méd., 1905, p. 73.)

BAZAILLAS. — *Musique et inconscience*, 1 vol., 1908.

BERG. — *Beitrag zur transkortikaler Aphasie* (Zeitung für Psychiatrie, t. XIII, p. 631).

BERLIOZ. — *Mémoires*, 2 vol., 1878.

BERNARD. — *De l'aphasie et de ses diverses formes* (Thèse Paris, 1885).

BINET. — *Audition colorée* (Rev. des Deux Mondes, 1er octobre 1892).

BINET et COURTIER. — *Influence de la musique sur la respiration, le cœur et la circulation capillaire* (Année psychol., 1896, p. 104-126).

BLOCQ (Paul). — *L'amusie* (Revue générale; Gazette hebdomadaire de médecine et chirurgie, 25 février 1893, p. 86).

BLEULER. — *Ein Fall von aphasischen Symptomen : Hemianopsie, Amnestische Farbenblindheit und Seelenlähmung* (Arch. für Psych., t. XXV, p. 33, 1893).

Bos (Charles). — *Les éléments affectifs du langage* (Rev. philos., octobre 1905, p. 355).

Boschot. — *La jeunesse d'un romantique*, 1 vol., 1906.

Boschot. — *Un romantique sous Louis-Philippe*, 1 vol., 1908.

Bouillaud. — *Sur la faculté du langage articulé* (Acad. méd., 1865, 4 avril, t. I, p. 575).

Brazier. — *Du trouble des facultés musicales dans l'aphasie* (Rev. philos., 1892, p. 337).

Briand (Em.). — *Le comique en musique*, Nancy, 1884.

Brierre de Boismont. — *De la musique dans les asiles d'aliénés et des concerts de la Senavra et de Quatre-Mares*(Annales médico-psych., Paris, 1860).

Brissaud. — *Sur l'aphasie d'articulation et l'aphasie d'intonation, à propos d'un cas d'aphasie motrice corticale sans agraphie* (Sem. méd., 1894, p. 341), et in *Leçons sur les maladies nerveuses*, 1895, p. 521.

Brucke. — *Die Musik als Heilmittel* (Klinik. Therapeut. Wochenschrift, 1902, nº 15, p. 502).

Bruns. — *Ueber Seelenlähmungen* (Festschrift anlässlich der 50 jährigen Bestehung der Provincialen Irrenanstalt zu Nietleben, 1895).

Büchner. — *Arbeit und Rythmus*, 1 vol., 1902.

Bury (de). — *Chopin* (Mercure de France, juin 1909).

Cabanès. — *Les phtisiques célèbres. La maladie de Chopin d'après des documents inédits* (Chron. méd., 1899, p. 673).

Chantavoine. — *Beethoven*, 1 vol., 1910.

Charcot. — *Leçons cliniques*, 1883-4, publiées par Millotti, Milan, 1886.

Clément (F.). — *Les musiciens célèbres*, 1 vol., 1887.

Combarieu. — *La musique, ses lois, son évolution*, 1 vol.

Combarieu. — *L'expression objective en musique* (Rev. philos., février 1893, p. 124).

Combarieu. — *La musique d'après H. Spencer* (Rev. philos., juillet 1892, p. 81).

Cramer. — *Zur Lehre der Aphosie* (Archiv für Psych. und Nervenheilk, 1891, Bd 22, p. 141).

Dauriac (L.). — *Essai sur l'esprit musical*, 1 vol., 1904.

Dauriac (L.). — *Rossini* (cf. pour bibliographie de Rossini).

Dauriac (L.). — *L'hypnotisme et la psychologie musicale* (Rev. philos., octobre 1900).

Davidson. — *Music in medicine* (Lancet, 28 octobre 1899, p. 1159).

DEJERINE. — *Pathologie générale* (Traité Charcot-Bouchard, t. VI, p. 400).

DESTOUCHES. — *La musique et quelques-uns de ses effets sensoriels* (Thèse Paris, 1899). Nous renvoyons à cette thèse pour la bibliographie de l'audition colorée.

DEVAUX et LOGRE. — *L'aphasie d'après von Mondkow* (L'Encéphale, 1908).

DOBBERKE. — *Ueber vocale und instrumentale Musikstörungen bei Aphasie*, 1899, Th. Friberg.

DOGIEL. — *Uber den Einfluss der Musik auf dem Blutkreislauf* (Arch. für Anat. und physiol., 1880, p. 416).

DONNATH. — *Beitrage zur Lehre von der Amusie nebst einem Falle von instrumentaler Amusie bei beginnender progressiven Paralysie* (Wiener Med. Wochenschr., 3 octobre 1901).

DROMARD. — *Les Transpositions sensorielles dans le langage littéraire* (Journ. de Psychol., novembre-décembre, 1908. p. 492).

DROMARD. — *Autokinétismes dans l'exécution musicale. Étude sur un cas d'amusie fonctionnelle intermittente* (Soc. de Psychol., 5 juin 1908. Journ. de Psychol. normale et pathol., sept.-oct. 1908, p. 453).

DUPRÉ et DEVAUX. — *La mélancolie du peintre Van der Goës* (Congrès de Bruxelles, 1910).

DUPRÉ et NATHAN. — *Circularisme et génie musical* (Congrès de Genève-Lausanne, 1907).

DUPRÉ et NATHAN. — *Le langage musical et ses troubles pathologiques* (Congrès de Lisbonne, 1906).

EDGREN. — *Amusie* (Deutsche Archiv für Nervenheilkunde, 1894, VI, fasc. 1 et 2).

ESQUIROL. — *Traité des maladies mentales*, 1838, t. II.

FAVRE. — *La musique des couleurs*, 1900.

FÉRÉ. — *Sensation et mouvement*, 1 vol., 1900.
— *Travail et plaisir*, 1 vol., 1904.
— *Des effets d'un même son suivant l'état du sujet* (Soc. Biol., 1902, p. 1235).
— *Effets physiologiques des interruptions des excitations auditives* (Soc. Biol., 1902, p. 1301).
— *Note sur la fatigue par les sons suivant la hauteur* (Soc. Biol., 1902, p. 1340).
— *La fatigue par les excitations auditives* (Soc. Biol., 1891, p. 749).

FÉRÉ. — *Des variétés de l'influence d'un même son sur le travail* (Soc. Biol., 1902, p. 1209).

— *Influence du rythme sur le travail* (Année psychol., 1901, p. 48, 106).

FERRAND. — *Essai physiologique sur la musique* (Bull. de l'Acad. de méd., 1895, t. XXXII, p. 282).

FÉTIS. — *Histoire générale de la musique.*

FINKELNBURG. — *Niederrheinische Gesellschaft zu Brem*, 21 mars 1870.

FLOURNOY. — *Les Phénomènes de Synopsie*, 1893.

FLOURNOY. — *Des Indes à la planète Mars.* Genève, 1900. *Chorégraphie somnambulique. Le cas de Magdeleine G.* (Arch. de Psychologie, n° 12, t. III, juillet 1904).

FRANKL-HOWART. — *Verlust des musikalischen Ausdrucks-Vermögens* (Deutsche Zeitschrift für Nervenheilkunde, 1891, fasc. 3 et 4).

GALLET (Mme). — *Schubert et le Lied*, 1 vol., 1907.

GOBLOT. — *La musique descriptive* (Rev. philos., juillet 1901, p. 58).

GRASSET. — *Demi-fous et demi-responsables*, 1 vol., 1907.

GRÜHLE. — *Brief ueber Robert Schumann's Krankheit an P. J. Mœbius* (Centralblatt für Nervenheilk. und Psychiatrie, 5 octobre 1906).

GUIBAUD. — *Contribution à l'étude expérimentale de l'influence de la musique sur la circulation et sur la respiration* (Thèse Bordeaux, 1898).

GUIBIER. — *De la possibilité d'une action thérapeutique de la musique* (Thèse Paris, 1904).

HANSLICK. — *Vom Musikalischen Schönen*, 1854.

HELLOIN. — *La névropathie de Berlioz et la critique technologique* (Chron. méd., 1906, p. 312).

HERNBERG. — *Ueber unvollständige reine Worttaubheit* (Monatschrift für Psychiatrie und Neurol. Janvier 1906, t. XIX, p. 17).

INGEGNIEROS. — *Psicofisiologia del lenguage musical* (Semana medica, Buenos-Ayres, 16 nov. 1905, p. 1177).

INGEGNIEROS. — *Le langage musical et ses troubles hystériques*, 1 vol , 1907. (On trouvera dans ce volume l'indication bibliographique des publications antérieures de l'auteur sur le langage musical.)

— Iconographie de la Salpêtrière, 1907.

IRELAND. — *On affections of musical faculty in cerebral diseases* (Journ. of mental sciences, 1894, p. 354).

JAELL (Mme Marie). — *La musique et les lois de la psychophysiologie*, 1896. (On trouvera dans ce volume l'indication des notes publiées par l'auteur en collaboration avec Féré.)

KAHN (Pierre). — *La Cyclothymie* (Thèse Paris, 1909).

KAST. — *Ueber Störungen des Gesangs und des musikalischen Gehörs bei Aphasischen* (Aertzlisch. Intelligenzblatt, n° 44. 1885).

KLOTZ FOREST. — *La surdité de Beethoven* (Chron. méd., 1905, p. 321).

— *La dernière maladie et la mort de Beethoven* (Chron. méd., 1906, p. 209 et 241).

KNAUER. — *Ueber gewissen, den Aphasien analogen, Störungen des musikalischen Ausdrucks* (Deutsche medicinische Wochenschrift, 1897).

KNOBLAUCH. — *Ueber Störungen der musikalischen Leistungsfähigkeit infolge Gehirnläsionen* (Deutsche Archiv für klinische Medicin, 1888, t. LIII, fasc. 4 et 5).

KOSTENISCH. — *Uber einen Fall von motorischen Aphasie* (Deutsche Zeitschrift für Nervenheilkunde, 1893, t. IV, p. 369).

LAIGNEL-LAVASTINE. — *Audition colorée familiale* (Rev. de neurol., 1901, p. 1152).

— *La psychologie des tuberculeux* (Rev. de méd., 11 mars 1907, p. 237).

LALO (Ch.). — *Esquisse d'une esthétique musicale scientifique*, 1 vol., 1908.

LAMY (H.). — *Amnésie musicale chez un aphasique sensoriel, ancien professeur de musique. Conservation de l'exécution, de la lecture, de l'improvisation et de la composition* (Rev. neurol., 30 juillet 1907, p. 688).

LANDORMY (P.). — *La logique du discours musical* (Rev. philos., août 1904).

LARIONOFF. — *Deux cas d'aphasie transcorticale motrice et sensitive avec conservation, dans l'un, de la faculté musicale* (Clinique neuro-psychiatrique de Saint-Pétersbourg, 8 janvier 1898).

LAVIGNAC. — *La musique et les musiciens* (1 vol.).

LE DANTEC. — *Mimétisme et éducation* (Rev. philos., août 1898, p. 256).

LE DANTEC. — *Le mécanisme de l'éducation* (Rev. philos., octobre 1899, p. 337).

LEGGE. — *Music and musical faculty in insanity* (The journal of mental sciences, 1894, p. 368).

Levi-Bianchini. — *Aura Canora épileptique prémonitoire : épilepsie paranoïde* (Rev. de neurol., 1904, p. 15).

Lichtenberger *Wagner*, 1 vol., 1910.

Lichtheim. — *Ueber Aphasie* (Arch. für klin. medicin, t. XXXVI, p. 37; cité par Pick).

Liepmann. — *Ein Fall von Sprachtaubheit* (Psychol. Abhandlungen in Breslau, 1898).

Lœwenfeld. — *Ueber musikalischen Zwangsvorstellungen* (Centralblatt für Nervenheilkunde und Psychiatrie, 1897, p. 57), et un volume *Die psychiche Zwangserscheinungen*).

Lombard (E.). — *Essai d'une classification des glossolalies* (Archives de Psychologie, t. VII, n° 25, juillet 1907).

Lombroso. — *L'homme de génie*, 1 vol., 1903.

Lomer. — *Beobachtung über farbiges Hören* (Archiv für Psychiatrie und Nervenheilkunde, 1905, p. 593).

Lustrizki. — *Contribution à l'étude du centre musical* (Société de Psychiatrie de Saint-Pétersbourg, 24 mars 1907).

Mann (L.). — *Casuistische Beitrage zur Hirnchirurgie und Hirnlokalisationen* (Monatsch. für Psychiatrie und Neurol., novembre 1898, p. 366).

Marie (Pierre). — *De l'Aphasie* (Rev. de méd., 1883, p. 693).

Marie (Pierre) et Sainton. — *Sur un cas d'abcès du lobe temporal gauche* (Revue neurologique, 1898, p. 198).

Marinesco. — *Des Amusies* (Sem. méd., 1er février 1905).

Mauclair (Camille). — *Schumann*, 1 vol.

Millet. — *L'audition colorée* (Thèse Montpellier, 1892).

Mills. — (Cité par Probst.) *A textbook of nervous diseases by American authers*, 1895.

Mirallié. — *De l'Aphasie sensorielle* (Thèse Paris, 1896).

Mœbius. — *Ueber Robert Schumanns Krankheit*, 1906.

Monakov (Von). — Cité par Pick.

Montagnini. — *Equivalenti musicali epilettici* (Gazetta degli Ospedali, 21 décembre 1903, p. 1646).

Moreau de Tours. — *Le haschisch*, 1 vol.

Nathan (Marcel). — *Un cas d'amusie incomplète chez un musicien professionnel, atteint d'aphasie sensorielle atténuée* (Soc. de neurol., février 1906).

Nathan (Marcel). — *Un cas de paralysie générale chez un musicien* (Soc. de neurol., 31 déc. 1908).

Nathan (M.) et Charpentier (René). — *Étude du langage musical d'un musicien professionnel, dément organique par lésion circonscrite* (Soc. de Psychiatrie, 24 juin 1909).

NIETZSCHE. — *Der Fall Wagner.*

NORDAU (Max). — *Dégénérescence*, 2 vol., 1907.

OPPENHEIM. — *Ueber das Verhalten der Musikausdrucksbewegungen und des musikalischen Verstandes bei Aphasiker* (Charité Annalen, 1888, p. 345).

PASCAL (Mlle). — *Les maladies mentales de Robert Schumann* (Journ. de psychol., mars-avril 1908, p. 98).

PATRIZI. — *Primi esperimenti intorno all' influenza della musica sulla circulacione del sangue nel cervello* (Rivista musica Italiana, 1896).

PAULHAN. — *La composition musicale et les lois générales de la psychologie* (Rev. philos., décembre 1892, p. 590).

PICK. — *Zur Analyse der Elemente der Amusie und deren Vorkommen im Rahmen aphasischer Störungen* (Monatschrift für Psychiatrie und Nervenheilkunde, juillet 1905).

POIRÉE (Élie). — *Chopin*, 1 vol.

PORTIGLIOTTI (G.). — *I. Pozzi nell Arte*, 1907.

PROBST. — *Ueber die Lokalisation des Tonvermögens* (Archiv für Psychiatrie und Nervenheilk, 1899, p. 387).

PRODHOMME. — *Berlioz. Sa vie et ses œuvres*, 1 vol., 1904.

PROUST. — *De l'Aphasie* (Arch. gén. de méd., 1872, p. 147).

REGNARD. — *Génie et folie, Réfutation d'un paradoxe* (Annales médico-psychologiques, années 1898 et 99 et en particulier, 1899, 1er sem., p. 22).

RIBOT. — *Essai sur l'imagination créatrice*, 1 vol., 1900.

S. RICCA. — *Sur quelques expériences ergographiques chez des mélancoliques soumis à des excitations musicales* (Rivista di Psicologia applicata, janv. 1909, p. 30).

RIEMANN. — *Les Éléments d'esthétique musicale*, 1 vol., 1906.

RITTER (W.). — *Smetana*, 1 vol., 1908.

ROCHAS (De). — *Les sentiments et la musique*, 1 vol.

ROMAIN ROLLAND. — *Beethoven* (Cahiers de la Quinzaine).

— *Berlioz* (Rev. de Paris, 1904, 1er et 15 mars).

— *Hugo Wolf* (Rev. de Paris, 15 mai 1905).

ROMAIN ROLLAND. — *Hændel*, 1 vol., 1910.

ROSSIGNEUX. — *Essai sur l'audition colorée et sa valeur esthétique* (Journ. de psychol., mai-juin 1905, p. 193).

SANTE DE SANCTIS. — *Obsessioni ed impulsi musicali* (Il Policlinico, 1896, p. 62).

SANTE DE SANCTIS. — *Equivalenti musicali degli attachi epilettichi; attachi di canto* (Rivista quinidic. di Psichiatria, 1897).

SCHWEITZER. — *Bach poète et musicien*, 1905.

SÉGALEN. — *L'observation médicale chez les écrivains naturalistes* (Thèse Bordeaux, 1902).

SERIEUX. — *Sur un cas de surdité verbale pure* (Rev. de méd., 1893, p. 33).

SOKOLOV. — *L'Individuation colorée* (Rev. philos., juillet 1901, p. 36).

SOLLIER. — *Psychologie de l'idiot et de l'imbécile*, 1 vol., 1890.

SOURY. — *Système nerveux central*, t. II, p. 1058, 1899.

SPENCER. — *Origines et fonctions de la musique* (Mind. 1890, p. 449).

STRICKER. — *Le langage de la musique*, 1 vol.

STUMPF. — *Die Tonpsychologie*, 1885, 1 vol.

STUMPF. — *Die Unmusikalischen und die Tonverschmelzung* (Zeit für Psychol. und Physiologie der Sinnorganen, 1898, XVII, p. 422).

SUAREZ DE MENDOZA. — *L'audition colorée* (Revue des Deux Mondes, 1890).

TARCHANOFF. — *Influence de la musique sur l'homme et les animaux* (Congrès internat. de Rome, 1894, p. 155-6).

TIERSOT. — *Gluck*, 1 vol., 1910.

TOUCHE. — *Aphasie. Perte totale de la parole spontanée, conservation du chant. Autopsie* (Rev. neurol., 15 mars 1900).

TROUSSEAU. — *Cliniques médicales*, 1865.

VASCHIDE ET LAHY. — *Les coefficients respiratoires de la musique* (Rivista musica italiana, Turin, 1902).

VASCHIDE et VURPAS. — *Du coefficient sexuel de l'impulsion musicale* (Arch. neurol., n° 111, 1904).

— *De l'excitation sexuelle dans l'émotion musicale* (Arch. d'anthrop. criminelle, mai 1904).

VERDIER. — *Sur quelques effets physiologiques de la musique. Contribution à l'étude des bases physiologiques de la musicothérapie* (Thèse Toulouse, 1903). (On trouvera dans cette thèse, ainsi que dans celle de Guibier, la bibliographie des travaux parus sur la musicothérapie.)

VIELLE. — *Beethoven* (Thèse Lyon, 1904).

WAGNER. — *Correspondance avec Liszt*, 2 vol., trad. Schmitt, 1904.

— *Correspondance avec Mathilde Wesendonk*, 1 vol., 1904.

WAINWRIGHT. — *Music as therapeutic agent* (Dietetic and Hygien Gazette, 1906, p. 12).

WALLENSCHEK. — *Die Bedeutung der Aphasie für Musikvorstellung* (Zeitschrift für Psychol. und Physiol. der Sinnorganen, 1893, t. VI, p. 8).

WILDERMUTH. — *Untersuchung über den Musiksinn bei Idioten* (Allg. Zeitsch. für Psychol., 1889, t. XIV).

WÜRTZEN. — *Einzelne Formen von Amusie durch Beispiele beleuchtet* (Deutsche Zeitschrift für Nervenheilkunde, 1903, XXIV, 5 et 6, p. 465).

WYSMAN. — *Aphasie und verwandte Zustände* (Deutsche Archiv für Klin. Medicin, 1890, t. XLVIII, fasc. 1 et 2).

TABLE DES MATIÈRES

573-10. — Coulommiers. Imp. Paul BRODARD. — 2-11.

LIBRAIRIE FÉLIX ALCAN

BIBLIOTHÈQUE DE PHILOSOPHIE CONTEMPORAINE
Volumes in-8, brochés, à 3 fr. 75, 5 fr., 7 fr. 50, 10 fr., 12 fr 50 et 15 fr.

EXTRAIT DU CATALOGUE

LIBRAIRIE FÉLIX ALCAN

BIBLIOTHÈQUE DE PHILOSOPHIE CONTEMPORAINE
Volumes in-16; chaque vol. broché : 2 fr. 50

R. Allier.
Philos. d'Ernest Renan. 3ᵉ édit.

G. Aslan.
Expér. et invent. en morale

J.-M. Baldwin.
Le Darwinisme.

A. Bayet.
La morale scientifique. 2ᵉ éd.

A. Binet.
La psychol. du raisonn. 5ᵉ éd.

Philippe et Paul-Boncour
Anomalies ment. chez les écoliers.

G. Bos.
Psychol. de la croyance. 2ᵉ éd.
Pessimisme, féminisme, etc.

M. Boucher.
Essai sur l'hyperespace. 2ᵉ éd.

C. Bouglé.
Les sciences soc. en Allem.

E. Boutroux.
Conting. des lois de la nature.

J. Bourdeau.
Maîtres de la pensée contemp.
Socialistes et sociologues.
Pragmatisme et modernisme.

Brunschvicg.
Introd. à la vie de l'esprit. 3ᵉ éd.
L'idéalisme contemporain.

C. Coignet.
Évolution du protestantisme.

G. Compayré.
L'adolescence. 2ᵉ édition.

A. Cresson.
La morale de Kant. 2ᵉ éd.
Malaise de la pensée philos.
Philosophie naturaliste.

Danville.
Psychologie de l'amour. 5ᵉ éd.

Delvolvé.
Organis. de la consc. morale.
Rationalisme et tradition.

Dromard.
Mensonges de la vie intérieure.

L. Dugas.
Le psittacisme.
La timidité. 5ᵉ édition.
Psychologie du rire, 2ᵉ édit.
L'absolu.

L. Duguit.
Droit social et droit individuel.

Dumas.
Le sourire.

Ch. Dunan.
Les deux idéalismes.

G.-L. Duprat.
Les causes sociales de la folie.
Le mensonge. 2ᵉ édit.

E. Durkheim.
Règles de la méth. soc. 5ᵉ éd.

Encausse.
Occult. et Spiritual. 3ᵉ éd.

Flérens-Gevaert.
Essai sur l'art contemp. 2ᵉ éd.
La tristesse contemp. 5ᵉ éd.
Psychologie d'une ironie. 3ᵉ éd.
Nouveaux essais sur l'art.

Fournière.
Essai sur l'individualisme.

Rogues de Fursac.
Un mouvement mystique.

G. Geley.
L'être subconscient.

Guyau.
Genèse de l'idée de temps.

E. Goblot.
Justice et Liberté, 2ᵉ éd.

Grasset.
Limites de la biologie. 6ᵉ éd.

Jankelevitch.
Nature et société.

A. Joussain.
Fondem. psychol. de la morale.

N. Kostyleff.
Crise de la psychol. expérim.

Lachelier.
Fondement de l'induction 6ᵉ éd
Le syllogisme.

C.-A. Laisant.
L'éduc. fond. s. la science. 3ᵉ éd.

A. Landry.
La responsabilité pénale.

Gustave Le Bon.
Évolution des peuples. 10ᵉ éd.
Psychologie des foules. 16ᵉ éd.

F. Le Dantec.
Le déterminisme biol. 3ᵉ éd.
L'individualité. 3ᵉ éd.
Lamarckiens et Darwiniens.

L. Liard.
Logiciens angl. contemp. 5ᵉ éd.
Définitions géomét. 3ᵉ éd.

H. Lichtenberger.
Philos. de Nietzsche. 12ᵉ édit.
Frag. et aphor. de Nietzsche.

Mauxion.
L'éduc. par l'instruction. 2ᵉ éd.
La moralité.

G. Milhaud.
La certitude logique. 2ᵉ éd.
Le rationnel.

Murisier.
Malad. du sentim. relig. 3ᵉ éd.

Ossip-Lourié.
Pensées de Tolstoï. 3ᵉ édit.
Nouvelles pensées de Tolstoï.
La philos. de Tolstoï. 3ᵉ éd.
La philos. sociale dans Ibsen.
Le bonheur et l'intelligence.
Croyance religieuse.

Palante.
Précis de sociologie. 4ᵉ édit.
La sensibilité individualiste.

D. Parodi.
Le problème moral.

Fr. Paulhan.
La fonction de la mémoire.
Psychologie de l'invention.
Les phénomènes affectifs. 2ᵉ éd.
Analystes et esprits synthétiq.
La morale de l'ironie.
Logique de la contradiction.

Péladan.
Philos. de Léonard de Vinci.

J. Philippe.
L'image mentale.

Proal.
Éducat. et suicide des enfants.

Queyrat.
L'imag. chez l'enfant. 4ᵉ éd.
L'abstraction dans l'éduc. 2ᵉ éd.
Les caractères. 3ᵉ éd.
La logique chez l'enfant. 3ᵉ éd.
Les jeux des enfants. 3ᵉ éd.
La curiosité.

G. Rageot.
Les savants et la philosophie.

G. Renard.
Le régime socialiste. 6ᵉ édit.

Rey.
L'énergétique et le mécanisme.

A. Réville.
Dogme de la divinité de J.-C.

Th. Ribot.
Probl. de psychol. affective.
La psych. de l'attention. 11ᵉ éd.
La phil. de Schopen. 12ᵉ éd.
Les mal. de la mém. 21ᵉ édit.
Les mal. de la volonté. 26ᵉ éd.
Mal. de la personnalité. 15ᵉ éd.

G. Richard.
Social. et science sociale. 2ᵉ éd.

Ch. Richet.
Psychologie générale. 8ᵉ éd.

Roussel-Despierres.
L'idéal esthétique.

S. Rzewuski.
L'optim. de Schopenhauer.

E. Rœhrich.
L'attention.

Seillière.
Philos. de l'impérialisme.

P. Sollier.
Les phénomènes d'autoscopie.
L'association en psychologie.

Souriau.
La rêverie esthétique.

Sully Prudhomme.
Psychologie du libre arbitre.

Sully Prudhomme.
et Ch. Richet.
Probl. des causes finales. 3ᵉ éd.

Tanon.
L'évolution du droit. 3ᵉ éd.

G. Tarde.
La criminalité comparée. 7ᵉ éd.
Les transform. du droit. 1ᵉʳ éd.
Les lois sociales. 6ᵉ éd.

J. Taussat.
Le monisme et l'animisme.

Thamin.
Éducation et positivisme. 3ᵉ éd.

P.-F. Thomas.
La suggestion et l'éduc. 5ᵉ éd.
Morale et éducation. 3ᵉ éd.

219-11. — Coulommiers. Imp. PAUL BRODARD. — 2-11.

LIBRAIRIE FÉLIX ALCAN

FÉLIX ALCAN ET R. LISBONNE, ÉDITEURS

PHILOSOPHIE — HISTOIRE

CATALOGUE

DES

Livres de Fonds

*On peut se procurer tous les ouvrages
qui se trouvent dans ce Catalogue par l'intermédiaire des libraires
de France et de l'Étranger.*

*On peut également les recevoir franco par la poste,
sans augmentation des prix désignés, en joignant à la demande
des TIMBRES-POSTE FRANÇAIS ou un MANDAT sur Paris.*

108, BOULEVARD SAINT-GERMAIN, 108

PARIS, 6ᵉ

—

JANVIER 1911

Les titres précédés d'un *astérisque* (*) sont recommandés par le Ministère de l'Instruction publique pour les Bibliothèques des élèves et des professeurs et pour les distributions de prix des lycées et collèges.

BIBLIOTHÈQUE
DE PHILOSOPHIE CONTEMPORAINE

La psychologie, avec ses auxiliaires indispensables, *l'anatomie* et la *physiologie du système nerveux,* la *pathologie mentale,* la *psychologie des races inférieures et des animaux,* les *recherches expérimentales des laboratoires* — la *logique;* — les *théories générales fondées sur les découvertes scientifiques;* — *l'esthétique;* — les *hypothèses métaphysiques;* — la *criminologie* et la *sociologie; l'histoire des principales théories philosophiques;* tels sont les principaux sujets traités dans cette bibliothèque. — Le catalogue spécial à cette collection, par ordre de matières, sera envoyé sur demande.

VOLUMES IN-16, BROCHÉS, A 2 FR. 50
Ouvrages parus en 1910 :

BALDWIN (J.-M.), correspondant de l'Institut. **Le darwinisme dans les sciences morales.**
  Traduit par G.-L. DUPRAT, docteur ès lettres.
DUNAN (Ch.), professeur au collège Rollin. **Les deux idéalismes.**
JOUSSAIN (A.). **Romantisme et religion.**
KOSTYLEFF (N.). **La crise de la psychologie expérimentale.**
MENDOUSSE (P.), docteur ès lettres, professeur au lycée de Digne. **Du dressage à l'Éducation.**
PAULHAN (Fr.). **La logique de la contradiction.**
PÉLADAN. **La philosophie de Léonard de Vinci.**
PHILIPPE (Dr J.) et PAUL-BONCOUR (Dr G.). **L'éducation des anormaux.**
QUEYRAT (Fr.). **La curiosité.** *Étude de psychologie appliquée.*
SEGOND (J.), docteur ès lettres. **Cournot et la psychologie vitaliste.**
SEILLIÈRE (E.). **Introduction à la philosophie de l'impérialisme.**

Précédemment publiés :

ALAUX (V.). **La philosophie de Victor Cousin.**
ALLIER (R.). * **La philosophie d'Ernest Renan.** 2e édit. 1903.
ARRÉAT (L.). * **La morale dans le drame, l'épopée et le roman.** 3e édit.
— * **Mémoire et imagination** (Peintres, musiciens, poètes, orateurs). 2e édit.
— **Les croyances de demain.** 1898.
— **Dix ans de philosophie.** 1900.
— **Le sentiment religieux en France.** 1903.
— **Art et psychologie individuelle.** 1906.
ASLAN (G.), docteur ès lettres. **L'expérience et l'invention en morale.** 1908.
AVEBURY (Lord) (Sir JOHN LUBBOCK). **Paix et bonheur.** trad. A. MONOD. (V. p. 4.)
BALLET (G.), professeur à la Faculté de médecine de Paris. **Le Langage intérieur et les diverses formes de l'aphasie.** 2e édit.
BAYET (A.). **La morale scientifique.** 2e édit. 1906.
BEAUSSIRE, de l'Institut. * **Antécédents de l'hégélianisme dans la philosophie française.**
BERGSON (H.), de l'Institut, professeur au Collège de France. * **Le Rire.** Essai sur la signification du comique. 6e édit. 1910.
BINET (A.), directeur du laboratoire de psychologie physiologique de la Sorbonne. **La psychologie du raisonnement,** expériences par l'hypnotisme. 4e édit. 1907.
BLONDEL (H.). **Les approximations de la vérité.** 1900.
BOS (C.), docteur en philosophie. * **Psychologie de la croyance.** 2e édit. 1905.
— * **Pessimisme, Féminisme, Moralisme.** 1907.
BOUCHER (M.). **L'hyperespace, le temps, la matière et l'énergie.** 2e édit. 1903.
BOUGLÉ (C.), chargé de cours à la Sorbonne. **Les sciences sociales en Allemagne.** 2e édit. 1902.
— * **Qu'est-ce que la Sociologie?** 2e édit. 1910.

VOLUMES IN-16 A 2 FR. 50

BOURDEAU (J.). **Les Maîtres de la pensée contemporaine.** 6ᵉ édit. 1910.
— **Socialistes et sociologues.** 2ᵉ édit. 1907.
— **Pragmatisme et modernisme.** 1909.
BOUTROUX, de l'Institut. *** De la contingence des lois de la nature.** 6ᵉ édit. 1908.
BRUNSCHVICG, maître de conférences à la Sorbonne. *** Introduction à la vie de l'esprit.**
2ᵉ édit. 1906.
— *** L'idéalisme contemporain.** 1905.
COIGNET (C.). **L'évolution du protestantisme français au XIXᵉ siècle.** 1907.
COMPAYRÉ (G.), de l'Institut. *** L'adolescence.** *Étude de psychologie et de pédagogie.* 2ᵉ éd.
COSTE (Ad.). **Dieu et l'âme.** 2ᵉ édit. précédée d'une préface par R. Worms. 1903.
CRAMAUSSEL (Ed.), docteur ès lettres. *** Le premier éveil intellectuel de l'enfant.** 1909. 2ᵉ éd.
CRESSON (A.), prof. au lycée St-Louis. **La Morale de Kant.** 2ᵉ édit. (Couronné par l'Institut).
— **Le Malaise de la pensée philosophique.** 1905.
— *** Les bases de la philosophie naturaliste.** 1907.
DANVILLE (Gaston). **Psychologie de l'amour.** 5ᵉ édit. 1910.
DAURIAC (L.). **La Psychologie dans l'Opéra français** (Auber, Rossini, Meyerbeer).
DELVOLVÉ (J.), maître de conférences à l'Univ. de Montpellier. *** L'organisation de la
conscience morale.** *Esquisse d'un art moral positif.* 1906.
— **Rationalisme et tradition.** 1909.
DROMARD (G.). **Les mensonges de la Vie intérieure.** 1909.
DUGAS, docteur ès lettres. *** Le Psittacisme et la pensée symbolique.** 1896.
— **La Timidité.** 5ᵉ édit. augmentée, 1910.
— **Psychologie du rire.** 2ᵉ édit. 1910.
— **L'absolu.** 1904.
DUGUIT (L.), prof. à la Faculté de droit de Bordeaux. **Le droit social, le droit individuel et
la transformation de l'État.** 2ᵉ édition, 1911.
DUMAS (G.), professeur adjoint à la Sorbonne. *** Le Sourire,** avec 19 figures. 1906.
DUNAN , docteur ès lettres. **La théorie psychologique de l'Espace.**
DUPRAT (G.-L.), docteur ès lettres. **Les Causes sociales de la Folie.** 1900.
— **Le Mensonge.** *Étude psychologique.* 2ᵉ édit. revue. 1909.
DURAND (de Gros). *** Questions de philosophie morale et sociale.** 1902.
DURKHEIM (Émile), professeur à la Sorbonne. *** Les règles de la méthode sociologique.**
5ᵉ édit. 1910.
EICHTHAL (E. d'), de l'Institut. **Pages sociales.** 1909.
ENCAUSSE (Papus). **L'occultisme et le spiritualisme.** 2ᵉ édit. 1903.
ESPINAS (A.), de l'Institut. *** La Philosophie expérimentale en Italie.**
FAIVRE (E.). **De la Variabilité des espèces.**
FÉRÉ (Dʳ Ch.). **Sensation et Mouvement.** Étude de psycho-mécanique, avec fig. 2ᵉ éd.
— **Dégénérescence et Criminalité,** avec figures. 4ᵉ édit. 1907.
FERRI (Eₙ). *** Les Criminels dans l'Art et la Littérature.** 3ᵉ édit. 1908.
FIERENS-GEVAERT. **Essai sur l'Art contemporain.** 2ᵉ éd. 1903. (Cour. par l'Acad. franç.)
— **La Tristesse contemporaine,** 5ᵉ édit. 1908. (Couronné par l'Institut.)
— *** Psychologie d'une ville.** *Essai sur Bruges.* 3ᵉ édit. 1908.
— **Nouveaux essais sur l'Art contemporain.** 1903.
FLEURY (Maurice de), de l'Académie de médecine. **L'Âme du criminel.** 2ᵉ édit. 1907.
FONSEGRIVE, professeur au lycée Buffon. **La Causalité efficiente.** 1893.
FOUILLÉE (A.), de l'Institut. **La propriété sociale et la démocratie.** 4ᵉ édit. 1909.
FOURNIÈRE (E.). **Essai sur l'individualisme.** 2ᵉ édit. 1908.
GAUCKLER. **Le Beau et son histoire.**
GELEY, (Dʳ G.). *** L'être subconscient.** 2ᵉ édit. 1905.
GIROD (J.), agrégé de philosophie. *** Démocratie, patrie, humanité.** 1909.
GOBLOT (E.), professeur à l'Université de Lyon. **Justice et liberté.** 2ᵉ éd. 1907.
GODFERNAUX (G.), docteur ès lettres. **Le Sentiment et la Pensée.** 2ᵉ éd. 1906.
GRASSET (J.), professeur à la Faculté de Médecine de Montpellier. **Les limites de la bio-
logie.** 6ᵉ édit. 1909. Préface de Paul Bourget, de l'Académie française.
GREEF (de), prof. à l'Univ. nouv. de Bruxelles. **Les Lois sociologiques.** 4ᵉ édit. revue. 1903.
GUYAU. *** La Genèse de l'idée de temps.** 2ᵉ édit. 1902.
HARTMANN (E. de). **La Religion de l'avenir.** 7ᵉ édit. 1908.
— **Le Darwinisme,** ce qu'il y a de vrai et de faux dans cette doctrine. 9ᵉ édit.
HERBERT SPENCER. *** Classification des sciences.** 9ᵉ édit. 1909.
— **L'Individu contre l'État.** 8ᵉ édit. 1908.
HERCKENRATH (C.-R.-C.). **Problèmes d'Esthétique et de Morale.** 1897.
JAELL (Mᵐᵉ). **L'intelligence et le rythme dans les mouvements artistiques.**
JAMES (W.). **La théorie de l'émotion,** préface de G. Dumas. 3ᵉ édit. 1910.
JANET (Paul), de l'Institut. *** La Philosophie de Lamennais.**
JANKELEVITCH (Dʳ). *** Nature et Société.** *Essai d'une application du point de vue
finaliste aux phénomènes sociaux.* 1906.
JOUSSAIN (A.). **Le fondement psychologique de la morale.** 1909.

VOLUMES IN-16 A 2 FR. 50

LACHELIER (J.), de l'Institut. Du fondement de l'induction, 5e édit. 1907.
— * Études sur le syllogisme, suivies de l'observation de Platner et d'une note sur le
« Philèbe ». 1907.
LAISANT (C.). L'Éducation fondée sur la science. Préface de A. NAQUET. 3e éd. 1911.
LAMPÉRIÈRE (Mme A.). * Le Rôle social de la femme, son éducation. 1898.
LANDRY (A.), docteur ès lettres. La Responsabilité pénale. 1902.
LANGE, professeur à l'Université de Copenhague. * Les Émotions, étude psycho-physiolo-
gique, traduit par G. Dumas. 2e édit. 1902.
LAPIE (P.), professeur à l'Université de Bordeaux. La Justice par l'État. 1899.
LAUGEL (Auguste). L'Optique et les Arts.
LE BON (Dr Gustave). * Lois psychologiques de l'évolution des peuples. 10e édit. 1911.
— * Psychologie des foules. 16e édit. 1911.
LE DANTEC (F.), chargé du cours d'Embryologie générale à la Sorbonne. Le Déterminisme
biologique et la Personnalité consciente. 3e édit. 1908.
— * L'Individualité et l'Erreur individualiste. 3e édit. 1911.
— * Lamarckiens et Darwiniens. 3e édit. 1908.
LEFÈVRE (G.), professeur à l'Univ. de Lille. Obligation morale et idéalisme. 1895.
LIARD, de l'Inst., vice-recteur de l'Acad. de Paris. * Les Logiciens anglais contemp. 5e éd.
— Des définitions géométriques et des définitions empiriques. 3e édit.
LICHTENBERGER (Henri), professeur-adjoint à la Sorbonne. * La philosophie de Nietzsche,
12e édit. 1911.
— * Friedrich Nietzsche. Aphorismes et fragments choisis. 5e édit. 1911.
LODGE (Sir Olivier). * La Vie et la Matière, trad. J. MAXWELL. 2e édit. 1909.
LUBBOCK (Sir John). * Le Bonheur de vivre. 2 volumes. 11e édit. 1909.
— * L'Emploi de la vie. 7e éd. 1908.
LYON (Georges), recteur de l'Académie de Lille. * La Philosophie de Hobbes.
MARGUERY (E.). L'Œuvre d'art et l'évolution. 2e édit. 1905.
MAUXION (M.), prof. à l'Univ. de Poitiers. * L'éducation par l'instruction. Herbart.
— * Essai sur les éléments et l'évolution de la moralité. 1904.
MILHAUD (G.), professeur à la Sorbonne. * Le Rationnel. 1898.
— * Essai sur les conditions et les limites de la Certitude logique. 2e édit. 1898.
MOSSO, prof. à l'Univ. de Turin. * La Peur. Étude psycho-physiologique (avec figures).
4e édit. revue. 1908.
— * La Fatigue intellectuelle et physique. Trad. Langlois. 6e édit. 1908.
MURISIER (E.), * Les Maladies du sentiment religieux. 3e édit. 1909.
NAVILLE (A.), prof. à l'Univ. de Genève. Nouvelle classification des sciences. 2e édit. 1901.
NORDAU (Max). Paradoxes psychologiques, trad. Dietrich. 6e édit. 1907.
— Paradoxes sociologiques, trad. Dietrich. 6e édit. 1910.
— * Psycho-physiologie du Génie et du Talent, trad. Dietrich. 4e édit. 1906.
NOVICOW (J.). L'Avenir de la Race blanche. 2e édit. 1903.
OSSIP-LOURIÉ, docteur ès lettres, professeur à l'Université nouvelle de Bruxelles. Pensées
de Tolstoï. 3e édit. 1910.
— * Nouvelles Pensées de Tolstoï. 1903.
— * La Philosophie de Tolstoï. 3e édit. 1908.
— * La Philosophie sociale dans le théâtre d'Ibsen. 2e édit. 1910.
— Le Bonheur et l'Intelligence. 1904.
— Croyance religieuse et croyance intellectuelle. 1908.
PALANTE (G.), agrégé de philosophie. Précis de sociologie. 4e édit. 1909.
— * La sensibilité individualiste. 1909.
PARODI (D.), professeur au lycée Michelet. Le problème moral et la pensée contemporaine.
1909.
PAULHAN (Fr.). Les Phénomènes affectifs et les lois de leur apparition. 2e éd. 1901.
— * Psychologie de l'invention. 2e édit. 1911.
— * Analystes et esprits synthétiques. 1903.
— * La fonction de la mémoire et le souvenir affectif. 1904.
— La morale de l'ironie. 1909.
PHILIPPE (J.). * L'image mentale, avec fig. 1903.
PHILIPPE (Dr J.) et PAUL-BONCOUR (Dr G.). Les anomalies mentales chez les écoliers.
(Ouvrage couronné par l'Institut). 2e éd. 1907.
PILLON (F.), lauréat de l'Institut. * La Philosophie de Ch. Secrétan. 1898.
PIOGER (Dr Julien). Le Monde physique, essai de conception expérimentale. 1893.
PROAL (Louis), conseiller à la Cour d'appel de Paris. L'éducation et le suicide des enfants.
Étude psychologique et sociologique. 1907.
QUEYRAT, prof. de l'Univ. * L'Imagination et ses variétés chez l'enfant. 4e édition, 1908.
— * L'Abstraction, son rôle dans l'éducation intellectuelle. 2e édit. revue. 1907.
— * Les Caractères et l'éducation morale. 4e éd. 1911.
— * La logique chez l'enfant et sa culture. 3e édition, revue. 1907.
— * Les jeux des enfants. 2e édit. 1908.

VOLUMES IN-16 A 2 FR. 50

RAGEOT (G.), agrégé de philosophie. Les savants et la philosophie. 1907.

REGNAUD (P.), professeur à l'Université de Lyon. Logique évolutionniste. 1897.

— Comment naissent les mythes. 1897.

RENARD (Georges), prof. au Collège de France. Le Régime socialiste, 6e éd. 1907.

RÉVILLE (A.). Histoire du Dogme de la Divinité de Jésus-Christ. 4e édit. 1907.

REY (A.), chargé de cours à l'Université de Dijon. * L'Energétique et le Mécanisme. 1907.

RIBOT (Th.), de l'Institut, professeur honoraire au Collège de France, directeur de la *Revue philosophique*. La Philosophie de Schopenhauer. 12e édition.

— * Les Maladies de la mémoire. 21e édit.

— * Les Maladies de la volonté. 26e édit. 1910.

— * Les Maladies de la personnalité. 14e édit.

— * La Psychologie de l'attention. 11e édit. 1910.

— Problèmes de psychologie affective. 1909.

RICHARD (G.), professeur à l'Univ. de Bordeaux. * Socialisme et Science sociale. 3e édit.

RICHET (Ch.), prof. à l'Univ. de Paris. Essai de psychologie générale. 8e édit. 1910.

ROBERTY (E. de). L'Agnosticisme. Essai sur quelques théories pessimistes de la connaissance. 3e édit. 1893.

— La Recherche de l'Unité. 1893.

— Le Psychisme social. 1896.

— Les Fondements de l'Éthique. 1898.

— Constitution de l'Éthique. 1901.

— Frédéric Nietzsche. 3e édit. 1903.

ROEHRICH (E.). * L'attention spontanée et volontaire. Son fonctionnement, ses lois, son emploi dans la vie pratique. (*Récompensé par l'Institut.*) 1907.

ROGUES DE FURSAC (J.). Un mouvement mystique contemporain. Le réveil religieux au Pays de Galles (1904-1905). 1907.

ROISEL. De la Substance.

— L'Idée spiritualiste. 2e édit. 1901.

ROUSSEL-DESPIERRES. L'Idéal esthétique. *Philosophie de la Beauté.* 1904.

RZEWUSKI (S.). L'optimisme de Schopenhauer. 1908.

SCHOPENHAUER. * Le Fondement de la morale, trad. par A. Burdeau. 10e édit.

— * Le libre Arbitre, trad. par M. Salomon Reinach, de l'Institut. 11e édit. 1909.

— Pensées et Fragments, avec intr. par M. J. Bourdeau. 24e édit. 1911.

— * Écrivains et Style, traduct. Dietrich. 2e édit. 1908. (*Parerga et Paralipomena*).

— * Sur la Religion, traduct. Dietrich. 2e édit. 1908.   id.

— * Philosophie et Philosophes, trad. Dietrich, 1907.   id.

— * Ethique, droit et politique. 1908, traduct. Dietrich.   id.

— Métaphysique et esthétique, traduction Aug. Dietrich. 1909.   id.

SOLLIER (Dr P.). Les Phénomènes d'autoscopie, avec fig. 1903.

— * Essai critique et théorique sur l'Association en psychologie. 1907.

SOURIAU (P.), professeur à l'Université de Nancy. * La Rêverie esthétique. 1906.

STUART MILL. * Auguste Comte et la Philosophie positive. 8e édit. 1907.

— * L'Utilitarisme. 6e édit., revue, 1910.

— Correspondance inédite avec Gust. d'Eichthal (1828-1842) — (1864-1871).

— La Liberté, avant-propos, introduction et traduct. par Dupont-White. 3e édit.

SULLY PRUDHOMME, de l'Académie française. * Psychologie du libre arbitre suivi de *Définitions fondamentales des idées les plus générales et des idées les plus abstraites.* 1907.

— et Ch. RICHET. Le problème des causes finales. 4e édit. 1907.

SWIFT. L'éternel Conflit. 1907.

TANON (L.). * L'Évolution du Droit et la Conscience sociale. 3e édit. revue, 1911.

TARDE, de l'Institut. La Criminalité comparée. 7e édit. 1910.

— * Les Transformations du Droit. 6e édit. 1909.

— * Les Lois sociales. 6e édit. 1910.

TAUSSAT (J.). Le monisme et l'animisme, 1908.

THAMIN (R.), recteur de l'Acad. de Bordeaux. * Éducation et Positivisme. 3e édit. 1910.

THOMAS (P. Félix), docteur ès lettres. * La Suggestion, son rôle dans l'éducation. 4e édit. 1907.

— * Morale et Éducation. 2e édit. 1905.

WUNDT. Hypnotisme et Suggestion. Étude critique, trad. Keller. 5e édit. 1910.

ZELLER. Christian Baur et l'École de Tubingue, trad. Ritter.

ZIEGLER. La Question sociale est une Question morale, trad. Palante. 4e édit. 1911.

BIBLIOTHÈQUE
DE PHILOSOPHIE CONTEMPORAINE
VOLUMES IN-8, BROCHÉS
à 3 fr. 75, 5 fr., 7 fr. 50, 10 fr., 12 fr. 50 et 15 fr.

Ouvrages parus en 1910 :

BRUGEILLES (R.), juge suppléant au tribunal civil de Bordeaux. **Le droit et la sociologie**... 3 fr. 75

CELLÉRIER (L.) **Esquisse d'une science pédagogique.** *Les faits et les lois de l'éducation.* (*Récompensé par l'Institut*)...................... 7 fr. 50

DARBON (A.), docteur ès lettres. **L'explication mécanique et le nominalisme**.... 3 fr. 75

DROMARD (G.). **Essai sur la sincérité**............................... 5 fr.

DUBOIS (J.), docteur en philosophie. **Le problème pédagogique.** *Essai sur la position du problème et la recherche de ses solutions*..................... 7 fr. 50

DURKHEIM (E.), professeur à la Sorbonne. **L'Année sociologique.** TOME XI (1906-1909). 1 fort vol. in-8... 15 fr.

EUCKEN (R.), professeur à l'Université d'Iéna. **Les grands courants de la pensée contemporaine.** Trad. H. BURIOT et G.-H. LUQUET. Avant-propos de *E. Boutroux*, de l'Institut... 10 fr.

FOUILLÉE (A.), de l'Institut. **La démocratie politique et sociale en France**..... 3 fr. 75

GOURD (J.-J.). **Philosophie de la Religion.** Préface de E. BOUTROUX, de l'Institut. 5 fr.

HAMELIN (O.), chargé de Cours à la Sorbonne. **Le Système de Descartes**, publié par L. ROBIN, chargé de Cours à l'Université de Caen. Préface de E. DURKHEIM, professeur à la Sorbonne... 7 fr. 50

MÉNARD (A.), docteur ès lettres. **Analyse et critique des principes de la psychologie de W. James**.. 7 fr. 50

MENDOUSSE (P.), docteur ès lettres, professeur au lycée de Digne. **L'âme de l'adolescent**... 5 fr.

ROEHRICH (E.). **Philosophie de l'éducation.** *Essai de pédagogie générale.* (*Récompensé par l'Institut*)............................. 5 fr.

SEGOND (J.), docteur ès lettres. **La prière.** *Essai de psychologie religieuse*..... 7 fr. 50

Précédemment publiés :

ADAM, recteur de l'Académie de Nancy. * **La Philosophie en France** (première moitié du XIXe siècle)....................................... 7 fr. 50

ARRÉAT. * **Psychologie du Peintre**........................ 5 fr.

AUBRY (Dr P.). **La Contagion du Meurtre.** 3e édit. 1896................ 5 fr.

BAIN (Alex.). **La Logique inductive et déductive.** Trad. Compayré. 5e édit. 2 vol.... 20 fr.

BALDWIN (Mark), professeur à l'Université de Princeton (États-Unis). **Le Développement mental chez l'Enfant et dans la Race.** Trad. Nourry. 1897............ 7 fr. 50

BARDOUX (J.). * **Essai d'une Psychologie de l'Angleterre contemporaine.** *Les crises belliqueuses.* (*Couronné par l'Académie française*). 1906................ 7 fr. 50

— **Essai d'une Psychologie de l'Angleterre contemporaine.** *Les crises politiques. Protectionnisme et Radicalisme.* 1907.......................... 5 fr.

BARTHÉLEMY-SAINT-HILAIRE, de l'Institut. **La Philosophie dans ses Rapports avec les Sciences et la Religion**............................... 5 fr.

BARZELOTTI, prof. à l'Univ. de Rome. * **La Philosophie de H. Taine.** 1900..... 7 fr. 50

BAYET (A.). **L'Idée de Bien.** Essai sur le principe de l'art moral rationnel. 1908.. 3 fr. 75

BAZAILLAS (A.), docteur ès lettres, prof. au lycée Condorcet. * **La Vie personnelle.** 1905. 5 fr.

— **Musique et Inconscience.** *Introduction à la psychologie de l'inconscient.* 1907.... 5 fr.

BELOT (G.), prof. au lycée Louis-le-Grand. **Études de Morale positive.** (*Récompensé par l'Institut.*) 1907...................................... 7 fr. 50

BERGSON (H.), de l'Institut. * **Matière et Mémoire.** 6b édit. 1910........... 5 fr.

— **Essai sur les données immédiates de la conscience.** 7e édit. 1909........... 3 fr. 75

— * **L'Évolution créatrice.** 7e édit. 1911...................... 7 fr. 50

BERTHELOT (R.), membre de l'Académie de Belgique. * **Évolutionnisme et Platonisme.** 1908.. 5 fr.

BERTRAND, prof. à l'Université de Lyon. * **L'Enseignement intégral.** 1898....... 5 fr.

— **Les Études dans la démocratie.** 1900.................... 5 fr.

BINET (A.). * **Les Révélations de l'écriture**, avec 67 grav................. 5 fr.

BLOCH (L.), docteur ès lettres, agrégé de philos. * **La Philosophie de Newton.** 1908. 10 fr.

BOEX-BOREL (J.-H. ROSNY aîné). **Le Pluralisme.** 1909................. 5 fr.

VOLUMES IN-8

VOLUMES IN-8

VOLUMES IN-8

VOLUMES IN-8

VOLUMES IN-8

**

VOLUMES IN-8

BIBLIOTHÈQUE DE PHILOSOPHIE CONTEMPORAINE

TRAVAUX DE L'ANNÉE SOCIOLOGIQUE
Publiés sous la direction de M. Émile DURKHEIM

COLLECTION HISTORIQUE DES GRANDS PHILOSOPHES

PHILOSOPHIE ANCIENNE

ARISTOTE. **La Poétique d'Aristote**, par A. HATZFELD, et M. DUFOUR. 1 vol. in-8, 1900................................ 6 fr.
— **Physique, II**, trad. et commentaire par O. HAMELIN, chargé de cours à la Sorbonne. 1 vol. in-8.............. 3 fr.
— **Aristote et l'idéalisme platonicien**, par CH. WERNER, docteur ès lettres. 1910. 1 vol. in-8................ 7 fr. 50
— **La morale d'Aristote**, par Mme JULES FAVRE, née VELTEN. 1 vol. in-18. 3 fr. 50
— **Morale à Nicomaque.** Livre II. Trad. de P. D'HÉROUVILLE et H. VERNE. Introd. et notes de P. D'HÉROUVILLE. 1910. Brochure in-8.......................... 1 fr. 80
ÉPICURE. ***La Morale d'Épicure**, par M. GUYAU. 1 vol. in-8, 5e édit...... 7 fr. 50
MARC-AURÈLE. **Les pensées de Marc-Aurèle.** Trad. A.-P. LEMERCIER, doyen de l'Univ. de Caen. 1909. 1 vol. in-16. 3 fr. 50
PLATON. **La Théorie platonicienne des Sciences**, par ÉLIE HALÉVY. In-8. 1895. 5 fr.
— **Œuvres**, traduction VICTOR COUSIN revue par J. BARTHÉLEMY-SAINT-HILAIRE : *Socrate et Platon ou le Platonisme — Eutyphron — Apologie de Socrate — Criton — Phédon.* 1 v. in-8. 1896. 7 fr. 50
— **La définition de l'être et la nature des idées dans le Sophiste de Platon**, par A. DIÈS, docteur ès lettres, 1 vol. in-8 1909................................ 4 fr.
SOCRATE. *** Philosophie de Socrate**, par A. FOUILLÉE, de l'Institut, 2 vol. in-8. 16 fr.
— **Le Procès de Socrate**, par G. SOREL. 1 vol. in-8.................... 3 fr. 50
— **La morale de Socrate**, par Mme JULES FAVRE, née VELTEN, 1 vol. in-18. 3 fr. 50
STRATON DE LAMPSAQUE. ***La Physique de Straton de Lampsaque**, par G. RODIER, prof. à la Sorbonne. 1 vol. in-8.... 3 fr.
BÉNARD. **La Philosophie ancienne**, ses systèmes. 1 vol. in-8.............. 9 fr.
DIÈS (A.), docteur ès lettres. **Le cycle mystique.** *La divinité. Origine et fin des existences individuelles dans la philosophie antésocratique*, 1909. 1 vol. in-8.. 4 fr.

FABRE (Joseph). **La Pensée antique.** *De Moïse à Marc-Aurèle.* 3e édit..... 5 fr.
— ***La Pensée chrétienne.** *Des Évangiles à l'Imitation de J.-C.* 1 vol. in-8.... 9 fr.
GOMPERZ. **Les penseurs de la Grèce.** Trad. REYMOND. (*Trad. cour. par l'Académie française.*)
I. *La philosophie antésocratique.* 1 vol. gr. in-8, 2e édit.................. 10 fr.
II. ***** *Athènes, Socrate et les Socratiques, Platon.* 1 vol. gr. in-8, 2e édit.... 12 fr.
III. *L'ancienne académie. Aristote et ses successeurs : Théophraste et Straton de Lampsaque.* 1910. 1 vol. gr. in-8. 10 fr.
GUYOT (H.), docteur ès lettres. **L'Infinité divine** *depuis Philon le Juif jusqu'à Plotin.* In-8. 1906................ 5 fr.
LAFONTAINE (A.). **Le Plaisir**, *d'après Platon et Aristote.* 1 vol. in-8..... 5 fr.
MILHAUD (G.), prof. à la Sorbonne. *** Les philosophes géomètres de la Grèce.** In-8, 1900 (*Couronné par l'Institut*). 6 fr.
— **Études sur la pensée scientifique chez les Grecs et chez les modernes.** 1906. 1 vol. in-16............... 3 fr.
— **Nouvelles études sur l'histoire de la pensée scientifique.** 1911. 1 vol. in-8. 5 fr.
OUVRÉ (H.). **Les formes littéraires de la pensée grecque.** 1 vol. in-8...... 10 fr.
RIVAUD (A.), chargé de cours à l'Université de Poitiers. **Le problème du devenir et la notion de la matière**, *des origines jusqu'à Théophraste.* (*Couronné par l'Académie française.*) In-8, 1906. 10 fr.
ROBIN (L.), chargé de cours à l'Université de Caen. **La théorie platonicienne des idées et des nombres d'après Aristote.** Étude historique et critique. 1 vol. (*Récomp. par l'Institut*)....... 12 fr. 50
— **La théorie platonicienne de l'Amour.** 1 vol. in-8.................. 3 fr. 75
(Ces deux volumes ont été couronnés par l'Institut et par l'Association pour l'encouragement des Études grecques.)
TANNERY (Paul). **Pour la science hellène.** 1 vol. in-8.................... 7 fr. 50

PHILOSOPHIES MÉDIÉVALE ET MODERNE

*DESCARTES, par L. LIARD, de l'Institut, 2e édit. 1 vol. in-8.............. 5 fr.
— **Essai sur l'Esthétique de Descartes**, par E. KRANTZ, prof. à l'Univ de Nancy. 1 vol. in-8...................... 6 fr.
— **Descartes, directeur spirituel**, par V. de SWARTE. In-16 avec planches. (*Cour. par l'Institut*)................... 4 fr. 50
— **Le système de Descartes**, par O. HAMELIN. Publié par L. Robin. Préface de E. Durkheim. 1911. 1 vol. in-8., 7 fr. 50
ERASME. **Stultitiæ laus Erasmi Rot. declamatio.** Publié et annoté par J.-B. KAN, avec fig. de Holbein. 1 vol. in-8. 6 fr. 75
GASSENDI. **La Philosophie de Gassendi**, par P.-F. THOMAS. 1 vol. in-8..... 6 fr.
LEIBNIZ. *** Œuvres philosophiques**, pub. par P. JANET. 2 vol. in-8........ 20 fr.
— *** La logique de Leibniz**, par L. COUTURAT. 1 vol. in-8............ 12 fr.
— **Opusc. et fragm. inédits de Leibniz**, par L. COUTURAT. 1 vol. in-8........ 25 fr.
— *** Leibniz et l'organisation religieuse de la Terre**, *d'après des documents inédits*,

par JEAN BARUZI. 1 vol. in-8 (*Couronné par l'Académie française*)....... 10 fr.
— **La philosophie de Leibniz**, par B. RUSSELL, trad. par M. Ray, préface de M. Lévy-Bruhl. 1 vol. in-8. (*Cour. par l'Acad. franç.*)............... 3 fr. 75
— **Discours de la métaphysique**, introduction et notes par H. LESTIENNE. 1 vol. in-8........................... 2 fr.
— **Leibniz historien.** *Essai sur l'activité et la méthode historique de Leibniz*, par L. DAVILLÉ, docteur ès lettres. 1 vol. in-8 1909........................ 12 fr.
MALEBRANCHE. *** La Philosophie de Malebranche**, par OLLÉ-LAPRUNE, de l'Institut. 2 vol. in-8................... 16 fr.
PASCAL. **Le Scepticisme de Pascal**, par DROZ, professeur à l'Université de Besançon. 1 vol. in-8................... 6 fr.
ROSCELIN. **Roscelin philosophe et théologien**, d'après la légende et d'après l'histoire, sa place dans l'histoire générale et comparée des philosophies médiévales, par F. PICAVET, chargé de cours à la Sorbonne. 1911. 1 vol. gr. in-8.............. 4 fr.

ROUSSEAU (J.-J.). * Du Contrat social, avec les versions primitives ; Introduction par Edmond Dreyfus-Brisac. 1 fort volume grand in-8............................ 12 fr.

SAINT-THOMAS-D'AQUIN. L'Intellectualisme de Saint-Thomas, par P. ROUSSELOT, docteur ès lettres. 1908. 1 vol. in-8... 6 fr.

— Thesaurus philosophiæ thomisticæ seu selecti textus philosophici ex sancti Thomæ aquinatis operibus depromti et secundum ordinem in scholis hodie usurpatum dispositi, par C. SULLIAT, docteur en théologie et en droit canon. 1 vol. gr. in-8.... 6 fr. 50

— L'Idée de l'État dans Saint-Thomas-d'Aquin, par J. ZEILLER. 1 v. in-8. 3 fr. 50

SPINOZA. Benedicti de Spinoza opera, quotquot reperta sunt. Edition J. VAN VLOTEN et J.-P.-N. LAND. 3 vol. in-18, cartonnés .... 18 fr.

— Ethica ordine geometrico demonstrata, édition J. Van Vloten et J.-P.-N. Land. 1 vol. gr. in-8.......... 4 fr. 30

— Sa Philosophie, par L. BRUNSCHVICG, maître de conférences à la Sorbonne. 2e édit. 1 vol. in-8............ 3 fr. 75

VOLTAIRE. Les Sciences au XVIIIe siècle. Voltaire physicien, par EM. SAIGEY. 1 vol. in-8.............................. 5 fr.

DAMIRON. Mémoires pour servir à l'Histoire de la Philosophie au XVIIIe siècle. 3 vol. in-18.................. 15 fr.

FABRE (JOSEPH). * L'Imitation de Jésus-Christ. Trad. nouvelle avec préface. 1 vol. in-8. 1907............... 7 fr.

— * La pensée moderne. De Luther à Leibniz. 1 vol. in-8. 1908........ 8 fr.

— Les pères de la Révolution. De Bayle à Condorcet. 1 vol. in-8. 1909..... 10 fr.

FIGARD (L.), docteur ès lettres. Un Médecin philosophe au XVIe siècle. La psychologie de Jean Fernel. 1 vol. in-8. 1903......................... 7 fr. 50

PICAVET, chargé de cours à la Sorbonne. Histoire générale et comparée des philosophies médiévales. In-8. 2e éd......................... 7 fr. 50

WULF (M. DE). Histoire de la philosophie médiévale. 2e éd. 1 vol. in-8..... 10 fr.

— Introduction à la Philosophie néo-scolastique. 1904. 1 vol. gr. in-8..... 5 fr.

PHILOSOPHIE ANGLAISE

BERKELEY. Œuvres choisies. Nouvelle théorie de la vision. Dialogues d'Hylas et de Philonous. Trad. par MM. Beaulavon et Parodi. 1 vol. in-8 .... 5 fr.

— Le Journal philosophique de Berkeley. (Commonplace Book). Etude et traduction par R. GOURG, docteur ès lettres. 1 vol. gr. in-8........................ 4 fr.

GODWIN. William Godwin (1756-1836). Sa vie, ses œuvres principales. La « Justice politique », par R. GOURG, docteur ès lettres. 1 vol. in-8.................. 6 fr.

HOBBES. La philosophie de Hobbes, par

G. LYON, recteur de l'Académie de Lille. 1 vol. in-16................... 2 fr. 50

LOCKE. * La Philosophie générale de John Locke, par H. OLLION, docteur ès lettres. 1909. 1 vol. in-8............ 7 fr. 50

NEWTON. La philosophie de Newton, par L. BLOCH, docteur ès lettres. 1908. 1 vol. in-8........................ 10 fr.

DUGALD-STEWART. * Philosophie de l'esprit humain. 3 vol. in-12..... 9 fr.

LYON (G.), recteur de l'Académie de Lille. * L'idéalisme en Angleterre au XVIIIe siècle. 1 vol. in-8........... 7 fr. 50

PHILOSOPHIE ALLEMANDE

BÉGUELIN. Nicolas de Béguelin (1714-1789). Fragment de l'histoire des idées philosophiques en Allemagne dans la seconde moitié du XVIIIe siècle, par P. DUMONT. 1 vol. gr. in-8.................... 4 fr.

FEUERBACH. Sa Philosophie, par A. LÉVY, prof. à l'Univ. de Nancy. 1 vol. in-8. 10 fr.

HEGEL. * Logique. 2 vol. in-8...... 14 fr.

— * Philosophie de la Nature. 3 v. in-8. 25 fr.

— * Philosophie de l'Esprit. 2 vol. in-8......................... 18 fr.

— * Philosophie de la Religion. 2 vol. 20 fr.

— La Poétique 2 vol. in-8........ 12 fr.

— Esthétique 2 vol. in-8........ 16 fr.

— Antécédents de l'Hégélianisme dans la philosophie française, par E. BEAUSSIRE. 1 vol. in-18................... 2 fr. 50

— Introduction à la Philosophie de Hegel, par VÉRA. 1 vol. in-8........ 6 fr. 50

— * La Logique de Hegel, par Eug. NOEL. 1 vol. in-8.................. 3 fr.

HERBART. * Principales Œuvres pédagogiques, trad. Pinloche. In-8.... 7 fr. 50

— La Métaphysique de Herbart et la critique de Kant, par M. MAUXION, prof. à l'Univ. de Poitiers. 1 vol. in-8. 7 fr. 50

— L'Éducation par l'Instruction et Herbart, par le même. 2e éd. 1 v. in-16. 1906. 2 fr. 50

JACOBI. Sa Philosophie, par L. LÉVY-BRUHL. 1 vol. in-8.................. 5 fr.

KANT. Critique de la Raison pratique, trad., introd. et notes, par M. Picavet, 3e édit. 1 vol. in-8.............. 6 fr.

— * Critique de la Raison pure, traduction par MM. Pacaud et Tremesaygues. 2e éd., in-8........................ 12 fr.

— Éclaircissements sur la Critique de la Raison pure, trad. Tissot. 1 vol. in-8. 6 fr.

— Doctrine de la Vertu, traduction Barni. 1 vol. in-8.................. 8 fr.

— * Mélanges de Logique, traduction Tissot, 1 vol. in-8.................. 6 fr.

— * Essai sur l'Esthétique de Kant, par V. BASCH. 1 vol. in-8............ 10 fr.

— Sa Morale, par A. CRESSON. 2e édit., 1 vol. in-16.................. 2 fr. 50

— Sa philosophie pratique, par V. DELBOS. 1 vol. in-8.................. 12 fr. 50

— L'Idée ou Critique du Kantisme, par C. PIAT. 2e édit. 1 vol. in-8...... 6 fr.

KANT et FICHTE et le Problème de l'Éducation, par Paul DUPROIX, 1 vol. in-8. 1896......................... 5 fr.

KNUTZEN. * Martin Knutzen. La Critique de l'Harmonie préétablie, par VAN BIÉMA, docteur ès lettres. 1908. 1 vol. in-8. 4 fr.

SCHELLING. Bruno, ou du Principe divin. 1 vol. in-8.................. 3 fr. 50

SCHILLER. Sa Poétique, par V. BASCH, prof. adj. à la Sorbonne. 1 vol. in-8. 1902.   4 fr.

SCHLEIERMACHER. Sa philosophie religieuse, par E. CRAMAUSSEL, doct. ès lettres, agrégé de phil. 1 vol. in-8. 1909...   5 fr.

SCHOPENHAUER (A.). Le Monde comme Volonté et comme Représentation. Trad. par A. Burdeau, 5e édit., 3 volumes in-8. Chaque volume ....   7 fr. 50

— Essai sur le Libre Arbitre. Trad. et introd. par Salomon Reinach, 11e édition. 1 vol. in-16 ....   2 fr. 50

— Le Fondement de la Morale. Trad. par A. Burdeau. 10e édit. 1 vol. in-16.   2 fr. 50

— Pensées et Fragments. Vie et Correspondance. — Les Douleurs du Monde. — L'Amour. — La Mort. — L'Art et la Morale. Traduit par J. Bourdeau, 23e édition. 1 vol. in-16 ....   2 fr. 50

Parerga et Paralipomena.

— Aphorismes sur la Sagesse dans la Vie. Traduit par M. Cantacuzène. 9e édit. 1 vol. in-8 ....   5 fr.

— Ecrivains et Style. Trad., introd. et notes par A. Dietrich. 1 vol. in-16, 2e éd.   2 fr. 50

SCHOPENHAUER. (Suite des Parerga et Paralipomena.)

— Sur la Religion. Trad., introd. et notes de A. Dietrich. 1 vol. in-16, 2e édit.   2 fr. 50

— Philosophie et Philosophes. Trad., introd. et notes par A. Dietrich. 1 v. in-16.   2 fr. 50

— Ethique, Droit et Politique. Trad., introd. et notes par A. Dietrich. 1 v. in-16.   2 fr. 50

— Métaphysique et Esthétique. Trad., introd. et notes par A. Dietrich. 1 v. in-16.   2 fr. 50

— La Philosophie de Schopenhauer, par Th. RIBOT, 12e éd., 1 vol. in-16.   2 fr. 50

— L'Optimisme de Schopenhauer. Etude sur Schopenhauer, par S. RZEWUSKI. 1 vol. in-16 ....   2 fr. 50

STRAUSS (David-Frédéric). Sa vie et son œuvre, par A. LÉVY, prof. de littérature allemande à l'Université de Nancy. 1 vol. in-8. 1910 ....   5 fr.

DELACROIX (H.), maître de conférences à la Sorbonne. Essai sur le Mysticisme spéculatif en Allemagne au XIVe siècle. 1 vol. in-8. 1900 ....   5 fr.

VAN BIÉMA (E.), docteur ès lettres, agrégé de philosophie. *L'Espace et le Temps chez Leibniz et chez Kant. 1908. 1 vol. in-8.   6 fr.

LES GRANDS PHILOSOPHES

Publiés sous la direction de M. C. PIAT
Agrégé de philosophie, docteur ès lettres, professeur à l'Institut catholique de Paris.

Liste des volumes par ordre d'apparition.

LES MAITRES DE LA MUSIQUE

Études d'Histoire et d'Esthétique, publiées sous la direction de **M. JEAN CHANTAVOINE**

Chaque volume in-8 écu de 250 pages environ ....   3 fr. 50
Collection honorée d'une souscription du Ministère des Beaux-Arts.

Viennent de paraître :

L'art grégorien, par AMÉDÉE GASTOUÉ.
Lulli, par LIONEL DE LA LAURENCIE.
Haendel, par ROMAIN ROLLAND (2e édit.).

Liszt, par Jean CHANTAVOINE (2e édit.).
Gounod, par CAMILLE BELLAIGUE (2e édit.).

Précédemment parus :

Gluck, par JULIEN TIERSOT.
Wagner, par HENRI LIGHTENBERGER (3e édit.).
Trouvères et Troubadours, par PIERRE AUBRY (2e édit.).
* Haydn, par MICHEL BRENET (2e édit.).
* Rameau, par LOUIS LALOY (2e édit.).
* Moussorgsky, par M.-D. CALVOCORESSI.

* J.-S. Bach, par ANDRÉ PIRRO (3e édit.).
* César Franck, par VINCENT D'INDY (5e édit.).
* Palestrina, par MICHEL BRENET (3e édit.).
* Beethoven, par JEAN CHANTAVOINE (5e édit.).
* Mendelssohn, par CAMILLE BELLAIGUE (2e édit.).
* Smetana, par WILLIAM RITTER.

BIBLIOTHÈQUE GÉNÉRALE

DES

SCIENCES SOCIALES

Secrét. de la Rédaction : DICK MAY, Secrét. général de l'École des Hautes-Études Sociales.

Chaque volume in-8 de 300 pages environ, cartonné à l'anglaise............ 6 fr.

1. L'Individualisation de la peine, par R. SALEILLES, professeur à la Faculté de droit de l'Université de Paris, 2e édit. mise au point par G. MORIN, docteur en droit.

2. L'Idéalisme social, par Eug. FOURNIÈRE, prof. au Conservatoire des Arts et Métiers. 2e éd.

3. * Ouvriers du temps passé (xve et xvie siècles), par H. HAUSER, professeur à l'Université de Dijon. 3e édit.

4. * Les Transformations du pouvoir, par G. TARDE, de l'Institut. 2e édit.

5. * Morale sociale, par MM. G. BELOT, MARCEL BERNÈS, BRUNSCHVICG, F. BUISSON, DARLU, DAURIAC, DELBET, CH. GIDE, M. KOVALEVSKY, MALAPERT, le R. P. MAUMUS, DE ROBERTY, G. SOREL, le Pasteur WAGNER. Préf. d'E. Boutroux, de l'Institut. 2e éd.

6. * Les Enquêtes, pratique et théorie, par P. DU MAROUSSEM. (*Couronné par l'Institut.*)

7. * Questions de Morale, par MM. BELOT, BERNÈS, F. BUISSON, A. CROISET, DARLU, DELBOS, FOURNIÈRE, MALAPERT, MOCH, PARODI, G. SOREL. 2e édit.

8. Le Développement du catholicisme social depuis l'encyclique *Rerum novarum*, par Max TURMANN, professeur à la Faculté de droit de l'Université de Fribourg. 2e édit.

9. Le Socialisme sans doctrine. *La Question ouvrière et la Question agraire en Australie et en Nouvelle-Zélande*, par Albert MÉTIN, agrégé de l'Université, 2e édit.

10. * Assistance sociale. *Pauvres et Mendiants*, par Paul STRAUSS, sénateur.

11. * L'Éducation morale dans l'Université, par MM. LÉVY-BRUHL, DARLU, M. BERNÈS, KORTZ, CLAIRIN, ROCAFORT, BIOCHE, Ph. GIDEL, MALAPERT, BELOT.

12. * La Méthode historique appliquée aux sciences sociales, par Charles SEIGNOBOS, professeur à la Sorbonne. 2e édit.

13. * L'hygiène sociale, par E. DUCLAUX, de l'Institut, directeur de l'Institut Pasteur.

14. Le Contrat de travail. *Le rôle des syndicats professionnels*, par P. BUREAU, professeur à la Faculté libre de droit de Paris.

15. * Essai d'une philosophie de la solidarité, par MM. DARLU, RAUH, F. BUISSON, GIDE, X. LÉON, LA FONTAINE, E. BOUTROUX. 2e édit.

16. * L'Exode rural et le retour aux champs, par E. VANDERVELDE. 2e édit.

17. * L'Éducation de la démocratie, par MM. E. LAVISSE, A. CROISET, Ch. SEIGNOBOS, P. MALAPERT, G. LANSON, J. HADAMARD. 2e édit.

18. * La lutte pour l'existence et l'évolution des sociétés, par J.-L. de LANESSAN.

19. * La Concurrence sociale et les devoirs sociaux, par le MÊME.

20. * L'Individualisme anarchiste. Max Stirner, par V. BASCH, professeur à la Sorbonne.

21. * La Démocratie devant la science, par C. BOUGLÉ, chargé de cours à la Sorbonne. 2e édit. revue. (*Récompensé par l'Institut.*)

22. * Les Applications sociales de la solidarité, par MM. P. BUDIN, Ch. GIDE, H. MONOD, PAULET, ROBIN, SIEGFRIED, BROUARDEL. Préface de M. Léon Bourgeois.

23. La Paix et l'Enseignement pacifiste, par MM. Fr. PASSY, Ch. RICHET, d'ESTOURNELLES DE CONSTANT, E. BOURGEOIS, A. WEISS, H. LA FONTAINE, G. LYON.

24. * Études sur la philosophie morale au XIXe siècle, par MM. BELOT, DARLU, M. BERNÈS, A. LANDRY, GIDE, ROBERTY, ALLIER, H. LICHTENBERGER, L. BRUNSCHVICG.

25. *Enseignement et Démocratie, par MM. APPELL, J. BOITEL, A. CROISET, A. DEVINAT, Ch.-V. LANGLOIS, G. LANSON, A. MILLERAND, Ch. SEIGNOBOS.

26. *Religions et Sociétés, par MM. Th. REINACH, A. PUECH, R. ALLIER, A. LEROY-BEAU-LIEU, le baron CARRA de VAUX, H. DREYFUS.

27. *Essais socialistes. La religion, l'art, l'alcool, par E. VANDERVELDE.

28. *Le surpeuplement et les habitations à bon marché, par H. TUROT, conseiller muni-cipal de Paris, et H. BELLAMY.

29. *L'Individu, l'Association et l'État, par E. FOURNIÈRE.

30. *Les Trusts et les Syndicats de producteurs, par J. CHASTIN, professeur au lycée Vol-taire. (Récompensé par l'Institut.)

31. *Le droit de grève, par MM. Ch. GIDE, H. BARTHÉLEMY, P. BUREAU, A. KEUFER, C. PER-REAU, Ch. PICQUENARD, A.-E. SAYOUS, F. FAGNOT, E. VANDERVELDE.

32. *Morales et Religions, par R. ALLIER, G. BELOT, le Baron CARRA DE VAUX, F. CHALLAYE, A. CROISET, L. DORIZON, E. EHRHARDT, E. de FAYE, Ad. LODS, W. MONOD, A. PUECH.

33. La Nation armée, par MM. le Général BAZAINE-HAYTER, C. BOUGLÉ, E. BOURGEOIS. le Cⁿᵉ BOURGUET, E. BOUTROUX, A. CROISET, G. DEMENY, G. LANSON, L. PINEAU, le Cᵗᵉ POTEZ, F. RAUH.

34. *La criminalité dans l'adolescence. Causes et remèdes d'un mal social actuel, par G.-L. DUPRAT, docteur ès lettres. (Couronné par l'Institut.)

35. Médecine et pédagogie, par MM. le Dʳ ALBERT MATHIEU, le Dʳ GILLET, le Dʳ H. MÉRY, le Dʳ GRANJUX, P. MALAPERT, le Dʳ LUCIEN BUTTE, le Dʳ PIERRE RÉGNIER, le Dʳ L. DUFESTEL, le Dʳ LOUIS GUINON, le Dʳ NOBÉCOURT, L. BOUGIER. Préface de M. le Dʳ E. MOSNY.

36. La lutte contre le crime, par J.-L. DE LANESSAN.

37. La Belgique et le Congo, Le passé, le présent, l'avenir, par E. VANDERVELDE.

PUBLICATIONS HISTORIQUES ILLUSTRÉES

* DE SAINT-LOUIS A TRIPOLI, PAR LE LAC TCHAD, par le lieutenant-colonel MONTEIL. 1 beau vol. in-8 colombier, précédé d'une préface de M. de Vogüé, de l'Académie fran-çaise, illustrations de Riou. 1895. (Ouvrage couronné par l'Académie française. Prix Monthyon), broché, 20 fr — Relié amateur..................................... 28 fr.

* HISTOIRE ILLUSTRÉE DU SECOND EMPIRE, par Taxile DELORD. 6 vol. in-8, avec 500 gra-vures. Chaque vol. broché.. 8 fr.

MINISTRES ET HOMMES D'ÉTAT

H. VELSCHINGER, de l'Institut. — *Bismarck. 1 vol. in-16.................. 2 fr. 50

H. LÉONARDON. — *Prim. 1 vol. in-16.................................. 2 fr. 50

M. COURCELLE. — *Disraëli. 1 vol. in-16............................... 2 fr. 50

M. COURANT. — Okoubo. 1 vol. in-16 avec un portrait................... 2 fr. 50

A. VIALLATE. — Chamberlain. Préface de E. BOUTMY. 1 vol. in-16........ 2 fr. 50

BIBLIOTHÈQUE DE PHILOLOGIE ET DE LITTÉRATURE MODERNES

Liste des volumes par ordre d'apparition :

SCHILLER (Études sur), par MM. SCHMIDT, FAUCONNET, ANDLER, XAVIER LÉON, SPENLÉ, BALDENSPERGER, DRESCH, TIBAL, EHRHARD, Mᵐᵉ TALAYRACH D'ECKARDT, H. LICHTEN-BERGER, A. LÉVY. 1 vol. in-8. 1906 .... 4 fr.

CHAUCER (G.). *Les contes de Canterbury. Traduction française avec une introduction et des notes. 1 vol. grand in-8. 1908......................... 12 fr.

MEYER (André). Étude critique sur les relations d'Érasme et de Luther. Préface de M. CH. ANDLER. 1 vol. in-8. 1909................................. 4 fr.

FRANÇOIS PONCET (A.). Les affinités électives de Gœthe. Préface de M. H. LICHTEN-BERGER. 1 vol. in-8. 1910.................................... 5 fr.

BIANQUIS (G.), docteur ès lettres, agrégé d'allemand. Caroline de Günderode (1780-1806). avec des lettres inédites. 1910. 1 vol. in-8.................. 10 fr.

BIBLIOTHÈQUE
D'HISTOIRE CONTEMPORAINE

Volumes in-16 brochés à **3 fr. 50**. — Volumes in-8 brochés de divers prix.

Volumes parus en 1910 :

ALBIN (P.). **Les grands traités politiques.** *Recueil des principaux textes diplomatiques depuis 1815 jusqu'à nos jours.* Avec des commentaires et des notes. Préface de M. HERBETTE. 1 vol. in-8.. 10 fr.

BUSSON (H.), FÈVRE (J.) et HAUSER (H.). **Notre empire colonial.** 1 vol. in-8 avec 108 grav. et cartes dans le texte.. 5 fr.

CONARD (P.), docteur ès lettres. **Napoléon et la Catalogne (1808-1814).** Tome I. *La captivité de Barcelone. (Février 1808-Janvier 1810).* 1 vol. in-8 avec 1 carte hors texte. (Prix Peyrat, 1910).. 10 fr.

LEBÈGUE (E.), doct. ès lettres, agrégé d'histoire. **Thouret (1746-1794).** *La vie et l'œuvre d'un constituant.* 1 vol. in-8.. 7 fr.

MARVAUD (A.). **La question sociale en Espagne.** 1 vol. in-8................ 7 fr.

PAUL-LOUIS. **Le syndicalisme contre l'État.** 1 vol. in-16................ 3 fr. 50

PERNOT (M.). **La politique de Pie X (1906-1910).** *Modernistes, Affaires de France. Catholiques d'Allemagne et d'Italie. Réformes romaines. La correspondance de Rome et de la France.* Préface de M. E. BOUTROUX, de l'Institut. 1 vol. in-16.......... 3 fr. 50

PIERRE-MARCEL (R.). **Essai politique sur Alexis de Tocqueville,** avec un grand nombre de documents inédits. 1 vol. in-8.................................... 7 fr.

Questions actuelles de politique étrangère en Asie. *L'Asie ottomane. Les compétitions dans l'Asie centrale et les réactions indigènes. La transformation de la Chine. La politique et les aspirations du Japon. La France et la situation politique en Extrême-Orient,* par MM. le Baron. DE COURCEL, P. DESCHANEL, P. DOUMER, É. ETIENNE, le général LEBON, VICTOR BÉRARD, R. DE CAIX, M. REVON, JEAN RODES, Dr ROUIRE, 1 vol. in-16, avec 4 cartes hors texte.. 3 fr. 50

La vie politique dans les Deux Mondes. Publiée sous la direction de M. A. VIALLATE, professeur à l'École libre des Sciences politiques, avec la collaboration de professeurs et d'anciens élèves de l'École.

3e année (1908-1909). 1 fort vol. in-8.................................... 10 fr.

Précédemment publiés :

EUROPE

DEBIDOUR (A.), professeur à la Sorbonne. * **Histoire diplomatique de l'Europe, de 1815 à 1878.** 2 vol. in-8. *(Ouvrage couronné par l'Institut.)*.................. 18 fr.

DRIAULT (E.), agrégé d'histoire. **Vue générale de l'histoire de la civilisation.** I. *Les origines.* II. *Les temps modernes.* 3e édition revue, 1910. 2 vol. in-16 avec 218 gravures et 34 cartes. *(Récompensés par l'Institut.)*........................... 7 fr.

DOELLINGER (I. de). **La papauté, ses origines au moyen âge, son influence jusqu'en 1870.** Traduit par A. Giraud-Teulon. 1 vol. in-8.............................. 7 fr.

LÉMONON (E.). **L'Europe et la politique britannique (1882-1909).** Préface de M. Paul Deschanel, de l'Académie française. 1 vol. in-8............................. 10 fr.

SYBEL (H. de). * **Histoire de l'Europe pendant la Révolution française,** traduit de l'allemand par Mlle Dosquet. Ouvrage complet en 6 vol. in-8.................... 42 fr.

TARDIEU (A.), secrétaire honoraire d'ambassade. **La Conférence d'Algésiras.** *Histoire diplomatique de la crise marocaine (15 janvier-7 avril 1906).* 3e édit. revue et augmentée d'un appendice sur *Le Maroc après la Conférence (1906-1909).* 1 vol. in-8. 1909...... 10 fr.

— * **Questions diplomatiques de l'année 1904.** 1 vol. in-16. *(Ouvrage couronné par l'Académie française.)* 1905.. 3 fr. 50

FRANCE

Révolution et Empire.

AULARD (A.), professeur à la Sorbonne. * **Le Culte de la Raison et le Culte de l'Être suprême, étude historique (1793-1794).** 3e édit. 1 vol. in-16................ 3 fr. 50

— * **Études et leçons sur la Révolution française.** 6 vol. in-16. Chacun........ 3 fr. 50

BOITEAU (P.). **État de la France en 1789.** 2e édition. 1 vol. in-8........ 10 fr.

BORNAREL (E.), docteur ès lettres. * **Cambon et la Révolution française.** 1 vol. in-8. 1905.. 7 fr.

CAHEN (L.), docteur ès lettres, professeur au lycée Condorcet. * **Condorcet et la Révolution française.** 1 vol. in-8. *(Récompensé par l'Institut.)*.............. 10 fr.

CARNOT (H.), sénateur. * **La Révolution française, résumé historique.** 1 vol. in-16. 3 fr. 50

DEBIDOUR (A.), professeur à la Sorbonne. * **Histoire des rapports de l'Église et de l'État en France (1789-1870).** 1 fort vol. in-8. *(Couronné par l'Institut.)* 1898...... 12 fr.

DRIAULT (E.), agrégé d'histoire. **La politique orientale de Napoléon.** SÉBASTIANI et GAR-
DANE (1806-1808). 1 vol. in-8. (*Récompensé par l'Institut*). 1902................. 7 fr.
— *Napoléon en Italie (1800-1812). 1 vol. in-8. 1906................. 10 fr.
— La politique extérieure du 1er Consul (1800-1803). (*Napoléon et l'Europe*). 1 vol.
in-8. 1909................. 7 fr.
DUMOULIN (Maurice). *Figures du temps passé. 1 vol. in-16, 1906................. 3 fr. 50
GOMEL (G.). Les causes financières de la Révolution française. *Les ministères de Turgot
et de Necker.* 1 vol. in-8................. 8 fr.
— Les causes financières de la Révolution française. *Les derniers Contrôleurs généraux.*
1 vol. in-8................. 8 fr.
— Histoire financière de l'Assemblée Constituante (1789-1791). 2 vol. in-8. 16 fr. — Tome I :
(1789). 8 fr. Tome II : (1790-1791)................. 8 fr.
— Histoire financière de la Législative et de la Convention. 2 vol. in-8. 15 fr. — Tome I :
(1792-1793). 7 fr. 50. Tome II : (1793-1795)................. 8 fr.
HARTMANN (Lieut.-Colonel). Les officiers de l'armée royale et la Révolution. 1 vol.
in-8. 1909. (*Récompensé par l'Institut*)................. 10 fr.
MATHIEZ (A.), agrégé d'histoire, docteur ès lettres. *La théophilanthropie et le culte
décadaire (1796-1801). 1 vol. in-8. 1903................. 12 fr.
— *Contributions à l'histoire religieuse de la Révolution française. In-16. 1906.. 3 fr. 50
MARCELLIN PELLET, ancien député. Variétés révolutionnaires. 3 vol. in-16, précédés d'une
préface de A. Ranc. Chaque vol. séparément................. 3 fr. 50
MOLLIEN (Cte). Mémoires d'un ministre du trésor public (1780-1845), publiés par
M. Ch. Gomel. 3 vol. in-8................. 15 fr.
SILVESTRE, professeur à l'Ecole des Sciences politiques. De Waterloo à Sainte-Hélène
(20 juin-16 octobre 1815). 1 vol. in-16................. 3 fr. 50
SPULLER (Eug.), ancien ministre de l'Instruction publique. Hommes et choses de la Révo-
lution. 1 vol. in-18................. 3 fr. 50
STOURM (R.), de l'Institut. Les finances de l'ancien régime et de la Révolution. 2 vol.
in-8................. 16 fr
— Les finances du Consulat. 1 vol. in-8................. 7 fr. 50
THÉNARD (L.) et GUYOT (R.). *Le Conventionnel Goujon (1766-1793). 1 vol. in-8. (*Récompensé par l'Institut.*) 1908................. 5 fr.
VALLAUX (C.). *Les campagnes des armées françaises (1793-1815). 1 vol. in-16, avec
17 cartes dans le texte................. 3 fr. 50

Époque contemporaine.

BLANC (Louis). *Histoire de Dix ans (1830-1840). 5 vol. in-8................. 25 fr.
CHALLAYE (F.). Le Congo Français. *La question internationale du Congo.* In-8. 1909. 5 fr.
DEBIDOUR, professeur à la Sorbonne. *Histoire des rapports de l'Eglise et de l'État en
France (1789-1870). 1 fort vol. in-8. (*Couronné par l'Institut*)................. 12 fr.
— L'Église catholique en France sous la troisième République (1870-1906). — I. (1870-1889),
1 vol. in-8. 1906. 7 fr. — II. (1889-1906). 1 vol. in-8. 1909................. 10 fr.
DELORD (Taxile). *Histoire du second Empire (1848-1870). 6 vol. in-8................. 42 fr.
FÈVRE (J.), professeur à l'École normale de Dijon, et H. HAUSER, professeur à l'Université
de Dijon. *Régions et pays de France. 1 vol. in-8, avec 147 gravures et cartes dans le
texte. 1909................. 7 fr.
GAFFAREL (P.), professeur à l'Université d'Aix-Marseille. *La politique coloniale en France
(1789-1830). 1 vol. in-8. 1907................. 7 fr.
— *Les Colonies françaises. 1 vol. in-8. 6e édition revue et augmentée................. 5 fr.
GAISMAN (A.). *L'Œuvre de la France au Tonkin. Préface de M. J.-L. de Lanessan. 1 vol.
in-16 avec 4 cartes en couleurs, 1906................. 3 fr. 50
HUBERT (L.), député. *L'éveil d'un monde. *L'œuvre de la France en Afrique Occidentale.*
1 vol. in-16. 1909................. 3 fr. 50
LANESSAN (J.-L. de). *L'Indo-Chine française. Étude économique, politique et administra-
tive. 1 vol. in-8, avec 5 cartes en couleurs hors texte................. 15 fr.
— *L'État et les Églises en France. *Histoire de leurs rapports, des origines jusqu'à la
Séparation.* 1 vol. in-16. 1906................. 3 fr. 50
— *Les Missions et leur protectorat. 1 vol. in-16. 1907................. 3 fr. 50
LAPIE (P.), professeur à l'Université de Bordeaux. Les Civilisations tunisiennes (Musulmans,
Israélites, Européens). In-16. 1898 (*Couronné par l'Académie française.*)................. 3 fr. 50
LEBLOND (Marius-Ary). La société française sous la troisième République. 1 vol. in-8.
1905................. 5 fr.
NOEL (O.). Histoire du commerce extérieur de la France depuis la Révolution. 1 vol.
in-8................. 6 fr.
PIOLET (J.-B.). La France hors de France, notre émigration, sa nécessité, ses conditions.
1 vol. in-8. 1900 (*Couronné par l'Institut*)................. 10 fr.
SCHEFER (Ch.), professeur à l'École des sciences politiques. La France moderne et le
problème colonial (1815-1830). 1 vol. in-8................. 7 fr.
SPULLER (E.), ancien ministre de l'Instruction publique. *Figures disparues, portraits
contemporains littéraires et politiques. 3 vol. in-16. Chacun................. 3 fr. 50
TARDIEU (A.). Secrétaire honoraire d'ambassade. *La France et les Alliances. *La lutte
pour l'équilibre.* 3e édition refondue et complétée. 1910. 1 vol. in-16. (*Récompensé par
l'Institut*)................. 3 fr. 50
TCHERNOFF (J.). Associations et Sociétés secrètes sous la deuxième République (1848-1851).
1 vol. in-8. 1905................. 7 fr.

VIGNON (L.), professeur à l'École coloniale. **La France dans l'Afrique du nord**. 2° édition.
1 vol. in-8. (*Récompensé par l'Institut.*)...................................... 7 fr.
— **L'Expansion de la France**. 1 vol. in-18. 3 fr. 50. — LE MÊME. Édition in-8....... 7 fr.
WAHL, inspecteur général de l'Instruction publique, et A. BERNARD, professeur à la
Sorbonne. *** L'Algérie**. 1 vol. in-8. 5° édit., 1908. (*Ouvrage couronné par l'Institut.*). 5 fr.
WEILL (G.), prof. adjoint à l'Univ. de Caen. **Le Parti républicain en France de 1814 à
1870**. 1 vol. in-8. 1900. (*Récompensé par l'Institut.*)........................... 10 fr.
— *** Histoire du mouvement social en France (1852-1910)**. 2° édition. 1 vol. in-8.... 10 fr.
— **L'École saint-simonienne**, son histoire, son influence jusqu'à nos jours. In 16. 1896. 3 fr. 50
— **Histoire du catholicisme libéral en France (1828-1908)**. 1 vol. in-16........ 3 fr. 50
ZÉVORT (E.), recteur de l'Académie de Caen. **Histoire de la troisième République** :
Tome   I. *** La Présidence de M. Thiers**. 1 vol. in-8. 3° édit..................... 7 fr.
Tome II. *** La Présidence du Maréchal**. 1 vol. in-8. 2° édit.................. 7 fr.
Tome III. *** La Présidence de Jules Grévy**. 1 vol. in-8. 2° édit............... 7 fr.
Tome IV. **La Présidence de Sadi Carnot**. 1 vol. in-8........................ 7 fr.

ANGLETERRE

MANTOUX (P.), docteur ès lettres. **A travers l'Angleterre contemporaine**. *La guerre
sud-africaine et l'opinion. L'organisation du parti ouvrier. L'évolution du Gouvernement
et de l'État*. Préface de M. G. Monod, de l'Institut. 1 vol. in-16............... 3 fr. 50
METIN (Albert), prof. à l'École Coloniale. *** Le Socialisme en Angleterre**. 1 vol. in-16. 3 fr. 50

ALLEMAGNE

ANDLER (Ch.), prof. à la Sorbonne. *** Les origines du socialisme d'État en Allemagne**.
2° édition, revue, 1911. 1 vol. in-8 .... 7 fr.
GUILLAND (A.), professeur d'histoire à l'École polytechnique suisse. *** L'Allemagne nou-
velle et ses historiens**. 1 vol. in-8. 1899.................................... 5 fr.
MATTER (P.), doct. en droit, substitut au tribunal de la Seine. *** La Prusse et la Révolution
de 1848**. 1 vol. in-16. 1903... 3 fr. 50
— *** Bismarck et son temps**. (*Couronné par l'Institut.*)
I. *** La préparation** (1815-1863). 1 vol. in-8. 1905......................... 10 fr.
II. *** L'action** (1863-1870). 1 vol. in-8. 1906............................ 10 fr.
III. *** Triomphe, splendeur et déclin** (1870-1898). 1 vol. in-8. 1908......... 10 fr.
MILHAUD (E.), professeur à l'Université de Genève. *** La Démocratie socialiste allemande**.
1 vol. in-8. 1903.. 10 fr.
SCHMIDT (Ch.), docteur ès lettres. **Le grand-duché de Berg (1806-1813)**. 1905. 1 vol. in-8. 10 fr.
VERON (Eug.). *** Histoire de la Prusse**, depuis la mort de Frédéric II. In-16. 6° édit. 3 fr. 50
— *** Histoire de l'Allemagne**, depuis la bataille de Sadowa jusqu'à nos jours. 1 vol. in-16.
3° édit., mise au courant des événements par P. Bondois...................... 3 fr. 50

AUTRICHE-HONGRIE

ASSELINE (L.). **Histoire de l'Autriche**, *depuis la mort de Marie-Thérèse jusqu'à nos jours*.
2° édit. 1 vol. in-18 avec une carte. 1884................................... 3 fr. 50
AUERBACH, professeur à l'Université de Nancy. *** Les races et les nationalités en Autriche-
Hongrie**. 1 vol. in-8. (2° éd. *sous presse*)............................... 5 fr.
BOURLIER (J.). *** Les Tchèques et la Bohême contemporaine**. 1 vol. in-16....... 3 fr. 50
JARAY (G.-Louis), auditeur au Conseil d'État. **La question sociale et le socialisme en Hon-
grie**. 1 vol. in-8, avec 5 cartes hors texte. 1909. (*Récompensé par l'Institut.*)..... 7 fr.
MAILATH (C¹° J. de). **La Hongrie rurale, sociale et politique**. Préface de M. René Henry.
1 vol. in-8. 1909.. 5 fr.
RECOULY (R.). *** Le pays magyar**. 1903. 1 vol. in-16.......................... 3 fr. 50

POLOGNE

HANDELSMAN (M.). **Napoléon et la Pologne (1806-1807)**. 1 vol. in-8.............. 5 fr.

ITALIE

BOLTON KING (M. A.). *** Histoire de l'unité italienne**. Histoire politique de l'Italie, de 1814
à 1871. Introd. de M. Yves Guyot. 2 vol. in-8.............................. 15 fr.
COMBES DE LESTRADE (Vte). **La Sicile sous la maison de Savoie**. 1 vol. in-18. 3 fr. 50
GAFFAREL (P.), professeur à l'Université d'Aix-Marseille. *** Bonaparte et les Républiques
italiennes (1796-1799)**. 1895. 1 vol. in-8................................. 5 fr.
SORIN (Elie). *** Histoire de l'Italie**, depuis 1815 jusqu'à la mort de Victor-Emmanuel. 1 vol.
in-16. 1888... 3 fr. 50

ESPAGNE

REYNALD (H.). *** Histoire de l'Espagne**, depuis la mort de Charles III. 1 vol. in-16. 3 fr. 50

ROUMANIE

DAMÉ (Fr.). *** Histoire de la Roumanie contemporaine**, depuis l'avènement des princes indigènes jusqu'à nos jours. 1 vol. in-8. 1900................................. 7 fr.

SUÈDE

SCHEFER (C.). *** Bernadotte-roi (1810-1818-1844)**. 1 vol. in-8. 1899............. 5 fr.

SUISSE

DAENDLIKER. * Histoire du peuple suisse. Trad. de l'allem. par Mme Jules Favre et pre-
cédé d'une Introduction de Jules Favre. 1 vol. in-8.. 5 fr.

GRÈCE, TURQUIE, ÉGYPTE

BÉRARD (V.), docteur ès lettres. La Turquie et l'Hellénisme contemporain. (Ouvrage cour.
par l'Acad. française). 1 vol. in-16. 6e édit. 1911.. 3 fr. 50
DRIAULT (E.), agrégé d'histoire. * La question d'Orient, préface de G. Monod, de l'Institut.
1 vol. in-8. 4e édit. 1909 (Couronné par l'Institut)..................................... 7 fr.
MÉTIN (Albert), professeur à l'École coloniale. * La Transformation de l'Égypte. 1 vol.
in-16. 1903 (Cour. par la Soc. de géogr. commerciale)...................................... 3 fr. 50
RODOCANACHI (E.). * Bonaparte et les îles Ioniennes. 1 vol. in-8.................... 5 fr.

INDE

PIRIOU (E.), agrégé de l'Université. * L'Inde contemporaine et le mouvement national.
1905. 1 vol. in-16.. 3 fr. 50

CHINE, JAPON

ALLIER (R.). Le protestantisme au Japon (1859-1907). 1 vol. in-16. 1908........... 3 fr. 50
CORDIER (H.), de l'Institut, professeur à l'École des langues orientales. * Histoire des rela-
tions de la Chine avec les puissances occidentales (1860-1902), avec cartes. 3 vol. in-8, chacun
séparément.. 10 fr.
— * L'Expédition de Chine de 1857-58. Histoire diplomat. 1905. 1 vol. in-8........ 7 fr.
— * L'Expédition de Chine de 1860. Histoire diplomat. 1906. 1 vol. in-8.......... 7 fr.
COURANT (M.), maître de conférences à l'Université de Lyon. En Chine. Mœurs et Insti-
tutions. Hommes et Faits. 1 vol. in-16.. 3 fr. 50
DRIAULT (E.), agrégé d'histoire. * La Question d'Extrême-Orient. 1 vol. in-8. 1907. 7 fr.
RODES (Jean). La Chine nouvelle. 1 vol. in-16. 1909................................... 3 fr. 50

AMÉRIQUE

DEBERLE (Alf.). * Histoire de l'Amérique du Sud. 1 vol. in-16. 3e éd........ 3 fr. 50
STEVENS. Les Sources de la Constitution des États-Unis. 1 vol. in-8............... 7 fr. 50
VIALLATE (A.), professeur à l'École des Sciences politiques. L'Industrie américaine.
1 vol. in-8. 1908... 10 fr.

QUESTIONS POLITIQUES ET SOCIALES

BARNI (Jules). * Histoire des Idées morales et politiques en France au XVIIIe siècle.
2 vol. in-16. Chaque volume.. 3 fr. 50
— * Les Moralistes français au XVIIIe siècle. 1 vol. in-16..................... 3 fr. 50
LOUIS BLANC. Discours politiques (1848-1881). 1 vol. in-8.............................. 7 fr. 50
BONET-MAURY. La Liberté de conscience en France (1598-1905). 1 vol. in-8, 2e édit. 5 fr.
D'EICHTHAL (Eug.), de l'Institut. Souveraineté du Peuple et Gouvernement. 1 vol.
in-16, 1895.. 3 fr. 50
DEPASSE (Hector), député. Transformations sociales. 1 vol. in-16. 1894............. 3 fr. 50
— Du Travail et de ses conditions. 1 vol. in-16. 1895.................................. 3 fr. 50
DESCHANEL (E.). * Le Peuple et la Bourgeoisie. 1 vol. in-8............................ 5 fr.
DRIAULT (E.), agrégé d'histoire. * Problèmes politiques et sociaux. 1 vol. in-8. 2e édit.
1906.. 7 fr.
— * Le monde actuel. Tableau politique et économique. 1 vol. in-8. 1909............. 7 fr.
— et MONOD (G.). Histoire politique et sociale (1815-1911). (Évolution du monde moderne.)
2e édition. 1 vol. in-16, avec gravures et cartes.............................. 5 fr.
GUYOT (Yves), ancien ministre. Sophismes socialistes et faits économiques. 1 vol. in-16.
1908.. 3 fr. 50
LICHTENBERGER (A.). * Le Socialisme utopique, étude sur quelques précurseurs du
Socialisme. 1 vol. in-16. 1898.. 3 fr. 50
— * Le Socialisme et la Révolution française. 1 vol. in-8. 1898....................... 5 fr.
MATTER (P.). La Dissolution des Assemblées parlementaires. 1 vol. in-8. 1898...... 5 fr.
NOVICOW. La Politique internationale. 1 vol. in-8.................................... 7 fr.
PAUL LOUIS. L'Ouvrier devant l'État. Étude de la législation ouvrière dans les deux mondes.
1 vol. in-8. 1904... 7 fr.
— Histoire du Mouvement syndical en France (1789-1906). 1 vol. in-16. 1907....... 3 fr. 50
REINACH (Joseph), député. Pages républicaines. 1 vol. in-16.......................... 3 fr. 50
— * La France et l'Italie devant l'Histoire. 1 vol. in-8............................... 5 fr.
Le socialisme à l'étranger. Angleterre, Allemagne, Autriche, Italie, Espagne, Hongrie,
Russie, Japon, États-Unis, par MM. J. BARDOUX, G. GIDEL, KINZO-GORAÏ, G. ISAMBERT,
G. LOUIS-JARAY, A. MARVAUD, DA MOTTA DE SAN MIGUEL, P. QUENTIN-BAUCHART, M. RE-
VON, A. TARDIEU. Préface de A. LEROY-BEAULIEU, de l'Institut, directeur de l'École des
Sciences politiques, conclusion de J. BOURDEAU, correspondant de l'Institut. 1 vol.
in-16. 1909... 3 fr. 50
SPULLER (E.). * L'Éducation de la Démocratie. 1 vol. in-16. 1892.................... 3 fr. 50
— L'Évolution politique et sociale de l'Église. 1 vol. in-12. 1893.................... 3 fr. 50
* La Vie politique dans les Deux Mondes. Publiée sous la direction de M. A. VIALLATE,
professeur à l'École des Sciences politiques, avec la collaboration de professeurs et d'anciens élèves de l'École des Sciences politiques.
1re année, 1906-1907. 1 fort vol. in-8. 1908...................................... 10 fr.
2e année, 1907-1908. 1 fort vol. in-8. 1909...................................... 10 fr.
3e année, 1908-1909. 1 vol. in-8. 1910.. 10 fr.

BIBLIOTHÈQUE DE LA FACULTÉ DES LETTRES
DE L'UNIVERSITÉ DE PARIS

HISTOIRE ET LITTÉRATURE ANCIENNES

✦ **De l'Authenticité des Épigrammes de Simonide**, par M. le Professeur H. HAUVETTE.
1 vol. in-8 .... 5 fr.

De la Flexion dans Lucrèce, par M. le Professeur CARTAULT. 1 vol. in-8 .... 4 fr.

✦ **La Main-d'Œuvre industrielle dans l'ancienne Grèce**, par M. le Professeur P. GUIRAUD. 1 vol.
in-8.. 7 fr.

✦ **Recherches sur le Discours aux Grecs de Tatien**, suivies d'une *traduction française du
discours*, avec notes, par A. PUECH, professeur adjoint à la Sorbonne. 1 vol. in-8... 6 fr.

✦ **Les « Métamorphoses » d'Ovide et leurs modèles grecs**, par A. LAFAYE, professeur
adjoint à la Sorbonne. 1 vol. in-8................................ 8 fr. 50

✦ **Mélanges d'histoire ancienne**, par MM. G. BLOCH, J. CARCOPINO et L. GERNET.
1 vol. in-8... 12 fr. 50

Le dystique élégiaque chez Tibulle, Sulpicia, Lygdamus, par M. le professeur A. CARTAULT.
1 vol. in-8.............................. 11 fr. (*Vient de paraître.*)

MOYEN AGE

✦ **Premiers Mélanges d'Histoire du Moyen Age**, par MM. le Professeur A. LUCHAIRE, de
l'Institut, DUPONT-FERRIER et POUPARDIN. 1 vol. in-8.................... 3 fr. 50

Deuxièmes Mélanges d'Histoire du Moyen Age, par MM. le Professeur LUCHAIRE, HALPHEN
et HUCKEL. 1 vol. in-8.. 6 fr.

Troisièmes Mélanges d'Histoire du Moyen Age, par MM. les Prof. LUCHAIRE, BEYSSIER,
HALPHEN et CORDEY. 1 vol. in-8.................................... 8 fr. 50

Quatrièmes Mélanges d'Histoire du Moyen Age, par MM. JACQUEMIN, FARAL, BEYSSIER.
1 vol. in-8... 7 fr. 50

Cinquièmes Mélanges d'Histoire du Moyen Age, publiés sous la dir. de M. le Professeur A.
LUCHAIRE, par MM. AUBERT, CARRU, DULONG, GUÉBIN, HUCKEL, LOIRETTE, LYON, MAX
FAZY, et Mˡˡᵉ MACHKEWITCH. 1 vol. in-8........................... 5 fr.

✦ **Essai de Restitution des plus anciens Mémoriaux de la Chambre des Comptes de Paris**,
par MM. J. PETIT, GAVRILOVITCH, MAURY et TÉODORU, préface de M. le Professeur adjoint
CH.-V. LANGLOIS. 1 vol. in-8.. 9 fr.

Constantin V, empereur des Romains (740-775). *Étude d'histoire byzantine*, par A. LOM-
BARD, licencié ès lettres. Préf. de M. le Professeur CH. DIEHL, 1 vol. in-8...... 6 fr.

Étude sur quelques Manuscrits de Rome et de Paris, par M. le Professeur A. LUCHAIRE.
1 vol. in-8.. 6 fr.

Les Archives de la Cour des Comptes, Aides et Finances de Montpellier, par L. MAR-
TIN-CHABOT, archiviste-paléographe. 1 vol. in-8.................... 8 fr.

Le latin de Saint-Avit, évêque de Vienne (450?-526?), par M. le Professeur H. GOELZER,
avec la collaboration de A. MEY. 1 vol. in-8....................... 25 fr.

PHILOLOGIE ET LINGUISTIQUE

✦ **Le Dialecte alaman de Colmar (Haute-Alsace) en 1870**, grammaire et lexique, par M. le
Professeur VICTOR HENRY. 1 vol. in-8.............................. 8 fr.

✦ **Études linguistiques sur la Basse-Auvergne**, phonétique historique du patois de
Vinzelles (Puy-de-Dôme), par ALBERT DAUZAT. Préface de M. le Professeur A. THOMAS.
1 vol. in-8.. 6 fr.

✦ **Antinomies linguistiques**, par M. le Professeur VICTOR HENRY. 1 vol. in-8........ 2 fr.

Mélanges d'Étymologie française, par M. le Professeur A. THOMAS. 1 vol. in-8..... 7 fr.

✦ **A propos du Corpus Tibullianum**. *Un siècle de philologie latine classique*, par M. le
Professeur A. CARTAULT. 1 vol. in-8............................... 18 fr.

PHILOSOPHIE

L'Imagination et les Mathématiques selon Descartes, par P. BOUTROUX, prof. à l'Université
de Nancy. 1 vol. in-8.. 2 fr.

GÉOGRAPHIE

La Rivière Vincent-Pinzon. *Étude sur la cartographie de la Guyane*, par M. le Professeur VIDAL DE LA BLACHE, de l'Institut. 1 vol. in-8.............. 6 fr.

LITTÉRATURE MODERNE

✦ **Mélanges d'Histoire littéraire**, par MM. FREMINET, DUPIN et DES COGNETS. Préface de
M. le Professeur LANSON. 1 vol. in-8............................... 6 fr. 50

HISTOIRE CONTEMPORAINE

✦ **Le treize Vendémiaire an IV**, par HENRY ZIVY, agrégé d'histoire, 1 vol. in-8..... 4 fr.

PUBLICATIONS DIPLOMATIQUES

RECUEIL DES INSTRUCTIONS
DONNÉES AUX AMBASSADEURS ET MINISTRES DE FRANCE
Depuis les Traités de Westphalie jusqu'à la Révolution française.

Publié sous les auspices de la Commission des archives diplomatiques
au Ministère des Affaires étrangères.

Beaux vol. in-8 raisin, imprimés sur papier de Hollande, avec Introduction et notes.

I. — **AUTRICHE**, par M. Albert SOREL, de l'Académie française.................. *Épuisé*
II. — **SUÈDE**, par M. A. GEFFROY, de l'Institut..................................... 20 fr.
III. — **PORTUGAL**, par le Vicomte de CAIX DE SAINT-AYMOUR................. 20 fr.
IV et V. — **POLOGNE**, par M. Louis FARGES, chef de bureau aux Archives du Ministère des
affaires étrangères. 2 vol... 30 fr.
VI. — **ROME (1648-1687)** (tome I), par G. HANOTAUX, de l'Académie française...... 20 fr.
VII. — **BAVIÈRE, PALATINAT ET DEUX-PONTS**, par M. André LEBON............. 25 fr
VIII et IX. — **RUSSIE**, par M. Alfred RAMBAUD, de l'Institut. 2 vol. Le 1er volume, 20 fr.
Le second volume... 25 fr.
X. — **NAPLES ET PARME**, par M. Joseph REINACH, député...................... 20 fr
XI. — **ESPAGNE (1649-1750)** (tome I), par MM. MOREL-FATIO, professeur au Collège de
France, et LÉONARDON... 20 fr.
XII et XII *bis*. — **ESPAGNE (1750-1789)** (tomes II et III), par les mêmes.......... 40 fr.
XIII. — **DANEMARK**, par A. GEFFROY, de l'Institut........................... 14 fr.
XIV et XV. — **SAVOIE-SARDAIGNE-MANTOUE**, par HORRIC de BEAUCAIRE, ministre plénipo-
tentiaire. 2 vol... 40 fr.
XVI. — **PRUSSE**, par M. A. WADDINGTON, professeur à l'Université de Lyon. 1 vol. (*Cou-
ronné par l'Institut.*)... 28 fr.

INVENTAIRE ANALYTIQUE
DES ARCHIVES DU MINISTÈRE DES AFFAIRES ÉTRANGÈRES
Publié sous les auspices de la Commission des Archives diplomatiques.

Correspondance politique de MM. de CASTILLON et de MARILLAC, ambassadeurs de
France en Angleterre (1527-1542), par M. Jean KAULEK, avec la collaboration de MM.
Louis Farges et Germain Lefèvre-Pontalis. 1 vol. in-8 raisin..................... 15 fr.
Papiers de BARTHÉLEMY, ambassadeur de France en Suisse, de 1792 à 1797,
6 volumes in-8 raisin. I. Année 1792. 15 fr. — II. Janvier-août 1793. 15 fr. —
III. Septembre 1793 à mars 1794. 18 fr. — IV. Avril 1794 à février 1795. 20 fr. — V.
Septembre 1794 à septembre 1796, par M. Jean KAULEK, 20 fr. — Tome VI et dernier, No-
vembre 1794 à Février 1796, par M. Alexandre TAUSSERAT-RADEL............... 12 fr.
Correspondance politique d'ODET DE SELVE, ambassadeur de France en Angleterre
(1546-1549), par G. LEFÈVRE-PONTALIS. 1 vol. in-8 raisin...................... 15 fr.
Correspondance politique de GUILLAUME PELLICIER, ambassadeur de France à Venise
(1540-1542), par M. Alexandre TAUSSERAT-RADEL. 1 fort vol. in-8 raisin.......... 40 fr.

Correspondance des Deys d'Alger avec la Cour de France (1759-1833), recueillie par Eug.
PLANTET. 2 vol. in-8 raisin... 30 fr.
Correspondance des Beys de Tunis et des Consuls de France avec la Cour (1577-1830), recueillie par Eugène PLANTET. 3 vol. in-8. Tome I (1577-1700). *Épuisé*. — Tome II (1700-
1770). 20 fr. — Tome III (1770-1830)................................... 20 fr.

Les Introducteurs des Ambassadeurs (1589-1900). 1 vol. in-4, avec figures dans le texte et
planches hors texte... 20 fr.

Histoire de la représentation diplomatique de la France auprès des cantons suisses, de
leurs alliés et de leurs confédérés, publiée sous les auspices des archives fédérales
suisses par E. ROTT. Tome I (1430-1559). 1 vol. gr. in-8. 12 fr. — Tome II (1559-1610).
1 vol. gr. in-8, 15 fr. — Tome III (1610-1626). *L'affaire de la Valteline* (1re partie)
(1620-1626). 1 vol. gr. in-8, 20 fr. — Tome IV (1626-1635) (1re partie). *L'affaire de la
Valteline* (2e partie) (1626-1633). 1 vol. gr. in-8................................. 15 fr.

HISTOIRE DIPLOMATIQUE
Voir *Bibliothèque d'histoire contemporaine*, p. 18 à 21 du présent Catalogue.

PUBLICATIONS PÉRIODIQUES

*REVUE PHILOSOPHIQUE

DE LA FRANCE ET DE L'ÉTRANGER

Dirigée par **TH. RIBOT**, membre de l'Institut, professeur honoraire au Collège de France.
(36e année, 1911). — Paraît tous les mois.

Abonnement du 1er janvier : Un an : Paris, **30** fr. — Départements et étranger, **33** fr.
La livraison, **3** fr.

Les années écoulées, chacune **30** fr. et la livraison **3** fr.

*REVUE DU MOIS

DIRECTEUR : **Émile BOREL**, professeur à la Sorbonne.
SECRÉTAIRE DE LA RÉDACTION : A. BIANCONI, agrégé de l'Université.

(6e année 1911) Paraît le 10 de chaque mois par livraisons de 128 pages grand in-8 (25 × 16)

Chaque année forme deux volumes de 750 à 800 pages chacun.

La Revue du Mois, qui est entrée en janvier 1910 dans sa cinquième année, suit avec attention dans toutes les parties du savoir le mouvement des idées. Rédigée par des spécialistes éminents, elle a pour objet de tenir sérieusement les esprits cultivés au courant de tous les progrès. Dans des articles de fonds aussi nombreux que variés, elle dégage les résultats les plus généraux et les plus intéressants de chaque ordre de recherches, ceux qu'on ne peut ni ne doit ignorer. Dans des notes plus courtes, elle fait place aux discussions, elle signale et critique les articles de Revues, les livres qui méritent intérêt.

Abonnement :

Un an : Paris, **20** fr. — Départements, **22** fr. — Étranger, **25** fr.
Six mois : — **10** fr. — — **11** fr. — — **12** fr. **50**.
La livraison, **2** fr. **25**.
Les abonnements partent du dix de chaque mois.

*Journal de Psychologie Normale et Pathologique

DIRIGÉE PAR LES DOCTEURS

Pierre JANET   et   **Georges DUMAS**
Professeur au Collège de France.   Professeur adjoint à la Sorbonne.
(8e année, 1911.) — Paraît tous les deux mois.

Abonnement du 1er janvier : France et Étranger, **14** fr. — La livraison, **2** fr. **60**.
Le prix d'abonnement est de 12 fr. pour les abonnés de la Revue Philosophique.

*REVUE HISTORIQUE

Dirigée par MM. **G. MONOD**, de l'Institut, et **Ch. BÉMONT**.
(36e année, 1911.) — Paraît tous les deux mois.

Abonnement du 1er janvier : Un an : Paris, **30** fr. — Départements et étranger, **33** fr.
La livraison. **6** fr.

Les années écoulées, chacune **30** fr.; le fascicule, **6** fr. Les fascicules de la 1re année, **9** fr.

REVUE DES SCIENCES POLITIQUES

Suite des ANNALES DES SCIENCES POLITIQUES.

Revue bimestrielle publiée avec la collaboration des professeurs et des anciens élèves de l'École libre des Sciences Politiques.

(26e année, 1911.)

Rédacteur en chef : **M. ESCOFFIER**, professeur à l'École.

Abonnement du 1er janvier : Un an : Paris, **18** fr.; Départ. et Étranger, **19** fr.
La livraison : **3** fr. **50**.

*JOURNAL DES ÉCONOMISTES

Revue mensuelle de la science économique et de la statistique.
(70e année, 1911.) Paraît le 15 de chaque mois.

Rédacteur en chef : **Yves Guyot**, ancien ministre, vice-président de la Société d'économie politique.

Abonnement : France : Un an, **36** fr. Six mois, **19** fr.
Union postale : Un an, **38** fr. Six mois, **20** fr. — Le numéro, **3** fr. **50**

Les abonnements partent de janvier, avril, juillet ou octobre.

M. de Molinari qui, pendant de longues années, a dirigé le *Journal des Économistes* avec la distinction que l'on sait, s'est retiré; il a désigné comme son successeur M. Yves Guyot. Le nouveau rédacteur en chef, entré en fonctions le 1er novembre 1909, bien connu et apprécié des lecteurs de ce *Journal* et de tous les économistes, saura maintenir ce périodique à la hauteur de sa réputation et lui conserver sa valeur scientifique.

* REVUE ANTHROPOLOGIQUE

Suite de la REVUE DE L'ÉCOLE D'ANTHROPOLOGIE DE PARIS.

Recueil mensuel publié par les professeurs. (21e année, 1911.)

Abonnement, du 1er janvier : France et Étranger, **10** fr. — Le numéro, **1** fr.

SCIENTIA

Revue internationale de synthèse scientifique.

(5e année 1911). 4 livraisons par an, de 150 à 200 pages chacune; publie un supplément contenant la traduction française des articles publiés en langues étrangères.
Abonnement du 1er janvier : Un an (Union postale), **25** francs

REVUE ÉCONOMIQUE INTERNATIONALE

(8e année, 1911) **Mensuelle.**

Abonnement du 1er janvier : Un an, France et Belgique, **50** fr. Autres pays, **56** fr.

BULLETIN DE LA SOCIÉTÉ LIBRE POUR L'ÉTUDE PSYCHOLOGIQUE DE L'ENFANT

10 numéros par an. — Abonnement du 1er octobre : **3** fr.

LES DOCUMENTS DU PROGRÈS

Revue mensuelle internationale (5e année, 1911).

Dr **R. BRODA**, Directeur.

Abonnement du 1er de chaque mois : 1 an : France, **10** fr. — Étranger, **12** fr.
La livraison, 1 fr.

BIBLIOTHÈQUE SCIENTIFIQUE
INTERNATIONALE

VOLUMES IN-8, CARTONNÉS A L'ANGLAISE; OUVRAGES A 6, 9 ET 12 FRANCS.

Derniers volumes parus :

CUÉNOT (L.), professeur à la Faculté des sciences de Nancy. **La Genèse des espèces animales.** 1 vol. in-8 avec 123 grav. dans le texte............................ 12 fr.
LE DANTEC (F.), chargé de cours à la Sorbonne. **La Stabilité de la vie.** *Étude énergétique de l'évolution des espèces.*... 6 fr.
ROUBINOVITCH (Dr J.), médecin en chef de l'hospice de Bicêtre. **Aliénés et anormaux.** 1 vol. in-8 avec 63 figures.. 6 fr.

PRÉCÉDEMMENT PARUS :

ANGOT (A.), directeur du Bureau météorologique. *Les Aurores polaires. 1 vol. in-8, avec figures .... 6 fr.
ARLOING, prof. à l'Ecole de médecine de Lyon. *Les Virus. 1 vol. in-8.......... 6 fr.
BAGEHOT. *Lois scientifiques du développement des nations. 1 vol. in-8. 7e éd..... 6 fr.
BAIN. *L'Esprit et le Corps. 1 vol. in-8. 6e édition................................ 6 fr.
BAIN (A.). *La Science de l'éducation. 1 vol. in-8. 9e édition.................. 6 fr.
BALFOUR STEWART. *La Conservation de l'énergie, avec fig. 1 vol. in-8. 6e édit... 6 fr.
BERNSTEIN. *Les Sens. 1 vol. in-8, avec 91 figures. 5e édition................ 6 fr.
BERTHELOT, de l'Institut. *La Synthèse chimique. 1 vol. in-8. 10e édition........ 6 fr.
— *La Révolution chimique, Lavoisier. 1 vol. in-8. 2e éd................. 6 fr.
BINET. *Les Altérations de la personnalité. 1 vol. in-8. 2e édition.............. 6 fr.
BINET et FÉRÉ. *Le Magnétisme animal. 1 vol. in 8. 5e édition.............. 6 fr.
BLASERNA et HELMHOLTZ. *Le Son et la Musique. 1 vol. in-8. 5e édition....... 6 fr.
BOURDEAU (L.). Histoire de l'habillement et de la parure. 1 vol. in-8........... 6 fr.
BRUNACHE (P.). * Le Centre de l'Afrique. Autour du Tchad. 1 vol. in-8, avec figures.. 6 fr.
CANDOLLE (de). *L'Origine des plantes cultivées. 1 vol. in-8. 4e édition.......... 6 fr.
CARTAILHAC (E.). La France préhistorique, d'après les sépultures et les monuments. 1 vol. in-8, avec 162 figures. 2e édition............................ 6 fr.
CHARLTON BASTIAN. * Le Cerveau, organe de la pensée chez l'homme et chez les animaux. 2 vol. in-8, avec figures. 2e édition......................... 12 fr.
— L'Évolution de la vie. Traduction de l'anglais et avant-propos par H. DE VARIGNY. 1 vol. in-8, illustré, avec figures dans le texte et 12 planches hors texte............ 6 fr.
COLAJANNI (N.). *Latins et Anglo-Saxons. 1 vol. in-8........................ 9 fr.
CONSTANTIN (Capitaine). Le rôle sociologique de la guerre et le sentiment national. Suivi de la traduction de *La guerre, moyen de sélection collective*, par le Dr STEINMETZ. 1 vol in-8.. 6 fr.
COOKE et BERKELEY. *Les Champignons. 1 vol. in-8, avec figures. 4e édition..... 6 fr.
COSTANTIN (J.), prof. au Muséum. *Les végétaux et les Milieux cosmiques (adaptation, évolution). 1 vol. in-8, avec 171 gravures............................ 6 fr.
— *La Nature tropicale. 1 vol. in-8, avec gravures............................ 6 fr.
— *Le Transformisme appliqué à l'agriculture. 1 vol. in-8, avec 105 gravures.... 6 fr.
DAUBRÉE, de l'Institut. Les Régions invisibles du globe et des espaces célestes. 1 vol. in-8, avec 85 fig. dans le texte. 2e édition........................... 6 fr.
DEMENY (G.). * Les bases scientifiques de l'éducation physique. 1 vol. in-8, avec 198 gravures. 4e édition... 6 fr.
— Mécanisme et éducation des mouvements. 1 vol. in-8, avec 565 gravures. 4e édit. 9 fr.
DEMOOR, MASSART et VANDERVELDE. * L'évolution régressive en biologie et en sociologie. 1 vol. in-8, avec gravures............................... 6 fr.
DRAPER. Les Conflits de la science et de la religion. 1 vol. in-8. 12e édition....... 6 fr.
DUMONT (L.). *Théorie scientifique de la sensibilité. 1 vol. in-8. 4e édition........ 6 fr.

NOUVELLE
COLLECTION SCIENTIFIQUE

Directeur : ÉMILE BOREL
Professeur à la Sorbonne.

VOLUMES IN-16 A 3 FR. 50

Volumes publiés en 1910.

MEUNIER (Stanislas), professeur de géologie au Muséum d'histoire naturelle. **L'évolution des Théories géologiques.** 1 vol. in-16, avec gravures............................. 3 fr. 50

NIEDERLE (Lubor), professeur à l'Université de Prague. **La Race slave**, *Statistique, démographie, anthropologie.* Traduit du tchèque et précédé d'une préface, par L. LEGER, de l'Institut. 1 vol. in-16.. 3 fr. 50

PAINLEVÉ (Paul), de l'Institut, et BOREL (Émile). **L'Aviation.** 3e édition. 1 vol. in-16, avec gravures... 3 fr. 50

DUCLAUX (Jacques), préparateur à l'Institut Pasteur. **La Chimie de la Matière vivante.** 2e édition. 1 vol. in-16... 3 fr. 50

MAURAIN (Ch.), professeur à la Faculté des sciences de Caen. **Les États physiques de la Matière.** 2e éd. 1 vol. in-16, avec gravures.............................. 3 fr. 50

Précédemment parus.

LE DANTEC (F.), chargé du cours de biologie générale à la Sorbonne. **Éléments de Philosophie biologique.** 1 vol. in-16. 2e édition.............................. 3 fr. 50

BONNIER (Dr P.). Laryngologiste de la clinique médicale de l'Hôtel-Dieu. **La Voix.** *Sa culture physiologique. Théorie nouvelle de la phonation.* 3e édition. 1 vol. in-16, avec gravures... 3 fr. 50

De la Méthode dans les Sciences :

1. *Avant-propos*, par M. P.-F. THOMAS, docteur ès lettres, professeur de philosophie au lycée Hoche. — 2. *De la Science*, par M. ÉMILE PICARD, de l'Institut. — 3. *Mathématiques pures*, par M. J. TANNERY, de l'Institut. — 4. *Mathématiques appliquées*, par M. PAINLEVÉ, de l'Institut. — 5. *Physique générale*, par M. BOUASSE, professeur à la Faculté des Sciences de Toulouse. — 6. *Chimie*, par M. JOB, professeur au Conservatoire des Arts et Métiers. — 7. *Morphologie générale*, par M. A. GIARD, de l'Institut. — 8. *Physiologie*, par M. LE DANTEC, chargé de cours à la Sorbonne. — 9. *Sciences médicales*, par M. PIERRE DELBET, professeur à la Faculté de médecine de Paris. — 10. *Psychologie*, par M. TH. RIBOT, de l'Institut. — 11. *Sciences médicales*, par M. DURKHEIM, professeur à la Sorbonne. — 12. *Morale*, par M. LÉVY-BRUHL, professeur à la Sorbonne. — 13. *Histoire*, par M. G. MONOD, de l'Institut. 2e édition, 1 vol. in-16.............. 3 fr. 50

THOMAS (P.-F.), professeur au lycée Hoche. **L'Éducation dans la Famille.** *Les péchés des parents.* 3e édition. 1 vol. in-16 (*Couronné par l'Institut*)................... 3 fr. 50

LE DANTEC (F.). **La Crise du Transformisme.** 2e édition. 1 vol. in-16........... 3 fr. 50

OSTWALD (W.), professeur à l'Université de Leipzig. **L'Énergie**, traduit de l'allemand par E. PHILIPPI, licencié ès sciences. 2e édition. 1 vol. in-16................... 3 fr. 50

Bibliothèque Utile

AGRICULTURE — TECHNOLOGIE INDUSTRIELLE ET COMMERCIALE
HYGIÈNE ET MÉDECINE USUELLE — PHYSIQUE ET CHIMIE
SCIENCES NATURELLES — ÉCONOMIE POLITIQUE ET SOCIALE
PHILOSOPHIE ET DROIT — HISTOIRE — GÉOGRAPHIE ET COSMOGRAPHIE

Élégants volumes in-32, de 192 pages ; chaque volume broché, 60 cent.

Viennent de paraître :

COLLAS ET DRIAULT. **Histoire de l'Empire ottoman** *jusqu'à la Révolution de 1909.*

YVES GUYOT. **Les Préjugés économiques.**

EISENMENGER (G.). **Les Tremblements de terre**, avec gravures.

FAQUE (L.). **L'Indo-Chine française.** *Cochinchine, Cambodge, Annam, Tonkin.* 2e édition, mise à jour jusqu'en 1910.

AGRICULTURE
Acloque. Insectes nuis.
Berget. Viticulture.
— Pratique des vins.
— Les Vins de France.
Larbalétrier. L'agriculture française.
— Plantes d'appartem.
Petit. Economie rurale.
Vaillant. Petite chimie de l'agriculteur.

TECHNOLOGIE
Bellet. Grands ports maritimes.
Brothier. Hist. de la terre.
Dallet. Navig. aérienne.
Dufour. Dict. des falsif.
Gastineau. Génie et science.
Genevoix. Matières premières.
— Procédés industriels.
Gossin. La machine à vapeur.
Maigne. Mines de France.
Mayer. Les chem. de fer.

HYGIÈNE — MÉDECINE
Cruveilhier. Hygiène.
Laumonier. Hygiène de la cuisine.
Merklen. La tuberculose.
Monin. Les maladies épidémiques.
Sérieux et **Mathieu**. L'alcool et l'alcoolisme.
Turok. Médecine populaire.

PHYSIQUE — CHIMIE
Bouant. Hist. de l'eau.
— Princ. faits de la chimie.
Huxley. Premières notions sur les sciences.
Albert Lévy. Hist. de l'air.
Zurcher. L'atmosphère.

SCIENCES NATURELLES
H. Beauregard. Zoologie.
Coupin. Vie dans les mers.
Eisenmenger. Tremblements de terre.
Geikie. Géologie.

Gérardin. Botanique.
Jouan. La chasse et la pêche des anim. marins.
Zaborowski. L'homme préhistorique.
— Migrations des anim.
— Les grands singes.
— Les mondes disparus.
Zurcher et Margollé. Télescope et microscope.

ÉCONOMIE POLITIQUE ET SOCIALE
Coste. Richesse et bonh.
— Alcoolisme ou Epargne.
Guyot (Yves). Préjugés économiques.
Jevons. Economie polit.
Larrivé. L'assistance publique.
Leneveux. Budget du foyer.
— Le travail manuel.
Mongredien. Libreéchange en Angleterre.
Paul-Louis. Lois ouvr.

ENSEIGNEMENT BEAUX-ARTS
Collier. Les beaux-arts.
Jourdy. Le patriotisme à l'école.
G. Meunier. Hist. de l'art.
— Hist. de la littérature française.
Pichat. L'art et les artist.
H. Spencer. De l'éducat.

PHILOSOPHIE — DROIT
Enfantin. La vie éternelle.
Ferrière. Darwinisme.
Jourdan. Justice crimin.
Morin. La loi civile.
Eug. Noël. Voltaire et Rousseau.
F. Paulhan. La physiologie de l'esprit.
Renard. L'homme est-il libre?
Robinet. Philos. posit.
Zaborowski. L'origine du langage.

HISTOIRE
Antiquité.
Combes. La Grèce.
Creighton. Histoire rom.

Mahaffy. L'ant. grecque.
Ott. L'Asie et l'Egypte.

France.
Bastide. La Réforme.
Bère. L'armée française.
Buchez. Mérovingiens.
— Carlovingiens.
Carnot. La Révolution française. 2 vol.
Debidour. Rapports de l'Eglise et de l'Etat (1789-1871).
Doneaud. La marine française.
Faque. L'Indo-Chine française.
Larrivière. Origines de la guerre de 1870.
Fréd. Lock. Jeanne d'Arc.
— La Restauration.
Quesnel. Conquête de l'Algérie.
Zevort. Louis-Philippe.

Pays étrangers.
Bondois. L'Europe cont.
Collas et Driault. L'Empire ottoman.
Eug. Despois. Les révolutions d'Angleterre.
Doneaud. La Prusse.
Faque. Indo-Chine.
Henneguy. L'Italie.
E. Raymond. L'Espagne.
Regnard. L'Angleterre.
Ch. Rolland. L'Autriche.

GÉOGRAPHIE COSMOGRAPHIE
Amigues. A travers le ciel.
Blerzy. Colon. anglaises.
— Torrents, fleuves et canaux.
Boillot. La pluralité des mondes de Fontenelle.
Catalan. Astronomie.
Gaffarel. Frontières françaises.
Girard de Rialle. Peuples de l'Asie et de l'Europe.
Grove. Continents, Océans.
Jouan. Iles du Pacifique.
Zurcher et Margollé. Les phénomènes célestes.

PUBLICATIONS

HISTORI UFS, PHILOSOPHIQUES ET SCIENTIFIQUES

qui ne se trouvent pas dans les collections précédentes.

Volumes parus en 1910 :

BESANÇON (A.), docteur ès lettres. **Les adversaires de l'hellénisme à Rome pendant la période républicaine.** 1 vol. gr. in-8... 10 fr.

BRUNHES (J.), professeur aux Universités de Fribourg et de Lausanne. **La géographie humaine.** *Essai de classification positive. Principes et exemples.* 1 vol. grand in-8, avec 202 grav. et cartes dans le texte et 4 cartes hors texte..................... 20 fr.

DARBON (A.), docteur ès lettres. **Le concept du hasard dans la philosophie de Cournot.** Brochure in-8... 2 fr.

GASTÉ (M. DE). **Réalités imaginatives.... Réalités positives.** *Essai d'un code moral basé sur la science.* Préface de F. LE DANTEC, chargé de cours à la Sorbonne. 1 vol. in-8. 7 fr. 50

HOCHREUTINER (B.-P.-G.), docteur ès sciences. **La philosophie d'un naturaliste.** *Essai de synthèse du monisme mécaniste et de l'idéalisme solipsiste.* 1 vol. in-18..... 7 fr. 50

JAEL (Mᵐᵉ Marie). **Un nouvel état de conscience.** *La coloration des sensations tactiles.* 1 vol. in-8 avec 33 planches.. 4 fr.

PETIT (Edouard), inspecteur général de l'Instruction publique. **De l'école à la cité.** *Étude sur l'éducation populaire.* 1 vol. in-16................................. 3 fr. 50

REMACLE. **La philosophie de S. S. Laurie.** 1 vol. in-8............................ 7 fr. 50

VAN BRABANT (W). **Psychologie du vice infantile.** 1 vol. gr. in-8.............. 3 fr. 50

WULFF (M. de). **Histoire de la philosophie en Belgique.** 1 vol. gr. in-8........ 7 fr. 50

Précédemment parus :

ALAUX. **Philosophie morale et politique.** 1 vol. in-8. 1893...................... 7 fr. 50
— **Théorie de l'âme humaine.** 1 vol. in-8. 1895.............................. 10 fr.
— **Dieu et le Monde.** *Essai de philosophie première.* 1901. 1 vol. in-12. 2 fr. 50 (Voir p. 2).

AMIABLE (Louis). **Une loge maçonnique d'avant 1789.** 1 vol. in-8............... 6 fr.

ANDRÉ (L.), docteur ès lettres. **Michel Le Tellier et l'organisation de l'armée monarchique.** 1 vol. in-8 (*couronné par l'Institut*). 1906........................... 14 fr.
— **Deux mémoires inédits de Claude Le Pelletier.** 1 vol. in-8. 1906............ 3 fr. 50

ARDASCHEFF (P.), professeur d'histoire à l'Université de Kiew. * **Les intendants de province sous Louis XVI.** Traduit du russe par L. Jousserandot, sous-bibliothécaire à l'Université de Lille. 1 vol. grand in-8. (*Cour. par l'Acad. Impér. de St-Pétersbourg*). 10 fr.

ARMINJON (P.), prof. à l'Ecole Khédiviale de Droit du Caire. **L'enseignement, la doctrine et la vie dans les universités musulmanes d'Egypte.** 1 vol. in-8. 1907........ 6 fr. 50

ARRÉAT. **Une Éducation intellectuelle.** 1 vol. in-18........................... 2 fr. 50
— **Journal d'un philosophe.** 1 vol. in-18. 3 fr. 50 (Voy. p. 2 et 6).

* **Autour du monde,** par les BOURSIERS DE VOYAGE DE L'UNIVERSITÉ DE PARIS. (*Fondation Albert Kahn.*) 1 vol. gr. in-8. 1904...................................... 10 fr.

ASLAN (G.). **La Morale selon Guyau.** 1 vol. in-16. 1906........................ 2 fr.
— **Le jugement chez Aristote.** Br. in-18. 1908........................... 1 fr. (Voir p. 2).

BACHA (E.). **Le Génie de Tacite.** 1 vol. in-18.................................. 4 fr.

BELLANGER (A.), docteur ès lettres. **Les concepts de cause et l'activité intentionnelle de l'esprit.** 1 vol. in-8. 1905... 5 fr.

BEMONT (Ch.), et MONOD (G.). — **Histoire de l'Europe au Moyen Age (395-1270).** Nouvelle édit. 1 vol. in-18, avec grav. et cartes en couleurs............... 5 fr. (Voir p. 24).

BENOIST-HANAPPIER (L.), maître de conférences à l'Université de Nancy. **Le drame naturaliste en Allemagne.** 1 v. in-8. 1905. (*Couronné par l'Académie française*). 7 fr. 50

BERTON (H.), docteur en droit. **L'Évolution constitutionnelle du second Empire.** Doctrines, textes, histoire. 1 fort vol. in-8. 1900.................................. 12 fr.

BLUM (E.), professeur au lycée de Lyon. **La déclaration des droits de l'homme et du citoyen.** Préface de G. COMPAYRÉ, inspecteur général. 4° édit. 1909. 1 vol. in-8 (*Récompensé par l'Institut*).. 3 fr. 75

BOURDEAU (Louis). **Théorie des sciences.** 2 vol. in-8......................... 20 fr.
— **La Conquête du monde animal.** 1 vol. in-8.............................. 5 fr.
— **La Conquête du monde végétal.** 1 vol. in-8. 1893....................... 5 fr.
— **L'Histoire et les historiens.** 1 vol. in-8............................. 7 fr. 50
— * **Histoire de l'alimentation.** 1894. 1 vol. in-8............ 5 fr. (Voir p. 7 et 26).

BOURDIN. **Le Vivarais**, essai de géographie régionale, 1 vol. in-8. (Ann. de l'Univ. de Lyon). 6 fr.

BOURGEOIS (E.). **Lettres intimes de J.-M. Alberoni adressées au comte J. Rocca.** 1 vol. in-8. (Ann. de l'Univ. de Lyon).................................... 10 fr.

BOUTROUX (Em.), de l'Institut. * **De l'Idée de la loi naturelle.** In-8. 2 fr. 50 (Voir p. 3 et 7).

BRANDON-SALVADOR (Mme). **A travers les moissons.** *Ancien Testament. Talmud. Apocryphes. Poètes et moralistes juifs du moyen âge.* 1 vol. in-16. 1903............. 4 fr.

BRASSEUR. **Psychologie de la force.** 1 vol. in-8. 1907........................ 3 fr. 50

BROOKS ADAMS. **Loi de la civilisation et de la décadence.** 1 vol. in-8........ 7 fr. 50

BROUSSEAU (K.). **Éducation des nègres aux États-Unis.** 1 vol. in-8............ 7 fr. 50

BUDÉ (E. de). **Les Bonaparte en Suisse.** 1 vol. in-12. 1905.................. 3 fr. 50

BUNGE (C.-O.). **Psychologie individuelle et sociale.** 1 vol. in-16. 1904............. 3 fr.

CANTON (G.). **Napoléon antimilitariste.** 1902. 1 vol. in-16.................. 3 fr. 50

CARDON (G.), docteur ès lettres. * **La Fondation de l'Université de Douai.** 1 vol. in-8. 10 fr.

CAUDRILLIER (G.), docteur ès lettres, inspecteur d'Académie. **La trahison de Pichegru et les intrigues royalistes dans l'Est avant fructidor.** 1 vol. gr. in-8. 1908..... 7 fr. 50

CHARRIAUT (H.). **Après la séparation.** *L'avenir des églises.* 1 vol. in-12. 1905. 3 fr. 50

CLAMAGERAN. **La lutte contre le mal.** 1 vol. in-18. 1897.................... 3 fr. 50

— **Philosophie religieuse.** *Art et voyages.* 1 vol. in-12. 1904................ 3 fr. 50

— **Correspondance (1849-1902).** 1 vol. gr. in-8. 1905...................... 10 fr.

COLLIGNON (A.). **Diderot.** *Sa vie, ses œuvres, sa correspondance.* 2e édit. 1907. 1 vol. in-12.. 3 fr. 50

COMBARIEU (J.), chargé de cours au Collège de France. * **Les rapports de la musique et de la poésie.** 1 vol. in-8. 1893..................................... 7 fr. 50

Ier **Congrès de l'Éducation sociale**, Paris 1900. 1 vol. in-8. 1901.......... 10 fr.

IVe **Congrès international de Psychologie**, Paris 1900. 1 vol. in-8.......... 20 fr.

COTTIN (Cte P.), ancien député. **Positivisme et anarchie.** *Agnostiques français. Auguste Comte, Littré, Taine.* 1 vol. in-16. 1908................................ 2 fr.

COUBERTIN (P. de). **La gymnastique utilitaire.** 2e édit. 1 vol. in-12.......... 2 fr. 50

DANTU (G.), docteur ès lettres. **Opinions et critiques d'Aristophane sur le mouvement politique et intellectuel à Athènes.** 1 vol. gr. in-8. 1907.................. 3 fr.

— **L'éducation d'après Platon.** 1 vol. gr. in-8. 1907...................... 6 fr.

DANY (G.), docteur en droit. * **Les Idées politiques en Pologne à la fin du XVIIIe siècle.** *La Constitution du 3 mai* 1793. 1 vol. in-8. 1901..................... 6 fr.

DAREL (Th.). **Le peuple-roi.** *Essai de sociologie universaliste.* 1 vol. in-18. 1904. 3 fr. 50

DAURIAC. **Croyance et réalité.** 1 vol. in-18. 1889................. 3 fr. 50 (V. p 3 et 7).

DAVILLÉ (L.), docteur ès lettres. **Les prétentions de Charles III, duc de Lorraine, à la couronne de France.** 1 vol. grand in-8. 1909.................. 6 fr. 50 (Voir p. 13).

DERAISMES (Mlle Maria). **Œuvres complètes.** 4 vol. in-8. Chacun........... 3 fr. 50

DEROCQUIGNY (J.). **Charles Lamb.** *Sa vie et ses œuvres.* In-8: (Trav. de l'Univ. de Lille). 12 fr.

DESCHAMPS. **Principes de morale sociale.** 1 vol. in-8. 1903................. 3 fr. 50

DOLLOT (R.), docteur en droit. **Les origines de la neutralité de la Belgique (1609-1830).** 1 vol. in-8. 1902....................................... 10 fr.

DUBUC (P.), doct. ès lettres, * **Essai sur la méthode de la métaphysique.** 1 vol. in-8.. 5 fr.

DUGAS (L.), docteur ès lettres. * **L'amitié antique.** 1 vol. in-8.... 7 fr. 50 (Voir p. 3 et 7)

DUNAN, docteur ès lettres. * **Sur les formes a priori de la sensibilité.** 1 vol. in-8. 5 fr. (Voir p. 2 et 3).

DUPUY (Paul). **Les fondements de la morale.** 1 vol. in-8. 1900.............. 5 fr.

— **Méthodes et concepts.** 1 vol. in-8. 1903.......................... 5 fr.

* **Entre Camarades**, par les anciens élèves de l'Université de Paris. *Histoire, littérature, philologie, philosophie.* 1901. 1 vol. in-8................................ 10 fr.

FABRE (P.). **Le Polyptique du chanoine Benoît.** In-8. (Trav. de l'Univ. de Lille)... 3 fr. 50

FERRÈRE (F.). **La situation religieuse de l'Afrique romaine depuis la fin du IVe siècle jusqu'à l'invasion des Vandales.** 1 vol. in-8. 1898....................... 7 fr. 50

Fondation universitaire de Belleville (La). Ch. GIDE. *Travail intellectuel et travail manuel :* J. BARDOUX, *Premiers efforts et première année.* 1 vol. in-16........... 1 fr. 50

FOUCHER DE CAREIL (Cte). **Descartes,** *la Princesse Élisabeth et la Reine Christine,* d'après des lettres inédites. Nouvelle édit. 1 vol. in-8. 1909................ 4 fr.

GELEY (G.). **Les preuves du transformisme.** 1 vol. in-8. 1901....... 6 fr. (Voir p. 3).

GILLET (M.). **Fondement intellectuel de la morale.** 1 vol. in-8.............. 3 fr. 75

GIRAUD-TEULON. **Les origines de la papauté.** 1 vol. in-12. 1905........... 2 fr.

GOURD, prof. Univ. de Genève. **Le Phénomène.** 1 vol. in-8........ 7 fr. 50 (Voir p. 6).

GRIVEAU (M.). **Les Éléments du beau.** 1 vol. in-18.................. 4 fr. 50

— **La Sphère de beauté**, 1901. 1 vol. in-8........................... 10 fr.

GUEX (F.), professeur à l'Université de Lausanne. **Histoire de l'Instruction et de l'Éducation.** 1 vol. in-8 avec gravures. 1906............................. 6 fr.

GUYAU. **Vers d'un philosophe.** 1 vol. in-18. 6e édit........ 3 fr. 50 (Voir p. 3, 8 et 13).

HALLEUX (J.). **L'Évolutionnisme en morale** (*H. Spencer*). 1 vol. in-12........ 3 fr. 50

HALOT (C.). **L'Extrême-Orient.** 1 vol. in-16, 1905............................. 4 fr.

HARTENBERG (Dr P.). **Sensations païennes.** 1 vol. in-16. 1907....... 3 fr. (Voir p. 9).

HOCQUART (E.). L'Art de juger le caractère des hommes par leur écriture, préface de J. Crépieux-Jamin. Br. in-8, 1898.................................... 1 fr.

HOFFDING (H.), prof. à l'Université de Copenhague. * Morale. *Essais sur les principes théoriques et leur application aux circonstances particulières de la vie*, trad. de la 2ᵉ édit. allemande par L. POITEVIN, prof. au Collège de Nantua. 2ᵉ édit. 1 vol. in-8. 1907. 10 fr. (Voir p. 9).

ICARD. Paradoxes ou vérités. 1 vol. in-12. 1895.................... 3 fr. 50

JAMES (W.). L'Expérience religieuse, traduit par F. ABAUZIT, agrégé de philosophie. 1 vol. in-8. 2ᵉ édit. 1908. (*Cour. par l'Acad. française*)..................... 10 fr.

— * Causeries pédagogiques, trad. par L. PIDOUX, préface de M. Payot, recteur de l'Académie d'Aix. 2ᵉ édition augmentée. 1 vol. in-16. 1909.............. 2 fr. 50 (Voir p. 3).

JANET (Pierre), professeur au Collège de France. L'État mental des hystériques. *Les stigmates mentaux des hystériques, les accidents mentaux des hystériques, études sur divers symptômes hystériques. Le traitement psychologique de l'hystérie.* 2ᵉ édition 1911. 1 vol. grand in-8, avec gravures................................ 18 fr. (Voir p. 9 et 24).

— et RAYMOND (F.), professeur de la clinique des maladies nerveuses à la Salpêtrière. Névroses et idées fixes. I. *Études expérimentales sur les troubles de la volonté, de l'attention, de la mémoire, sur les émotions, les idées obsédantes et leur traitement.* 2ᵉ édition 1904. 1 vol. grand in-8, avec 97 fig.................... 12 fr.
II. *Névroses, maladies produites par les émotions, les idées obsédantes et leur traitement.* 2ᵉ édition 1908. 1 vol. gr. in-8, avec 68 grav.................... 14 fr.
(*Ouvrage couronné par l'Académie des sciences et par l'Académie de médecine.*)

— Les obsessions et la psychasthénie. I. *Études cliniques et expérimentales sur les idées obsédantes, les impulsions, les manies mentales, la folie du doute, les tics, les agitations, les phobies, les délires du contact, les angoisses, les sentiments d'incomplétude, la neurasthénie, les modifications des sentiments du réel, leur pathohénie et leur traitement.* 2ᵉ édition 1908. 1 vol. grand in-8, avec 32 gravures................... 18 fr.
II. *États neurasthéniques, aboulies, incomplétude, agitations et angoisses diffuses, algies, phobies, délires du contact, tics, manies mentales, folies du doute, idées obsédantes, impulsions.* 2ᵉ édit. 1911. 1 vol. grand in-8 avec 32 gravures.................. 14 fr.

JANSSENS (E.). Le néo-criticisme de Ch. Renouvier. 1 vol. in-16. 1904......... 3 fr. 50

— La philosophie et l'apologétique de Pascal. 1 vol. in-16................. 4 fr.

JOURDY (Général). L'instruction de l'armée française, de 1815 à 1902. 1 vol. in-16. 1903. 3 fr. 50 (Voir p. 29).

JOYAU. Essai sur la liberté morale. 1 vol. in-18................. 3 fr. 50 (Voir p. 15).

KARPPE (S.), docteur ès lettres. Les origines et la nature du Zohar, précédé d'une *Étude sur l'histoire de la Kabbale.* 1901. 1 vol. in-8................. 7 fr. 50 (Voir p. 9).

KAUFMANN. La cause finale et son importance. 1 vol. in-12................. 2 fr. 50

KEIM (A.). Notes de la main d'Helvétius, publiées d'après un manuscrit inédit avec une introduction et des commentaires. 1 vol. in-8. 1907................. 3 fr. (Voir p. 9).

KINGSFORD (A.) et MAITLAND (E.). La Voie parfaite ou le Christ ésotérique, précédé d'une préface d'Édouard Schuré. 1 vol. in-8. 1892................. 6 fr.

KOSTYLEFF (N.). Évolution dans l'histoire de la philosophie. 1 vol. in-16....... 2 fr. 50

— Les substituts de l'âme dans la psychologie moderne. 1 vol. in-8.. 4 fr. (Voir p. 2).

LABROUE (H.), prof. agrégé d'histoire au lycée de Bordeaux. Le conventionnel Pinet, d'après ses mémoires inédits. Broch. in-8. 1907................. 3 fr.

— Le Club Jacobin de Toulon (1790-1796). Broch. gr. in-8. 1907................. 2 fr.

LACAZE-DUTHIERS (G. de). L'art et la vie. Le culte de l'idéal ou l'artistocratie. 1 vol. in-8. 1909................. 7 fr. 50

LACOMBE (Cᵗ de). La maladie contemporaine. *Examen des principaux problèmes sociaux au point de vue positiviste.* 1 vol. in-8. 1906................. 3 fr. 50

LALANDE (A.), maître de conférences à la Sorbonne. * Précis raisonné de morale pratique par questions et réponses. 1 vol. in-16. 2ᵉ édit. 1909................. 1 fr. (Voir p. 9).

LANESSAN (de), ancien ministre de la Marine. Le Programme maritime de 1900-1906. 1 vol. in-12. 2ᵉ édit. 1903................. 3 fr. 50

— * L'éducation de la femme moderne. 1 vol. in-16. 1907. 3 fr. 50 (V. p. 9, 16, 17, 25 et 27).

— Le bilan de notre marine. 1 vol. in-16. 1909................. 3 fr. 50

LASSERRE (A.). La participation collective des femmes à la Révolution française. 1 vol. in-8. 1905................. 5 fr.

LASSERRE (E.). Les délinquants passionnels et le criminaliste Impallomeni, 1908. 1 vol. in-16................. 2 fr.

LAVELEYE (Em. de). De l'avenir des peuples catholiques. Br. in-8............. 0 fr. 25

LECLÈRE (A.), professeur à l'Université de Berne. * La morale rationnelle dans ses relations avec la philosophie générale. 1 vol. in-8. 1908............. 7 fr. 50 (Voir p 10).

LEFÈVRE G. * Les Variations de Guillaume de Champeaux et la Question des Universaux. Étude suivie de documents originaux. 1898. 1 vol. in-8. (Trav. de l'Univ. de Lille). 3 fr.

LEMAIRE (P.). Le cartésianisme chez les Bénédictins. 1 vol. in-8............. 6 fr. 50

LÉON (A.), docteur ès lettres. Les éléments cartésiens de la doctrine spinoziste sur les rapports de la pensée et de son objet. 1 vol. grand in-8. 1909................. 6 fr.

LETAINTURIER (J.). Le socialisme devant le bon sens. 1 vol. in-18.......... 1 fr. 50

LÉVY (L.-G.), docteur ès lettres. **La famille dans l'antiquité israélite.** 1 vol. in-8. 1905. (*Couronné par l'Académie française*)... 5 fr.

LÉVY-SCHNEIDER (L.), professeur à l'Université de Lyon. **Le conventionnel Jean-Bon Saint-André (1749-1813).** 1901. 2 vol. in-8.................................. 15 fr.

LUQUET (G.-H.), agrégé de philosophie. **Éléments de logique formelle.** Br. in-8. 1 fr. 50

MABILLEAU (L.). **Histoire de la philosophie atomistique.** 1 vol. in-8. 1895......... 12 fr.

MAC-COLL (Malcolm). **Le Sultan et les grandes puissances.** Essai historique, traduit de l'anglais par J. RONQUET, préface d'Urbain Gohier. 1899. 1 vol. gr. in-8.......... 5 fr.

MAGNIN (E.). **L'art et l'hypnose.** 1 vol. gr. in-8 avec grav. et pl. cart. 1906...... 20 fr.

MAINDRON (Ernest). * **L'Académie des Sciences.** 1 vol. in-8 cavalier, avec 53 grav., portraits, plans, 8 pl. hors texte et 2 autographes............................... 6 fr.

MANDOUL (J.). **Un homme d'État italien : Joseph de Maistre.** 1 vol. in-8....... 8 fr.

MARIÉTAN (J.). **La classification des sciences, d'Aristote à saint Thomas.** 1 vol. in-8, 1901... 3 fr.

MARTIN (W.). **La situation du catholicisme à Genève (1815-1907).** *Étude de droit et d'histoire.* 1 vol. in-16. 1909.. 3 fr. 50

MATAGRIN. **L'esthétique de Lotze.** 1 vol. in-12. 1900.......................... 2 fr.

MATTEUZI. **Les facteurs de l'évolution des peuples.** 1900. 1 vol. in-16.......... 6 fr.

MAUGÉ (F.), docteur ès lettres. **Le rationalisme comme hypothèse méthodologique.** 1 vol. grand in-8. 1909... 10 fr.

MILHAUD (G.), professeur à la Sorbonne. * **Le positivisme et le progrès de l'esprit.** 1 vol. in-16. 1902... 2 fr. 50 (Voir p. 4 et 13).

MODESTOV (B.). * **Introduction à l'Histoire romaine.** *L'ethnologie préhistorique, les influences civilisatrices à l'époque préromaine et les commencements de Rome,* traduit du russe par MICHEL DELINES. Avant-propos de M. Salomon Reinach, avec 39 planches hors texte et 27 figures dans le texte. 1907..................................... 15 fr.

MONNIER (Marcel). * **Le drame chinois (juillet-août 1900).** 1 vol. in-16. 1900 ... 2 fr. 50

MORIN-(JEAN), archéologue. **Archéologie de la Gaule et des pays circonvoisins** *depuis les origines jusqu'à Charlemagne,* suivie d'une description raisonnée de la collection Morin. 1 vol. in-8 avec 74 fig. dans le texte et 26 pl. hors texte...................... 6 fr.

NEPLUYEFF (N. de). **La confrérie ouvrière et ses écoles.** 1 vol. in-12 .... 2 fr.

NODET (V.). **Les agnosies, la cécité psychique.** 1 vol. in-8. 1899. .... 4 fr.

NORMAND (Ch.), docteur ès lettres, prof. au lycée Condorcet. * **La Bourgeoisie française au XVIIe siècle.** *La vie publique. Les idées et les actions politiques.* (1604-1661). Études sociales. 1 vol. gr. in-8, avec 8 pl. hors texte. 1907............................ 12 fr.

NOVICOW (J.). **La Question d'Alsace-Lorraine.** 1 broch. in-8.................... 1 fr.

— **La Fédération de l'Europe.** 1 vol. in-16. 2e édit. 1901.... 3 fr. 50 (Voir p. 4, 10 et 21).

PALHORIÈS (F.), docteur ès lettres. **La théorie idéologique de Galuppi dans ses rapports avec la philosophie de Kant.** 1 vol. in-8. 1909.................. 4 fr. (Voir p. 15).

PARISET (G.), professeur à l'Université de Nancy. **La Revue germanique de Dollfus et Nefftzer.** Br. in-8. 1906.. 2 fr.

PAULHAN (Fr.). **Le Nouveau mysticisme.** 1 vol. in-18... 2 fr. 50 (Voir p. 2, 4, 10 et 29).

PELLETAN (Eugène). * **La naissance d'une ville (Royan).** 1 vol. in-18............ 2 fr.

— * **Jarousseau, le pasteur du désert.** nouv. édit. 1 vol. in-18. 1907............... 2 fr.

— * **Un Roi philosophe.** *Frédéric le Grand.* 1 vol. in-18...................... 3 fr. 50

— **Droits de l'homme.** 1 vol. in-16.. 3 fr. 50

PENJON (A.). **Pensée et Réalité,** de A. SPIR, trad. de l'allem. In-8. (Trav. de l'Univ. de Lille)... 2 fr. 50

— **L'Énigme sociale.** 1902. 1 vol. in-8. (Travaux de l'Université de Lille)........ 2 fr. 50

PEREZ (Bernard). **Mes deux chats.** 1 vol. in-12. 2e édition..................... 1 fr. 50

— **Jacotot et sa Méthode d'émancipation intellectuelle** 1 vol. in-18............. 3 fr.

— **Dictionnaire abrégé de philosophie.** 1893. 1 vol. in-1............. 1 fr. 50 (V. p. 11).

PHILBERT (Louis). **Le Rire.** 1 vol. in-8. (Cour. par l'Académie française.)...... 7 fr. 50

PHILIPPE (J.). **Lucrèce dans la théologie chrétienne.** 1 vol. in-8. 2 fr. 50 (Voir p. 2 et 4).

PIAT (C.). **L'Intellect actif.** 1 vol. in-8.................................... 4 fr.

— **L'Idée ou critique du Kantisme.** 2e édition. 1901. 1 vol. in-8................ 6 fr.

— **De la croyance en Dieu.** 1 vol in-18. 2e édit. 1909....... 3 fr. 50 (Voir p. 11, 14 et 15).

PICARD (Ch.). **Sémites et Aryens.** 1 vol. in-18. 1893........................ 1 fr. 50

PICTET (Raoul). **Étude critique du matérialisme et du spiritualisme par la physique expérimentale.** 1 vol. gr. in-8... 10 fr.

PILASTRE (E.). **Vie et caractère de Mme de Maintenon,** d'après les œuvres du duc de Saint-Simon et des documents anciens et récents, avec une introduction et des notes. 1 vol. in-8, avec portraits, vues et autographe. 1907 .... 5 fr.

— **La religion au temps du duc de St-Simon,** d'après ses écrits rapprochés de documents anciens ou récents, avec une introduction et des notes. 1 vol. in-8................ 6 fr.

PINLOCHE (A.), professeur honoraire de l'Université de Lille. * Pestalozzi et l'éducation populaire moderne. 1 vol. in-16. 1902. (Cour. par l'Institut.)................ 2 fr. 50
— * Principales Œuvres de Herbart. 1 vol. in-8. (Trav. de l'Univ. de Lille)............ 7 fr. 50
PITOLLET (C.), agrégé d'espagnol, docteur ès lettres. La querelle calderonienne de Johan Nikolas Böhl von Faber et José Joaquin de Mora, reconstituée d'après des documents originaux. 1 vol. in-8. 1909.. 15 fr.
— Contributions à l'étude de l'hispanisme de G.-E. Lessing. 1 vol. in-8. 1909..... 15 fr.
POEY. Littré et Auguste Comte. 1 vol. in-18................................ 3 fr. 50
— Le positivisme. 1 vol. in-18. 1876............................... 4 fr. 50
PRADINES (M.), docteur ès lettres, professeur agrégé de philosophie au lycée de Bordeaux. Critique des conditions de l'action.
  Tome I. L'Erreur morale établie par l'histoire et l'évolution des systèmes. 1 vol. in-8. 1909... 10 fr.
  Tome II. Principes de toute philosophie de l'action. 1 vol. in-8. 1909............ 5 fr.
PRAT (Louis), docteur ès lettres. Le mystère de Platon. 1 vol. in-8............... 4 fr.
— L'Art et la beauté. 1 vol. in-8. 1903........................ 5 fr. (Voir page 11).
REGNAUD (P.). Origine des idées et science du langage. 1 vol. in-12. 1 fr. 50 (V. p. 5).
RENOUVIER, de l'Inst. Uchronie. Utopie dans l'Histoire. 2ᵉ éd. 1901. 1 vol. in-8. 7 fr. 50 (Voir page 11).
Revue Germanique (Allemagne, Angleterre, Etats-Unis, Pays-Scandinaves) 5 années — 1905 à 1909, chaque année, 1 fort volume grand in-8................. 14 fr.
REYMOND (A.). Logique et mathématiques. Essai historique et critique sur le nombre infini. 1 vol. in-8. 1909.............................. 5 fr.
ROBERTY (J.-E.). Auguste Bouvier, pasteur et théologien protestant. 1826-1893. 1 fort vol. in-12. 1901.. 3 fr. 50
ROISEL. Chronologie des temps préhistoriques. In-12. 1900........ 1 fr. (Voir page 5).
ROSSIER (E.). Profils de Reines. Isabelle de Castille, Catherine de Médicis, Elisabeth d'Angleterre, Anne d'Autriche, Marie-Thérèse, Catherine II, Louise de Prusse, Victoria. Préface de G. Monod, de l'Institut. 1 vol. in-16. 1909...................... 3 fr. 50
SABATIER (C.). Le Duplicisme humain. 1 vol. in-18. 1906................ 2 fr. 50
SECRETAN (H.). La Société et la morale. 1 vol. in-12. 1897................ 3 fr. 50
SEIPPEL (P.), professeur à l'Ecole polytechnique de Zurich. Les deux Frances et leurs origines historiques. 1 vol. in-8. 1906......................... 7 fr. 50
SIGOGNE (E.). Socialisme et monarchie. 1 vol. in-16. 1906................. 3 fr.
SOREL (Albert), de l'Acad. française. Traité de Paris de 1815. 1 vol. in-8........ 4 fr. 50
TARDE (G.), de l'Institut. Fragment d'histoire future. 1 vol. in-8. 5 fr. (Voir p. 5, 12 et 16).
VALENTINO (Dʳ Ch.). Notes sur l'Inde. 1 vol. in-16. 1906................... 4 fr.
VAN BIERVLIET (J.-J.). Psychologie humaine. 1 vol. in-8................ 8 fr.
— La Mémoire. Br. in-8. 1893...................... 2 fr.
— Études de psychologie. (Homme droit. — Homme gauche.) 1 vol. in-8. 1901. ... 4 fr.
— Causeries psychologiques. 2 vol. in-8. Chacun.................. 3 fr.
— Esquisse d'une éducation de la mémoire. 1904. 1 vol. in-16.......... 2 fr.
— La psychologie quantitative. 1 vol. in-8. 1907................ 4 fr.
VAN OVERBERGH. La réforme de l'enseignement. 2 vol. in-4. 1906............. 10 fr.
VERMALE (F.) et ROCHET (A.). Registre des délibérations du Comité révolutionnaire d'Aix-les-Bains (Documents pour l'Histoire de la Révolution en Savoie). 1 vol. in-8. 4 fr.
VITALIS. Correspondance politique de Dominique de Gabre. 1 vol. in-8........ 12 fr. 50
WYLM (Dʳ). La morale sexuelle. 1 vol. in-8. 1907................... 5 fr.
ZAPLETAL. Le récit de la création dans la Genèse. 1 vol. in-8.............. 3 fr. 50

Envoi franco, contre demande, des autres Catalogues

DE LA LIBRAIRIE FÉLIX ALCAN

Catalogue des livres de fonds, SCIENCES ET MÉDECINE (anciennement Germer Baillière et Cⁱᵉ).

Catalogue des livres de fonds, ÉCONOMIE POLITIQUE, SCIENCE FINANCIÈRE (anciennement Guillaumin et Cⁱᵉ).

Livres classiques, ENSEIGNEMENT SECONDAIRE.

Livres classiques, ENSEIGNEMENT PRIMAIRE SUPÉRIEUR ET POPULAIRE.

Bibliothèque utile, collection populaire à 60ᵒ le volume.

Catalogue général et complet par ordre alphabétique de noms d'auteurs.

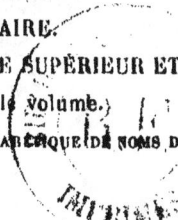

TABLE DES AUTEURS ÉTUDIÉS

TABLE ALPHABÉTIQUE DES AUTEURS

Librairie FÉLIX ALCAN, 108, boulevard St-Germain, Paris (6e).

LES MAITRES DE LA MUSIQUE

ÉTUDES D'HISTOIRE ET D'ESTHÉTIQUE

Publiées sous la direction de M. Jean CHANTAVOINE

Chaque volume in-8e écu de 250 pages environ, 3 fr. 50

Publiés :

Palestrina, par Michel Brenet. 3e *édition.*
César Franck, par Vincent d'Indy. 5e *édition.*
J.-S. Bach, par André Pirro. 3e *édition.*
Beethoven, par Jean Chantavoine. 5e *édition.*
Mendelssohn, par Camille Bellaigue. 3e *édition.*
Smetana, par William Ritter.
Rameau. par Louis Laloy. 2e *édition.*
Moussorgsky, par M.-D. Calvocoressi. 2e *édition.*
Haydn, par Michel Brenet. 2e *édition.*
Trouvères et Troubadours, par Pierre Aubry. 2e *édit. revue et corr.*
Wagner, par Henri Lichtenberger. 3e *édition.*
Gluck, par Julien Tiersot. 2e *édition.*
Gounod, par Camille Bellaigue. 2e *édition.*
Liszt, par Jean Chantavoine. 2e *édition.*
Hændel, par Romain Rolland. 2e *édition.*
L'art grégorien, par A. Gastoué.
Lully, par Lionel de la Laurencie.

A LA MÊME LIBRAIRIE, EXTRAIT DU CATALOGUE

ESTHÉTIQUE MUSICALE

ARRÉAT (Lucien). — Mémoire et imagination (*Peintres, Musiciens, Poètes, Orateurs.*) 2e édit. 1 vol. in-16....................................... 2 fr. 50
— Art et psychologie individuelle. 1 vol. in-16......................... 2 fr. 50
BAZAILLAS (A.). — Musique et inconscience. 1 vol. in-8................ 5 fr.
BLASERNA et HELMHOLTZ. — Le son et la musique. 6e édit. 1 vol. in-8, avec figures, cart.. 6 fr.
BONNIER (Dr Pierre). — La voix. Sa culture physiologique. *Théorie nouvelle de la phonation.* Conférences faites au Conservatoire national de musique de Paris. 3e édit. 1 vol. in-16, avec figures................................... 3 fr. 50
COMBARIEU (J.). — Les rapports de la musique et de la poésie. 1 vol. in-8. 7 fr. 50
DAURIAC (L.). — La psychologie dans l'opéra français (Auber, Rossini, Meyerbeer). 1 vol. in-16... 2 fr. 50
— Essai sur l'esprit musical. 1 vol. in-8.............................. 5 fr.
DUPRÉ et NATHAN. — Le langage musical. Préface de *Ch. Malherbe.* 1 vol. in-8.. 3 fr. 75
GUILLEMIN. — Les éléments de l'acoustique musicale. 1 vol. in-8..... 10 fr.
— Génération de la voix et du timbre. 2e édit. 1 vol. in-8........... 10 fr.
JAËLL (Mme Marie). — L'intelligence et le rythme dans les mouvements artistiques. 1 vol. in-16 avec figures.................................. 2 fr. 50
LALO (Ch.) — Esquisse d'une esthétique musicale scientifique. 1 vol. in-8. 5 fr.
— L'esthétique expérimentale contemporaine. 1 vol. in-8............. 3 fr. 75
— Les sentiments esthétiques. 1 vol. in-8............................ 5 fr.
LICHTENBERGER (H.). — Richard Wagner, poète et penseur. 4e édit. 1 vol. in-8 (*Couronné par l'Académie française*).................................... 10 fr.
POCHHAMMER (A.). — L'anneau du Nibelung de Richard Wagner, *Analyse dramatique et musicale,* traduit de l'allemand par Jean Chantavoine. 1 v. in-16. 2 fr. 50
RIEMANN (H.). — Les éléments de l'esthétique musicale. Traduit de l'allemand par G. Humbert. 1 vol. in-8.. 5 fr.
UDINE (Jean d'). — L'art et le geste. 1 vol. in-8...................... 5 fr.
SOURIAU (P.). — La beauté rationnelle. 1 vol. in-8................... 10 fr.

Envoi franco au reçu de la valeur en mandat-poste.

573-10. — Coulommiers. Imp. Paul BRODARD. — 2-11.